国防知识产权理论与实践丛书

私法化改革
——私法视角下的专利法史(1620—1907)

PRIVATISED LAW REFORM
A HISTORY OF PATENT LAW THROUGH PRIVATE LEGISLATION, 1620 – 1907

［英］菲利普·约翰逊（Phillip Johnson） 著

张小号 苏林 汤玲 译

国防工业出版社

·北京·

著作权合同登记　图字:01-2023-0333号

图书在版编目(CIP)数据

私法化改革:私法视角下的专利法史:1620—1907/(英)菲利普·约翰逊(Phillip Johnson)著;张小号,苏林,汤玲译. —北京:国防工业出版社,2024.2

书名原文:Privatised Law Reform:A History of Patent Law through Private Legislation,1620-1907

ISBN 978-7-118-13000-3

Ⅰ.①私… Ⅱ.①菲… ②张… ③苏… ④汤… Ⅲ.①专利权法-法制史-研究-英国-1620-1907 Ⅳ.①D956.134

中国国家版本馆 CIP 数据核字(2023)第175346号

First published in English under the title
PRIVATISED LAW REFORM
A HISTORY OF PATENT LAW THROUGH PRIVATE LEGISLATION,1620-1907
by Phillip Johnson
ISBN 978-0-367-59398-8
Copyright© 2018 Phillip Johnson

Authorised translation from the English language edition published by Routledge, a member of the Taylor & Francis Group. All Rights Reserved. 本书原版由 Taylor & Francis 出版集团下 Routledge 公司出版,版权所有,侵权必究。
National Defense Industry Press is authorized to publish and distribute exclusively the Chinese(Simplified Characters)language edition. This edition is authorized for sale throughout Mainland of China. No part of the publication may be reproduced or distributed by any means, or stored in a database or retrieval system, without the prior written permission of the publisher.
本书中文简体翻译版由国防工业出版社独家出版并限在中国大陆地区销售。未经出版者书面许可,不得以任何方式复制或发行本书的任何部分。
Copies of this book sold without a Taylor & Francis sticker on the cover are unauthorized and illegal. 本书封面贴有 Taylor & Francis 防伪标签,无标签者不得销售。

※

国防工业出版社出版发行

(北京市海淀区紫竹院南路23号　邮政编码100048)
北京虎彩文化传播有限公司印刷
新华书店经售

*

开本 787×1092　1/16　印张 12¼　字数 272千字
2024年9月第1版第1次印刷　印数 1—1200册　定价 68.00元

(本书如有印装错误,我社负责调换)

国防书店:(010)88540777　　书店传真:(010)88540776
发行业务:(010)88540717　　发行传真:(010)88540762

国防知识产权理论与实践丛书
编 委 会

主　任：闫　巍
副主任：欧　宁　　戴少杰　　李晓红
委　员：(按姓氏笔画排序)

马曙辉　　王卫军　　王立东　　王江山
王昊宇　　王晓黎　　王　强　　王　颖
冯奋强　　苏　平　　苏　林　　李永春
杨建兵　　杨秋皓　　肖尤丹　　肖　进
宋可为　　欧阳黎明　胡均平　　莫　丹
郭　禾　　郭　荣　　梁栋国　　韩笑妍
辜　璐

国防知识产权理论与实践丛书
编 辑 部

主　编：李晓红
编　辑：王悦璇　　刘　玥　　刘丹凝

丛书序言

党的十八大以来,我国知识产权事业不断发展,走出了一条中国特色知识产权发展之路。国防知识产权工作也开启了新篇章,制度体系不断健全,理论研究不断深化,在更大范围、更宽领域、更深层次实现了知识产权同国防和军队建设的衔接与融合。

编辑出版"国防知识产权理论与实践丛书",是对国防知识产权研究成果的阶段性总结。"丛书"拟涵盖国防知识产权系列研究成果,其编辑出版着重把握三个方面的遴选标准。一是专业性。国防知识产权集哲学社会科学、自然科学多学科知识于一体,是典型的复合专业领域。因此,纳入丛书的研究成果应满足专业要求、体现专业特色、体现专业贡献。二是应用性。知识产权属于典型的应用法学范畴,划设国防知识产权领域,在相当大程度上来源于应用层面的需求,是实践倒逼理论的结果。因此,纳入丛书的研究成果必须为着解决我国国防和军队建设中面临的知识产权理论与实践问题。三是时代性。"文章合为时而著"。社会总是在发展的,新情况新问题总是层出不穷的。如果研究成果不能回应时代关切、体现时代要求,必然滞后于时代发展,沦落为华而不实的"屠龙术"。因此,纳入丛书的研究成果必须契合国防知识产权发展面临的新形势、新任务、新要求。

编辑出版"国防知识产权理论与实践丛书",是一项系统性工程。我们设想,借助于出版"丛书"这一契机,逐步推出一批有一定水准的研究成果,以期为国防知识产权事业高质量发展提供支撑。我们期待并相信,在各方面共同努力下,"丛书"能够发展成为中国特色国防知识产权知识体系建设的标志性成果。受时间和专业水平所限,不当之处在所难免,敬请广大读者批评指正。

国防知识产权理论与实践丛书编委会

译 者 序

本书视角独特,选取了议会批准通过的私法案或未通过的私法案议案作为研究素材和起点,考察了在 1620—1907 年这段近三个世纪时间里英国专利制度的发展与变迁,通过翔实的一手史料,向读者全面展示了现代专利法从作为例外规则的私法案逐步演变为一般规则的历程。

考虑到中文读者的阅读习惯,译者团队在将英文原著翻译成中文译本的过程中,在内容和体例上作了三处调整。

首先,将英文原著的"前言""参考资料说明"(Notes on source,第 vii – viii 页)与"致谢"(Acknowledgements,第 vi 页)合并为中文译本的"前言"。

其次,删除了英文原著"案例一览表"(Table of cases,第 ix – xi 页)、"制定法一览表"(Tables of legislation,第 xii – xxiii 页)、"文献目录"(Bibliography,第 188 – 205 页)和"索引"(Index,第 206 – 208 页)。对以上内容感兴趣的中文读者,可以参照阅读英文原著对应页码的内容。

最后,英文原著脚注采取全书连续编号的方式,中文译本则采取了每页脚注重新编号的方式。

英文原著以史料翔实著称,作者将援引的案例、制定法(含公法案、公法案议案、私法案、私法案议案、行政条例、苏格兰法案、爱尔兰立法和国际公约等八类)以及报纸、议会报告的详细信息全部放在各页脚注中。此外,原著作者旁征博引,将不同历史时期的研究文献也作为点评的重要内容。不仅如此,在脚注中,原著作者还不断穿插着自己对上述各类史料和研究文献的评判。这些情况给译者团队带来了不小的挑战,其中之一便是译与不译的问题。经反复商讨,译者团队做出的抉择是:(1)对于脚注中原著作者补充的评判内容,译者团队进行了翻译处理;(2)对于被引用的文献本身,无论是案例、制定法、报纸、议会报告还是研究文献,则尽量不作处理,力求保存原貌,以便于读者进一步检索查阅。

对于脚注中的各类文献,原著作者采用的引文格式是 OSCOLA。OSCOLA 全称为 Oxford University Standard for the Citation of Legal Authorities,即"牛津大学法律权威引用标准",简称"牛津体"或"牛津引用"。该引文格式由牛津大学法学院开发,最新版本为 2010 年 11 月发布的第四版。OSCOLA 快速参考指南见:https://www.qub.ac.uk/cite2write/pdf/Oscola%20Referencing.pdf,详细版本见:https://www.law.ox.ac.uk/sites/default/files/migrated/oscola_4th_edn_hart_2012.pdf。

考虑到我国读者普遍对 OSCOLA 不熟悉,此处对该引文格式的部分体例作简要说明。

(1)OSCOLA 是一种全脚注引文模式,文末不出现尾注。

(2)对于书籍类研究文献,OSCOLA 的引文体例一般是:作者姓名,斜体书名(出版商 出版年),页码.

例如,第 3 页脚注①的格式为:Frederick Spencer, *Municipal Origins: An Account of English Private Bill Legislation Relating to Local Government 1740 – 1835* (Constable&Co 1911), p 115.

(3)对于期刊类研究文献,OSCOLA 的引文体例一般是:作者姓名,"文献标题"(出版年份)期刊卷号 斜体期刊名称 首页码.

例如,第 4 页脚注③的格式为:Robert Burrell and Catherine Kelly, "Parliamentary Rewards and the Evolution of the Patent System" (2015) 74 *Cam LJ* 423.

(4)文献中用"ch"表示章节;"s"是"section"(条)的缩写;"r"是"rule"(规则)的缩写;"p"或者"pp"表示页码(前者表示单页,后者为多页),但有时候页码前也存在不使用"p"或者"pp"的情况;"ibid"表明与之前的引文相同;"编辑"用缩写"ed"或者"eds"(多人)表示,"翻译"用缩写"tr"或者"trs"(多人)表示;"No"是"number"(序号)的缩写,表达多个序号时用"Nos"。

(5)正文中,超过三行的引语需要在一个缩进的段落中呈现。在中文译本中,则以楷体字符外加段前段后增加行距来突出呈现此类引语,例如第 7 页第 2 段。

关于其他引文格式方面的疑问,欢迎与译者团队探讨:xiaohaozhang@163.com。

正如原著作者在序言中提到的那样,英文原著和作者同期创作的《议会、发明和专利:研究指南与参考文献》是姊妹篇。英文原著中提及的有关专利、发明和议会相关的官方文献,读者可以在《议会、发明和专利:研究指南与参考文献》中找到比较全面的信息。

本译著由西安外国语大学高级翻译学院张小号副教授、国防知识产权局苏林工程师和西安外国语大学商学院汤玲副教授协作完成。其中,张小号负责第 1~9 章的翻译和全书统稿校对工作,汤玲负责第 10 章的翻译,苏林负责第 11~12 章的翻译。因时间原因,加之英文原著专业性较强且旁征博引,中文译本难免出现疏漏。敬请各位读者批评指正!

前　言

在英国专利法史中，议会的角色常被边缘化。这在很大程度上是因为议会在专利法改革方面有太多失败或怯懦的尝试。然而，还有一条道路可以寻求变革。到 19 世纪末为止，私法案已成为一般法改革的路径或试验场。法的演变在本质上被私法化，由位于威斯敏斯特的委员会室来处理。私法案与许多伟大的工业运动（如铁路、运河和公路的修建与开凿）或者是政治运动（如地方政府的权责划分）密切相关。然而，到目前为止，私法案在专利法发展进程中扮演的角色在很大程度上被忽略。本书将正视这一问题，审视私法案制定在现代专利法诞生过程中所扮演的重要角色。

本书与《议会、发明和专利：研究指南与参考文献》同时创作，后者旨在记录 1600—1976 年间有关专利、发明和议会的每一件官方文献。读者要想寻找本书中提及的任何专利法案、议案、奖励或其他专利有关的详细参考资料目录，都可以以《议会、发明和专利：研究指南与参考文献》作为非常有用的起点。《议会、发明和专利：研究指南与参考文献》意味着本书无需再提供更多的参考文献信息。

私法案议案并非都公开，许多相关的报告和资料丢失或毁损。毫无疑问，私法案议案最佳的资料来源是议会档案。在本书中，除非另有说明，文献引用都来自议会档案（以 HL/或 HC/开头）。另一个有关请愿和委员会报告详情的重要资料来源是下议院日志（CJ）和上议院日志（LJ），在引述议会日志时，提供了记录日期、卷号和页码。

在 19 世纪 30 年代，议会辩论的最佳纪录是《议会之镜》(Mirror of Parliament)，而非议会议事录（Hansard）。本书在引用时，标注了《议会之镜》的卷号，但在不同版本中每一卷的分割点不同，好在各卷之间页码是连续的，不同版本之间也是连贯的。

书中引用法案时，使用的是简短标题；法案或议案没有确定简短标题的，使用了《制定法编年表》(Chronological List of Statutes) 中的标题，就议案而言使用了议会日志中所用标题。私法案议案都有序言，长短各不相同。在相关时期，序言中的事实陈述并不编序号，但为了便于读者阅读，书中根据每一个"鉴于"条款（Whereas）增序编号。

书中引述政府公报上的公告时，只引述第一次出现的公告（在早期需要公告三次），且只引述《伦敦政府公报》（尽管公告一般也要在《爱丁堡政府公报》和《都柏林政府公报》上刊登）。只要特定私法案需要发布公告，《议会、发明和专利：研究指南与参考文献》都收录了公告详情。

全书引述了厄斯金·梅（Erskine May）所著《论议会法律特权、程序及惯例》的不同版本，作为阐述议会程序和操作规则时的参考资料。所用的具体文本为所讨论事件发生时代的版本。但该著作第一版（1844 年出版）比之前的其他任何文本都更全面、更实用。因此，鉴于没有更好的参考资料，1844 年之前的议会程序和操作规则均参考第一版。

最后，在1852年之前，专利并无编号。贝内特·伍德克夫特（Bennet Woodcroft）制作了1617—1852年间各类专利的索引并进行编号，且加上了授权年份。在"王权和普通法视角下的专利体系史"（《法律评论季刊》1896年第12期第141页起及1900年第16期第44页起）中，温德姆·休姆（Wyndham Hulme）对伊丽莎白女王时期授予的一些专利进行总结并编号（使用罗马数字）。对于这一时期授予的专利，书中采用了他的编号方法。

至于苏格兰旧议会相关的材料，文中参考的是圣安德鲁大学开展的"截至1707年苏格兰议会档案"（Records of the Parliaments of Scotland to 1707，简称RPS）项目。该项目提供在线英语和旧苏格兰语文本。《议会、发明和专利：研究指南与参考文献》提供了一些印刷版的苏格兰议会法案。最后，在引用旧的年鉴时，采用了大卫·赛普（David Seipp）的在线资源"法制史年鉴"（Legal History: The Year Books，由波士顿大学提供网络服务）中的赛普编码（SEIPP code）。

作者菲利普·约翰逊是卡迪夫大学商法教授，研究领域包括专利法、公法和法制史，著述有知名实务著作《现代专利法》（Modern Law of Patents，律商联讯出版）与《议会、发明和专利：研究指南与参考文献》（Parliament, Inventions and Patents: A Research Guide and Bibliography，劳特里奇出版）。

作者感谢许多档案管理员和图书管理员在本书和同时创作的《议会、发明和专利：研究指南与参考文献》写作过程中提供的帮助，尤其是菲利普·贝克（Phillip Baker）提供了工作文档《1624届议会程序：下议院》，同时感谢罗伯特·伯勒尔（Robert Burrell）和其他专家对本书手稿的评论和意见。作者对历史的兴趣在很大程度上是受到了休·格雷戈尔（Hugh Gregor）老师的影响！作者致谢的对象还包括艾莉森·柯克（Alison Kirk）、乔治·沃伯顿（George Warburton）、简·奥洛伦肖（Jane Olorenshaw）以及乔（Jo）。

目 录

第 1 章　专利史 …………………………………………………………… 1
第 2 章　私法案程序 ……………………………………………………… 7
第 3 章　开端 ……………………………………………………………… 35
第 4 章　通过制定法保护发明 …………………………………………… 49
第 5 章　迳为条款和实施权 ……………………………………………… 69
第 6 章　公司专利的限制与规范 ………………………………………… 77
第 7 章　说明书与技术方案的保密 ……………………………………… 99
第 8 章　专利保护期限的延长 …………………………………………… 115
第 9 章　议会颁发奖励——另一种选择 ………………………………… 139
第 10 章　恢复与续展专利费用 …………………………………………… 156
第 11 章　重置日期与优先权 ……………………………………………… 177
第 12 章　私法案业务的终结 ……………………………………………… 181

第 1 章 专 利 史

引言

专利法是现代发明,但这并不意味着专利的历史短暂或波澜不惊。关于专利史,人们依然可以从很多角度出发,进行富有收获与原创性的争辩。这是因为,"专利史在很大程度上尚未被书写"[1]。专利史中未被开拓的疆域如此广阔,以至于从私法案开启探索略显怪诞,毕竟私法案属于相对小众的专业领域,即便是该领域中的寻常内容也常被描述为公众"极少关注,即便是知晓,公众一般也不屑一顾"[2]。但私法案在专利法发展中的角色依然是一片未开垦或遭忽略的新地。的确,私法案制定过程中除了几个高光点被用来解释与私法案无关之事外,再没人注意到它。目前,专利史展现的是一些与1624年通过的《垄断法》相关的内容[3],也有一些值得关注的17世纪晚期至19世纪期间专利的经济史研究[4]。此外,还有一些研究以史为鉴,尝试处理当下专利体系中的问题[5],或讨论诸如议会奖励[6]或废除专利体系运动等特定议题[7]。

然而,专利史上的空白期较多。专利史的讨论也比较零碎,常关注相似问题,且多将问

---

[1] Brad Sherman,"Towards a History of Patent Law" in *Intellectual Property in Common Law and Civil Law* (Ed Toshiko Takenaka) (Edward Elgar 2013) ,p 3.

[2] 见:John H Balfour Browne,*Forty Years at the Bar*(Herbert Jenkins 1916) ,p 13(19 世纪后半期一位知名议会律师的回忆录).

[3] Harold G Fox,*Monopolies and Patents:A Study of the History of Future of the Patent Monopoly*(Toronto 1947) ;Chris R Kyle,"But a New Button to an Old Coat:The Enactment of the Statute of Monopolies 21 James I cap 3" (1998) 19 *J Legal History* 203; Elizabeth Read Foster,"The Procedure of the House of Commons Against Patents and Monopolies,1621 – 1624" in *Conflict in Stuart England:Essays in Honour of Wallace Notestein*(ed William Appleton Aiken and Basil Duke Henning) (Jonathan Cape 1960) ,p 57; Edward C Walterscheid,"The Early Evolution of the United States Patent Law:Antecedents" (Part 3) (1995) 77 *J Patent and Trademark Office Society* 847(此为系列文章的一部分).

[4] Harry Dutton,*The Patent System and Inventive Activity during the Industrial Revolution 1750 – 1852*(Manchester 1984) ; Christine MacLeod,*Inventing the Industrial Revolution:The English Patent System 1660 – 1800*(Cambridge 1988) ; Sean Bottomley,*The British Patent System during Industrial Revolution 1700 – 1852*(Cambridge 2014).

[5] 尤其是:Harold G Fox,*Monopolies and Patents:A Study of the History of Future of the Patent Monopoly*(Toronto 1947) ; John W Gordon,*Monopolies by Patents and the Statutory Remedies available to the public*(Stevens 1897) ;以及 Klaus Boehm and Aubrey Silberston,*The British Patent System:I. Administration*(Cambridge 1967).

[6] Robert Burrell and Catherine Kelly,"Parliamentary Rewards and the Evolution of the Patent System" (2015) 74 *Cam LJ* 423;Robert Burrell and Catherine Kelly,"Public Rewards and Innovation Policy:Lessons from the Eighteenth and Nineteenth Centuries" (2014) 77 *MLR* 858.

[7] Fritz Machlup and Edith Penrose,"The Patent Controversy in the Nineteenth Century" (1950) 10 *Journal of Economic History* 1;Moureen Coulter,*Property in Ideas:The Patent Question in mid – Victorian Britain*(Thomas Jefferson University Press 1991) ,Ch 3 to 5(尽管她也讨论了其他一些话题).

题简单化。本书将挑战一个广为接受的观点,代表人物为伯姆(Boehm)和西尔弗斯通(Silberston),他们认为①:

在《垄断法》颁布后的两百多年里,再无重量级的专利制定法。

这一论断在某些层面是正确的,但却忽略了议员们审议专利和发明过程中纷繁复杂的活动。事实上,在某种程度上,这一论断直接就是错误的,因为在17世纪和18世纪出台了大量的专利制定法,只不过它们都归于私法案范畴。私法案的形式和性质将在后面详细讨论,简言之,私法案是由议会颁布的为私人创设特别规则的法案,它们是一般规则的例外。本书将讨论这些例外是否以及在何种程度上变成了一般规则。

例外规则变成一般规则

用最简单的话来说,任何人均有权向议会请愿,请求议会颁布只惠及他们的制定法。如果议会法案(任何法案)禁止某事,那么您可以请求议会排除该法案对您的适用②。同理,如果您想要撤销他人的权利,您也可以请求议会允许您(只允许您)这样做。当然了,仅仅因为您可以请求议会为您量身定制一部特别法,并不意味着议会一定会应允;即便真的应允了,议会也可能会附加一些条件。一部私法案通过后,往往(虽然并不总是)会招致他人向议会提出相同或类似的请愿,这样就会产生一个进化历程,法由此不断向前发展。简言之,由于私法案可以触及一切,因此变成了政策的试验场。克利福德(Clifford)在1885年出版的关于私法案制定历史的开创性著作③中如是说道:

年复一年的议会记录表明,本世纪几乎每一场重大的工业和社会运动都离不开私法案制定。一个立法议题消逝了,或被内容更宽泛的一般性立法所取代,但它从不乏继任者。在处理私法案时,议会积聚了最为宝贵的经验,并不时地根据私法案实施中的不足修改和矫正地方立法,并最终形成一般性立法的安全根基④。

关于规范地方政府的地方法案,弗雷德里克·斯宾塞(Frederick Spencer)1911年提出了相似观点:

---

① Klaus Boehm and Aubrey Silberston, *The British Patent System: I. Administration* (Cambridge 1967), 18.
② 关于迳为条款,详见第5章.
③ 该著作被刻薄地描述为"读过的都赞不绝口,但却没有几个人读过",见: John H Balfour Browne, *Forty Years at the Bar* (Herbert Jenkins 1916), pp 86–87.
④ Fredrick Clifford, *A History of Private Bill Legislation* (1885) (Frank Cass 1968), Vol 1, pp 266*–266**;厄斯金·梅在1883年制作了一般性立法替代私法案的清单,见: Sir Thomas Erskine May, *A Treatise upon the Law Privileges, Proceedings and Usage of Parliament* (8th Ed, Butterworths 1883), pp 759–767(该节内容在之后版本中有删减).

就政府部门的宪政结构而言,1700—1835年间的地方法案或许是单一政体内所展开的最大规模政治实验。任何人要想制定一部杰出宪法,再没有比18世纪的地方法案更好的素材了。乍一看,实验种类让人眼花缭乱。虽然没有理由相信议会在构筑其创设的政府机构时有意识地遵循了任何确定的规则,也没有理由相信那些欲设立相关机构者拥有牢固而不是狭隘、短视的政治建设主张,但一分析,就不难发现,看似杂乱无章表象的背后,存在着某种秩序①。

但本书可以比克利福德和斯宾塞更进一步,因为当有人向议会寻求一般规则的例外保护时,议会也会先思考该一般规则存在的原因何在,然后再决定是否允许通过一部法案。这样一来,无论将来议会决定放松还是收紧一部法律,都可以先拿私法案作为试验场。事实上,如果议会就某一问题发表了看法,法院一般会跟上。正如同普通法要经历"进化"过程,或者如副总检察长曼斯菲尔德(Mansfield,后来成为曼斯菲尔德勋爵)在奥米彻德诉巴克尔案(*Omychund v Barker*)②中指出的③所谓"普通法……自我净化",制定法也要通过私法案来实现成长。

专利史中的私法案角色

本书关注私法案,更确切地说,是关注一个个私人请愿、议案与法案,并尽可能理清楚私法案是否或者至少在何种程度上塑造了专利法的一般规则。本书还将讨论法院在解释议会最终制定的规则时对待私法案的态度,换句话说,将进一步弄清楚克利福德关于私法案的一般论断在多大程度上适用于私法案对专利法发展的影响。相较于其他专利法史,本书聚焦私法案。这倒不是说私法案为其他专利法史著作所忽略,只是说在其他专利法史著作中私法几乎或完全没有被给予应有的地位④。例如,克莉丝汀·麦克劳德(Christine MacLeod)认为:

> 当有专利权人请求延长专利保护,或请求通过私法案以赋予专利权人更大权力时,议会才偶尔会谈论专利个体⑤……

---

① Frederick Spencer, *Municipal Origins: An Account of English Private Bill Legislation Relating to Local Government 1740 - 1835* (Constable & Co 1911), p 115.
② (1744)1 Atk 21(26 ER 15).
③ (1744)1 Atk 21,23(26 ER 15).
④ 即便是同时期关于专利制度变革的研究也未重视私法案,如:Thomas Turner, *Remarks on the Amendment of The Law of Patents for Inventions* (Frederic Elsworth 1851), p 5. 作者列举了改革思潮的源头,但并未包括私法案.
⑤ Christine MacLeod, *Inventing the Industrial Revolution: The English Patent System 1660 - 1800* (Cambridge 1988), p 3;麦克劳德还提及了苏格兰通过的一些私法案,见本书第8页.

因此，虽然麦克劳德①和其他研究者②提及了私法案，但他们③也只是偶尔能看到那些私法案背后所展现的议会在制定一般性专利政策中的角色④。已经书写的专利史聚焦专利的授权、司法官员的日常工作以及授权专利的数量或种类，而非规范这些操作的立法。在本书中，议会直接成为了舞台，执导专利政策的演员们在内包括上下两院议员，在外则包括请愿人。本书将谈论人物、权力和金钱。但如同其他很多议会相关的描述那样，尤其是那些发生在委员会室而非两院议事厅内的故事，本书的剧本里有许多空白，而且多是永远难以填补的空白。本书先从1621年议会会期开始，这一年《垄断法案》(Bill of Monopolies)在下议院通过，但在上议院折戟。同年，有人在议会提出了两个专利方面的私法案请愿，其中一个在本质上很奇怪，后面将会详述。本书止步于1907年，是年通过了（确切地说是寻求通过）一部专利方面的私法案。在这段历史前两百年的大部分时间里，专利从只授予少数人（确切地说是极少数人）转变为任何人只要满足既定标准皆可以平等获得的垄断性权利。但在叙述这段近三百年的历史时，也面临一些困难——议会开始记录其活动，有些时间段有详细记录，有些时间段里除了议事日志记录的内容外，再无其他线索⑤。

系列画卷

在推动专利法演进的过程中，私法案扮演的并不是朝着新文明时代稳步推进的角色，而是通过解决特定问题、弥补特定不足而促使专利法变革，有时步伐很快，有时历经漫长争论，有时甚至会出现反复。这是系列画卷，摆放在一起，则展现了专利法发展的新面貌。在开始这些讨论前，考虑到程序往往会引发实体变革，第2章将介绍私法案的性质及制定程序，熟悉私法案制定程序的读者可以略过本章。随着时间推移，私法案制定变得愈加规范化。究其原因在于，议会议事规则从碎片化状态演变为一整套规范，其中也包括专门适用于专利的议事规则，它们中的一部分内容后来被一般法吸纳。

探索旅程在第3章正式开始，本章探索了《垄断法案》的失败和《垄断法》的通过以及两

---

① Christine MacLeod, *Inventing the Industrial Revolution: The English Patent System 1660 – 1800* (Cambridge 1988), p 17 (1731《罗姆丝织机法案》(Lombe's Silk Engines Act 1731) 支持者的声明), p 33 (皇家丝织品公司 (Royal Lustring Company) 延长专利的私法案), p 49 (霍华德 (Howard) 和华生 (Watson) 的发明), p 73 (沃尔科特 (Walcot) 延长专利保护期限的私法案); Christine MacLeod, *Heroes of Invention: Technology, Liberalism and British Identity, 1750 – 1914* (Cambridge 2007), p 84 (瓦特的法案).

② 例如: Sean Bottomley, *The British Patent System during the Industrial Revolution 1700 – 1852* (Cambridge 2014) (提及了个人请愿: 克里斯托弗·勒布朗 (Christopher Le Blon) (第48 – 49页); 托马斯·罗姆 (Thomas Lombe) (第122页); 詹姆斯·瓦特 (James Watt) (第260页) 以及 1792《霍恩布洛尔法案》(Hornblower's Bill 1792) (第260页); Harry Dutton, *The Patent System and Inventive Activity During the Industrial Revolution 1750 – 182* (Manchester 1984) (在第28页、48页和155页附带提及请愿延长专利保护的私法案).

③ 代表性例外有: Robert Burrell and Catherine Kelly, "Parliamentary Rewards and the Evolution of the Patent System" (2015) 74 *Cam LJ* 423; Robert Burrell and Catherine Kelly, "Public Rewards and Innovation Policy: Lessons from the Eighteenth and Nineteenth Centuries" (2014) 77 *MLR* 858.

④ 最常见的是研究者注意到《罗姆丝织机法案》在说明书发展历程中的作用, 如: Christine MacLeod, *Inventing the Industrial Revolution: The English Patent System 1660 – 1800* (Cambridge 1988), 49, 以及 Robert Burrell and Catherine Kelly, "Parliamentary Rewards and the Evolution of the Patent System" (2015) 74 *Cam LJ* 423 at 428.

⑤ 见本书第28 – 29页.

个相关的私法案。前两者在当下都被称为混合法案(即公法案和私法案的混合体)。《垄断法》这一关键立法①影响了后来私法案的多个领域,因为它确立了从一般立法中寻求例外保护的规则。第 4 章探析了保护具体发明的私法案,换言之,指发明人据以向议会(而非王室)寻求保护其发明的私法案。事实上,正如即将讨论的那样,在与英格兰建立联盟前,苏格兰议会曾推出广泛(尽管有瑕疵)的经济激励政策,包括颁布立法赋予个人特别权利,鼓励他们从事商业活动或将新的产业引入苏格兰。

接下来的第 5 章将考查"迳为条款"赋予个人一般法豁免的典型事例。所谓"迳为条款",是指在授权的专利中准许专利权人突破法律一般限制、实施其专利的条款。本章将揭晓为什么《垄断法》本身意味着发明专利中的"迳为条款"或许不可执行,紧接着将进一步解释《垄断法》起初是如何阻止授予此类专利,进而导致此类条款根本无用武之地的局面。

从这一起步失误开始,本书第 6 章讨论授予规范公司的垄断权,并解释专利是如何同《泡沫法案》②禁止的行为交织在一起,以及为什么《泡沫法案》被废止多年后依然维持对公司持有专利的限制③。这一状况导致公司发起人寻求通过私法案将专利转到新设立公司的名下。然而,令人惊奇的是,专利相关人员极力反对允许公司持有专利,早期旨在去除这一限制的努力也遭到无情打压。

第 7 章转向说明书对发明的披露,并指出,在提出信息披露要求方面,议会应在某种程度上被认定更多功劳。但另一方面,议会也容许某些发明人无需遵从披露要求。在这里,本书将探讨不同立法者相矛盾的立法冲动,以弄清楚关于披露发明这一点,支持和反对的声音能走得多么近。

议会颁布的私法案中,延长专利保护期限(或延伸地域范围)是最老生常谈的话题。一些专利史研究人员虽常把议会角色挂在嘴边,但往往三言两语带过④。第 8 章将考证这些法案是如何进化的,以及人们对这些法案的看法,并将特别谈到,这些法案对保护改进发明的态度并不总是清晰明朗。本章还将分析议会议事规则最终是如何终结通过私法案延长专利保护做法的。具有讽刺意味的是,延长专利保护也恰是一般法案最早取代私法案的领域之一。第 9 章探讨的是与私法案密切相关的议会奖励。在当时(和今下),议会奖励被视为是私法案之外的另一种激励专利的手段。同私法案一样,议会奖励通常(虽然并不总是)由议会应请愿授予,研究者认为,它们自身也对专利法的发展做出了贡献⑤。

第 10 章是关于费用和专利续展。要求缴纳专利续展费首先是为了削减获得专利的成本,其次是清理无用专利。但如果专利权人忘记缴纳续展费,就会失去有价值的专利。这时,私法案就可以介入,允许专利权人挽回失去的专利。后来,一般法中引入了恢复专利的

---

① 这部法案有时被认为是直到现代才变得重要,具体见:Brad Sherman and Lionel Bently, *Making of Modern Intellectual Property Law*(Cambridge 1999),pp 208 – 209.

② 全称为 1719 年《皇家交易所与伦敦担保公司法案》(Royal Exchange and London Assurance Corporation Act 1719).

③ Bubble Companies,etc Act 1825.

④ 一个重要例外是伯勒尔(Burrell)和凯利(Kelly),他们对此予以详细处理,见:Robert Burrell and Catherine Kelly, "Public Rewards and Innovation Policy:Lessons from the Eighteenth and Nineteenth Centuries" (2014) 77 *MLR* 858.

⑤ 例如:Robert Burrell and Catherine Kelly, "Parliamentary Rewards and the Evolution of the Patent System" (2015) 74 *Cam LJ* 423.

权利。关于这一特别具有技术性的问题,最值得注意的是实际通过的私法案和寻求通过的私法案议案数量远超其他任何领域,这也使得本书在这方面能够勾勒出私法案与一般专利政策发展之间关系最清晰的一幅画面。

第 11 章为最后一章,技术性更强。由《保护工业产权巴黎公约》①建立的国际专利体系确立了优先权制度,即申请人在一国提出专利申请后又在他国申请专利的,可以依据较早的申请日来判断新颖性。外国专利申请首次可以拯救本国专利申请。但伴随优先权制度产生了一个简单而关键的挑战,那就是何时可以重置专利日期,以主张当初未认领的优先权。问题一提出,答案就已经明了——私法案有了新的用武之地。

在完成所有讨论之后,本书将回到原点,评估私法案在何种程度上推动着专利法向前发展,并展示高度个人化的专利体系和私法案是如何引向法律改革的。

---

① 1883 年 3 月签署.

第 2 章 私法案程序

引言

私法案的制定可能像议会一样历史悠久。可以说在私法成立早期,下议院就推举成立了申诉委员会,上议院推举产生了"请愿受理人"①。到了 14 世纪,请愿受理人成为了请愿书的裁决人员②,受理人兼裁决人创设了一套私法案请求机制。私法案程序是法庭和议会程序的混合体。在这一程序中,议会顾问在与诉讼程序的相同阶段对证人进行询问,无异于古今公法案的制定程序:私法案必须要提交上下两院进行一读、二读和三读③;如同处理公法案一样,议会需要回答是否应准许这些宣读程序,并适用同样的辩论和讨论规则④;至关重要的是,无论是私法案还是公法案,议会法案均具有议会立法权至上的全部效力:它可以明令废止一项公法案,自然也可以含蓄地做出此等决定⑤。厄斯金·梅对这一双重角色作出了如下专业阐释:

这种司法和立法功能的联合并不流于形式,而且还是议会就私法案的价值进行询问和作决定时遵循的一项重要原则。作为法庭,议会需要询问私人主体的利益情况并作出裁判;作为立法机关,议会需要对公众利益保持警觉⑥。

● 公法案还是私法案?

在私法案、地方法案或公法案这一现代分类形成之前⑦,对于某一特定法案应视为私法

---

① Fredrick Clifford, *A History of Private Bill Legislation* (1885) (Frank Cass 1968), Vol 1, p 271(提及上议院于 1278 年推举请愿受理人).

② Fredrick Clifford, *A History of Private Bill Legislation* (1885) (Frank Cass 1968), Vol 1, p 272.

③ 对议案只进行三读的传统,似乎是在伊丽莎白时代确立。在此之前,有些议案会宣读多达八次。参见:Sir John Neale, *The Elizabethan House of Commons* (Penguin 1949), pp 356–357.

④ Thomas Erskine May, *A Treatise upon the Law Privileges, Proceedings and Usage of Parliament* (1st Ed, Charles Knight & Co 1844), p 386. 一般来说,本书全文会引用厄斯金·梅著作不同版本中时期最接近的版本。然而,凡提及 1844 年以前的时段,本书或引用其他文献来源,或引用厄斯金·梅著作的第一版.

⑤ 一个多世纪以来,虽然厄斯金·梅著作的不同版本坚称这一基本命题一直遭到"质疑",但现在仍是"金科玉律",见:Sir Malcolm Jack(ed), *Erskine May's Treatise on The Law, Privileges, Proceedings and Usage of Parliament* (24th Ed, LexisNexis 2011), p 929.

⑥ Thomas Erskine May, *A Treatise upon the Law Privileges, Proceedings and Usage of Parliament* (1st Ed, Charles Knight & Co 1844), p 385;这一基本说法一直保留在此后各版本中,参见最新版本:Sir Malcolm Jack, *Erskine May's Treatise on The Law, Privileges, Proceedings and Usage of Parliament* (24th Ed, LexisNexis 2011), p 923.

⑦ 有关 20 世纪初的观点,参阅:Courtenay Ilbert, "The English Statute Book" (1900) 2 *Journal of the Society of Comparative Legislation* 75 at 79–84.

案还是公法案,会存在模糊不清的情况①。之所以出现这种情形,主要是因为大多数本是遵循私法案程序制定的法案会包含一条宣告该法案为公法案的内容,以便法院可以直接予以司法认证②。这意味着,在18世纪,许多法案虽然被入册登记为公法案,但在议会却是遵循私法案制定程序订立③。由于本书探讨的是私法案制定程序在一般公法发展中的角色,因此,自始至终采用"私法案(议案)"或"私法案"等表述,无论当时对相关法案的归类是否有所不同(特别是在后期,有些法案被归类为地方法案)。在继续讨论私法案制定程序前,了解一些基础规则至关重要。

私法案的结构

● 序言

法案的序言旨在阐明为什么该立法是合宜的,或者说,为什么议会应通过该法案(若不合宜,则不应通过)。序言在公法案中曾经很普遍,例如《垄断法》的序言包括以下内容:

尽管陛下的裁断有着至高无上的威严,心系臣民福祉与安宁,于公元1610年书面昭告天下臣民及子子孙孙,宣告所有已授予的垄断特权、施加刑罚的权力、法律豁免的权力,或以没收财产换取的宽恕,均违反了陛下的法度,此宣告与王国古老的基本法律是一致的:

尽管陛下亲切明令,任何人不得擅自向陛下提出以上性质的请愿;

然而,由于信息错误和以虚设的公共福祉为借口,许多人通过不正当渠道获得并非法利用王室特权,在陛下臣民中引发了极大怨愤和不便,违背了王国的法度,也违背了陛下高贵神圣的意愿,因此如前昭告:撤销已授予特权,禁止未来授权。

在二读辩论后,法案的合宜性已获得普遍认可,因此序言在公法案中的作用削弱了④⑤。然而,序言在私法案中仍起着关键作用:

---

① 因此,一些作者回避了这种分类方式,如:Robert Burrell and Catherine Kelly, "Parliamentary Rewards and the Evolution of the Patent System"(2015)74 *Cam LJ* 423 at 425,n 4;类似的还有 J Innes, "The Local Acts of a National Parliament:Parliament's Role in Sanctioning Local Action in Eighteenth - Century Britain"(1998)17 *Parliamentary History* 23. 关于现代分类,参见:Sir Malcolm Jack, *Erskine May's Treatise on The Law, Privileges, Proceedings and Usage of Parliament*(24th Ed, LexisNexis 2011),pp 924 - 925.

② 在1850年《法案解释之法案》(The Interpretation of Acts, Act 1850)第七条生效前,在诉讼中援引私法案时,必须要向法庭予以证明,见:*Greswolde v Kemp*(1842)Car & M 63(174 ER 668).

③ 事实上,弄清法案编号的困难之大恰恰反映了这一情况。关于法案编号,参见:Robert W Perceval, "Chapter Six, VI, vi,6 or 6:The Classification and Recording of Acts"(1949)13 *Parliamentary Affairs* 506.

④ 有些案例中,法官们对序言的终结表示哀叹,如:*LCC v Bermondsey Bioscope* [1911]1 KB 445 at 451;对序言作用变弱的现代视角,参见:Daniel Greenberg(ed), *Craies on Legislation*(11th Ed, Sweet and Maxwell 2017), [2.5.10];Baroness Jay(Leader of the House), HL Deb,26 October 1999, Vol 606(5th), cols 275 - 276.

⑤ Thomas Erskine May, *A Treatise upon the Law Privileges, Proceedings and Usage of Parliament*(1st Ed, Charles Knight & Co 1844),p 408.

私法案,就其本质而言,是一般法的例外。私法案的序言必须简明扼要,解释为什么立法对于所要处理的每一个重要主题都是必要的,且必须说明提案人已遵从议会议事规则或一般法……上述关于立法合宜性的几点声明必须要触及每一部法案的根本①。

换言之,序言所列事实必须经证实能够指向法案的合宜性②。序言包括一系列事实陈述部分,每条事实陈述都以"鉴于……"开头,提案人须保证每条事实陈述有理有据。早期的事实陈述部分通常言简意赅,但历时越久,事实陈述部分的内容就越详细。因为是由提案人来选取其认为能够证明法案合宜性的事实,所以即便是出于类似目的提出的法案,所请求的内容也可能会存在巨大差异。此外,鉴于议会是在权衡序言所述内容的价值后判断应否准予通过法案(实际上是一项政策性决定),因此,即使序言中的每一件事实都得到了验证,议会也可能决定不予通过法案。

如果序言得到了议会认可,那么议会审议的对象将转至正文(即法案条款)。这些条款必须要能够实现序言中设定的法案目的。到了1840年左右,议会当局开始向议会代理人分发"示范法案",以提高法案的质量和统一性③。这意味着,如果提案人想要偏离示范条款,就必须要有充足的理由,并在序言中加以解释④。但直到19世纪晚期,才应议会议事规则的要求出台了专利相关的示范法案⑤。

• 议会议事规则

议会两院的活动随着议事规则的颁布而变得有章可循。议会从17世纪开始颁布涉及私法案的议事规则,但这些议事规则仅涵盖立法程序中非常有限的环节。随着时间推移,此类议事规则数量不断增加,到了1907年这一时期结束时,已经形成一部由近300个私法案议事规则组成的汇编⑥。这些议事规则主要规定程序性事项(如必须提交的内容和提交时间),也间接地规定了实体性内容(比如,若提案人并非发明人本人,则法案不会进入三读程

---

① Fredrick Clifford, *A History of Private Bill Legislation* (1885) (Frank Cass 1968), Vol 2, p 865. 14.
② 关于序言所列事实接下来的证明价值,参见: *Wyld v Silver* [1963] Ch 243 at 261.
③ Orlo Williams, *The Historical Development of Private Bill Procedure and Standing Orders in the House of Commons* (HMSO 1948), Vol 1, 105;以下文献对示范法案(《条款统一法案》)的价值进行了广泛讨论: *Report of Select Committee to Examine Applications for Local Acts* (1846 HC Papers 556), Vol 12, p 1, Q 557 (p 63); Q 569 (p 65); QQ 716 – 718 (p 18); QQ 730 – 731 (p 82); and QQ 781 – 785 (p 88).
④ Orlo Williams, *The Historical Development of Private Bill Procedure and Standing Orders in the House of Commons* (HMSO 1948), Vol 1, p 105.
⑤ 事实上,当1829年经过批准的私法案先例汇编(《上议院委员会挑选和批准的议会私法案汇编》,*Private Acts of Parliament selected and approved by a Committee of the House of Lords* (Stevens & Sons 1829))出版时,H类先例(确认或延长专利特许状之法案)实际上却是一个剧场许可法案(p 658),原因是"专利类法案在实践中极其罕见,严格意义上来说,剧场许可法案应属于G类,之所以选入H类是基于实用性考虑"。以下文献包含了与此类法案相关的公告与请愿书: Parliamentary Agent, *Practical Instructions on the Passing of Private Bills through Both Houses of Parliament* (Stevens and Son 1825),具体见该文献第106 – 110页.
⑥ *Standing Orders of the House of Lords relative to Bringing in and Proceeding on Private Bills* (1907 HL Papers 28 and 194), Vol 1, 41; *Standing Orders of the House of Commons. Part I.——Public business. Part II.——Private business* (1907 HC Papers 329), Vol 66, p 307.

序①)。由于上下两院均允许在特定情况下背离自己制订的议事规则,最终成立了委员会,以审查当初背离议事规则的做法是否正确。

● 议会代理人

引导私法案走完上下两院的工作最初由议会官员负责,他们协助请愿人处理程序问题,并就此收取费用。随着私法案数量的增长,议会的某些部门开始从中牟利②。没有这些官员的帮助,法案常会被搁置,并以失败告终。随着时间推移,议会代理人(所谓的"议会外代理人")开始在议会外工作,一开始是与议会官员(所谓的"议会内代理人")并行提供服务。然而,随着19世纪的车轮向前滚动,议会官员被禁止担任代理人③,由此催生了一批职业议会代理人④,只有他们才能在议会提出或反对一项法案。实际上,直到本书描述的这段历史末期,职业议会代理人在程序法和实体法的发展中都扮演着一定角色。

私法案:早期

所有议会立法都由最初直接向国王请愿,发展到在谘议会向国王请愿,最后发展到在议会向国王请愿⑤。起初,一般性公共立法和私法案制定之间的区别并不重要。所有立法都可通过请愿⑥或动议来启动⑦。因此,公法案和私法案制定程序在原则或形式上并无二致⑧。实际上,如前所述,一部议案有可能是遵从私法案的部分或全部立法程序制定,然后作为公法案印发⑨。

专利私法案的制定始于詹姆士一世统治时期⑩,当时私法案和公法案在制订程序上的区别仍不明显,国王大力阻挠立法,对制定私法案尤为不屑⑪。亨利·斯科贝尔(Henry Scobell)

---

① 参见本书第8章第126-127页.

② 1790年至1799年间,上议院职员长官每年从私法案中收取4500英镑到10500镑的报酬(副职员长官同时期内收取350英镑到800英镑的报酬),但后来费用降低,并且由多人分摊,参见:Orlo Williams, *The Clerical Organization of the House of Commons* (Oxford 1954);以及David L Rydz, *The Parliamentary Agents: A History* (Royal Historical Society 1979),第2章.

③ 从1835年起,新议员禁止参与议会外代理业务,且所有此类工作须在1840年前终止,参见:Orlo Williams, *The Historical Development of Private Bill Procedure and Standing Orders in the House of Commons* (HMSO 1948), Vol 1, pp 52-53.

④ 这些职业议会代理人的活动由议长最初于1837年制定的规则所规范,适用现代代理规则则始于1838年,参见:David L Rydz, *The Parliamentary Agents: A History* (Royal Historical Society 1979),1837 Rules,210 and 1838 Rules, p 212.

⑤ Orlo Williams, *The Historical Development of Private Bill Procedure and Standing Orders in the House of Commons* (HMSO 1948), Vol 1, p 23.

⑥ Josef Redlich (trans Ernest Steinhal), *The Procedure of the House of Commons: A Study of its History and Present Form* (Archibald & Constable 1903), p 13.

⑦ 在亨利·斯科贝尔时代,依然可以通过请愿或动议来启动,参见:Henry Scobell, *Memorials of the Method and Manner of Proceedings in Parliament on Passing Bills* (1656) (1670), p 41.

⑧ Thomas Erskine May, *A Treatise upon the Law Privileges, Proceedings and Usage of Parliament* (1st Ed, Charles Knight & Co 1844), p 384.

⑨ Sheila Lambert, *Bills and Acts: Legislative Procedure in Eighteenth-Century England* (Cambridge 1971), 84.

⑩ 在英格兰和苏格兰皆是如此(他以詹姆斯六世的名号在苏格兰的统治始于1567年7月24日).

⑪ Elizabeth Read Foster, *The House of Lords 1603-1649: Structure, Procedure, and the Nature of Its Business* (North Carolina Press 1983), p 189.

曾描述过17世纪中叶下议院①的立法程序,但他仅提到了几个私法案制定程序的细节②。据此可以得知,私法案是在早上议员到齐后宣读的③,汇报阶段安排在公法案之后,也了解到应先听取哪位议会顾问的意见,以及是在议会议事厅还是在委员会室听取证人证言④。

私法案业务开始发展

1685年,下议院制订了第一个有记录的私法案业务议事规则。它终止了以动议方式启动私法案制定程序这一选项,要求所有此类立法以请愿形式启动⑤。1690年通过了第二个关于私法案的议事规则,要求所有确认专利有效性的私法案议案附上专利特许状的副本⑥。上述义务要求并不高,因此,私法案制订程序仍旧非常类似于公法案,尤其是在下议院。

的确,公法案业务和私法案业务之间的区别在最早期并不明确,因为在缴纳法案费用时,可以选择开始为公法案但后来视为私法案的缴费类型。因此,最初两院官员在确定一项议案是以公法案还是私法案身份进入立法程序时,只需要问一个简单问题:"可以就法案向某人收取费用吗?如果可以,那么它就是私法案⑦。"然后请愿人向有关官员缴纳费用。1751年,议会推出了费率表,最终规范了收费的问题,并在此基础上正式确立了公法案和私法案之间的区别:

任何法案,只要是为了任何一人或多人的特定利益提出,不论该法案是以请愿、动议、委员会报告形式还是由上议院议员提出,均已且应当视为费率表所称之私法案⑧。

所谓的《利物浦手册》⑨大约成文于1762年⑩,它并未使用"私法案"这一称谓,而是将

---

① Henry Scobell, *Memorials of the Method and Manner of Proceedings in Parliament on Passing Bills* (1656)(参考了重印的1670年版本)。他还讨论了上议院的立法程序,参见:Henry Scobell, *Remembrances of Some Methods, Orders and Proceedings of the House of Lords* (Henry Hill 1689)。但讨论的内容范围要小得多。

② 对于空位期(1640年至1649年)仍存有争议,最初通过的是法令而不是议会法案(因为未获王室批准),随后(1649年至1660年)法案仅在下议院通过。关于这一时期的讨论,参见:Elizabeth Read Foster, "The House of Lords and Ordinances 1641 – 1649" (1977) *Am J Legal History* 158; Michael Mendle, "The Great Council of Parliament and the First Ordinances:The Constitutional Theory of the Civil War" (1992) 31 *Journal of British Studies* 133; Charles H Firth and Robert S Rait, *Acts and Ordinances of the Interregnum, 1642 – 1660* (London 1911), p iii.

③ Henry Scobell, *Memorials of the Method and Manner of Proceedings in Parliament on Passing Bills* (1656)(1670), p 41.

④ Henry Scobell, *Memorials of the Method and Manner of Proceedings in Parliament on Passing Bills* (1656)(1670), p 51.

⑤ 9 CJ 719 (26 May 1685);1699年12月7日,上议院通过了类似的议事规则(第95号);1705年2月16日通过的议事规则要求在请愿书上签字(第103号)。上述议事规则的编号是基于:Historical Manuscript Commissions, *House of Lords Manuscripts 1712 – 1714* (HMSO 1953), Vol 10, *Roll of Standing Orders of the House of Lords* (No 2923), p 1 ("HL SO 1664 – 1715")。

⑥ 10 CJ 412 (13 May 1690).

⑦ Sir John Neale, *The Elizabethan House of Commons* (Penguin 1949), p 323.

⑧ 26 CJ 277 (4 June 1751).

⑨ Catherine Strateman (ed), *The Liverpool Tractate:An Eighteenth Century Manual on the Procedure of the House of Commons* (Columbia 1937).

⑩ Catherine Strateman (ed), *The Liverpool Tractate:An Eighteenth Century Manual on the Procedure of the House of Commons* (Columbia 1937), p xxii.

其描述为必须缴纳费用并因此遵循私法案制定程序的法案①。《利物浦手册》,连同当时一位重要的议会顾问罗伯特·哈珀(Robert Harper)的一份文献备忘录②,为人们提供了了解当时私法案制定程序如何运行的最佳物料。这一时期有时被称为"前议事规则时期"③。

请愿

● 下议院

要想在下议院通过一部私法案,需要先找到一名议员来提出该法案。这意味着,有权有势者更有希望推动私法案的进展。该议员将作为提案人代表,陈述请愿性质,并在议事厅白线内展示法案④,然后会被问及一些正式问题。职员长官向议员们宣读议案⑤,之后询问是否将请愿提交给委员会。这一时期,将请愿提交给某个委员会尚不是必经的程序要求。当时,有一些专利法案请愿并未提交给委员会⑥。

当且仅当请愿要提交给某个委员会后,下议院才会明确谁可出席该会议(或表示"所有人"都可出席);或者,偶尔也有可能将其提交给下议院全体委员会(基本上意味着该请愿将在下议院议事厅而非委员会室进行审议)。议员们会起身示意愿意成为委员会成员。此外,委员会还需要专业人士的加入,如律师或商人⑦。与后来做法不同的是,当时有一种观点认为,应由了解法案者或利益相关人就法案发表意见⑧。一般而言,如果议案没有遭遇反对声音或不存在争议,审议请愿的委员会规模一般较小;但如果议案广受关注,或有反对意见,委员会的规模则有可能会扩大⑨。

● 委员会审议请愿

在早期,委员会审议请愿的日期并不公之于众,因此审议日期可能是经协商随机确定,除非该议案遭遇反对声音,此时需要采取走更为正式的程序。议案的反对者可以提出自己的请愿,指称所反对的请愿系出于恶意。或者,反对者也可请求在法案中加入不同条款。当

---

① Sheila Lambert, *Bills and Acts: Legislative Procedure in Eighteenth – Century England*(Cambridge 1971), p 85.

② 参见:Sheila Lambert, *Bills and Acts: Legislative Procedure in Eighteenth – Century England*(Cambridge 1971), h 5.

③ 这是下述著作第 3 章的标题:Orlo Williams, *The Historical Development of Private Bill Procedure and Standing Orders in the House of Commons*(HMSO 1948), Vol 1.

④ Catherine Strateman(ed), *The Liverpool Tractate: An Eighteenth Century Manual on the Procedure of the House of Commons*(Columbia 1937), p 21(系 1692 年 12 月 10 日制定的议事规则所要求,《利物浦手册》记录有误)。伦敦城适用特别规则,但这一时期没有任何涉及伦敦城的专利法案。

⑤ Catherine Strateman(ed), *The Liverpool Tractate: An Eighteenth Century Manual on the Procedure of the House of Commons*(Columbia 1937), p 21;这也许正是这一时期《下议院议事录》会收录这么多请愿详细信息的原因所在。

⑥ 例如:Le Blon's Petition 1734(22 CJ 259;27 February 1734)。

⑦ Catherine Strateman(ed), *The Liverpool Tractate: An Eighteenth Century Manual on the Procedure of the House of Commons*(Columbia 1937), p 28.

⑧ Orlo Williams, *The Historical Development of Private Bill Procedure and Standing Orders in the House of Commons*(HMSO 1948), Vol 1, p 30.

⑨ Orlo Williams, *The Historical Development of Private Bill Procedure and Standing Orders in the House of Commons*(HMSO 1948), Vol 1, p 29.

然,他们也可以转而支持议案。实践中,议会顾问似乎很少会反对一项请愿,毕竟此时议案的政策倾向尚未明朗①。尽管如此,支持议案的议员可以采用拖延战术,也就是说通过反复休会的做法将议案拖住,确保请愿不会离开委员会室②。在这里,可能会就请愿进行投票和激烈辩论。这意味着反对者可以向接受议案的议员陈述任何可能会挫败议案的情由,说明要么议案没有遵从议事规则,要么没有初步证据表明适宜通过该议案③。

委员会主席将向下议院报告委员会审议结果,并在提出议案动议前宣读审议报告。委员会关于请愿的审议报告篇幅很长——无论是在向下议院宣读时,还是刊登在《下议院议事录》上,都是长篇大论④。这使得人们有依据去了解一项议案的反对声音,也知道了一项请愿何以成败⑤。1834年的一场大火将议会会议记录和委员会审议记录几乎全部化为灰烬,只剩下私人记录的只言片语,因此刊登在《下议院议事录》上的委员会审议报告弥足珍贵⑥。如果委员会赞成一项请愿,则通常会同意由委员会主席提出该议案的动议。

● 上议院

上议院的做法有所不同。请愿须由上议院议员提出,这一点与下议院相同⑦,但在上议院,请愿并非呈交给特定的委员会,而是呈交给两位法官⑧。这两位法官见证证人宣誓⑨,并会拿到议案副本。假设两名法官认为应将议案制订成法律,那么该议案将提交给大法官进行一读。因此,当时上议院请愿程序的司法属性远大于行政或立法属性。

一读

议案一经提出,就需要交付印刷⑩,并制作议案摘要(称为"法案提要",breviate)⑪。议案的提交方式和公法案相同——宣读摘要后提交一读(在下议院由支持该议案的议员完成,而在上议院则由大法官完成)。到了这一时期,人们已经形成共识:议案的一读程序只

---

① Catherine Strateman(ed), *The Liverpool Tractate: An Eighteenth Century Manual on the Procedure of the House of Commons* (Columbia 1937), pp 42 – 43.

② 或者有时委员会从不考虑开会。

③ Thomas Sherwood, *A Treatise upon the Proceedings to be Adopted by Members in Conducting Private Bills* (Private 1828), p 7.

④ 许多未在《下议院议事录》上刊登的委员会审议报告后来由卢克·汉萨德(Luke Hansard)出版,即: *Reports from the Committees of the House of Commons* 1715 – 1801(Hansard 1802)。

⑤ 参见:Lydells' Ballast Engine Petition 1775(27 CJ 66;8 January 1775);完整报告见:27 CJ 235(17 March 1755)。

⑥ 例如:Minutes of Re – Commitment of Mr Watt's Engine Bill(11 April 1775); Eric Robinson and Albert Musson(ed), *James Watt and the Steam Revolution: A Documentary History* (Adam & Dart 1969), (Document 16), p 69 – 76.

⑦ Harper's Memorandum; Sheila Lambert, *Bills and Acts: Legislative Procedure in Eighteenth – Century England* (Cambridge 1971), p 88.

⑧ HL SO 1664 – 1715, No 104.

⑨ 任何宣誓都必须在上议院议事厅围栏内进行,并需要在宣誓书上签字,参见:Harper's Memorandum in Sheila Lambert, *Bills and Acts: Legislative Procedure in Eighteenth – Century England* (Cambridge 1971), p 88.

⑩ 遵从1705年11月12日制定的议事规则:15 CJ 18;另见:HL SO 1664 – 1715, No 101.

⑪ Harper's Memorandum in Sheila Lambert, *Bills and Acts: Legislative Procedure in Eighteenth – Century England* (Cambridge 1971), p 88.

是走走过场而已,不宜在此时提出反对议案的意见,这一状况一直延续到 19 世纪①。乔治·布拉姆威尔(George Bramwell)如是解释下议院一读程序:

打算呈交议案的议员坐在议事厅白线内,手持议案印制件和两个副本、同意令以及议案摘要;在被议长叫到时,议员答"一份议案";这时,议长并不将议案提请表决,而是要求他"把议案呈上来"。然后,该议员拿起议案(向委员会主席鞠三躬),将议案递交给议事桌旁的职员长官。

二读

在下议院,自确定日期(即一读日期)②起满三天后的任何时间都可以进行议案的二读程序。而上议院则没有那么正式——通常在一读后一到两天内进行二读③。直至 19 世纪 20 年代后期,针对议案一般原则提出的任何反对意见都在二读环节进行④。议会顾问可以在议事厅围栏内听取意见,基本形式类似于法庭上的质询:先传唤证人,由议会顾问向证人发问,在此之后任何议员均可向证人发问⑤。可见,此时此刻,二读成为决定议案命运的主要环节之一,因为议案有可能在此时被彻底否决⑥。如果议案通过了二读,就不宜在委员会审议阶段再挑战议案的合宜性,只能是对议案内容进行修改⑦。但议案在下议院二读时被否决的情况并不多见,就专利私法案而言,只有一两个案例⑧。在 18 世纪后半叶,一些报纸详细报道了私法案二读辩论的内容,提供了辩论的要点信息⑨。随后,议案将提交委员会审议⑩。

---

① George Bramwell, *The Manner of Proceedings on Bills in the House of Commons* (Hansard 1823), p 58.
② 遵从 1699 年 11 月 24 日制定的议事规则(13 CJ 5 - 6)的要求.
③ Harper's Memorandum in Sheila Lambert, *Bills and Acts: Legislative Procedure in Eighteenth - Century England* (Cambridge 1971), p 88.
④ Charles Ellis, *Practical Remarks and Precedents of Proceedings in Parliament* (Butterworths 1802), p 33 (Lords); p 39 (Commons); Anthony Hammond, *A Summary Treatise on the Practice and Proceedings in Parliament* (Butterworth 1825), p 59 (作者认为,这种认识一直持续到 1825 年).
⑤ 这一事实可以从《霍恩布洛尔专利法案》议案(Hornblower's Patent Bill 1792)二读会议记录看出,具体见:Minutes of the Second Reading of Hornblower's Patent Bill 1792; Birmingham Library; MS3147/2/35/23.
⑥ 提出将二读推迟到议会休会后(如三个月或六个月)的动议,而不是直接拒绝读议案,在过去是一种常见的拒绝议案的操作。参见:Thomas Erskine May, *A Treatise upon the Law Privileges, Proceedings and Usage of Parliament* (1st Ed, Charles Knight & Co 1844), pp 277 - 278.
⑦ Anthony Hammond, *A Summary Treatise on the Practice and Proceedings in Parliament* (Butterworth 1825), p 59.
⑧ Hornblower's Patent Bill 1792 (Birmingham Library; MS 3147/2/36/1),以及晚些的 Anti - Dry Rot Bill 1838 (未留下副本)(本法案也规范公司,因此不算是纯粹的专利法案);在上议院,这种情况更普遍,参见:James Turner Dye Invention Bill 1791 (Ingrossment: HL/PO/JO/10/2/65A); Kendrew and Porthouse's Bill 1794 (Ingrossment: HL/PO/JO/10/2/67); Dr Bancroft's Patent Bill 1799 (Ingrossment: HL/PO/JO/10/2/70); Bradbury's Bill 1818 (1818 HL Papers 100), Vol 88, p 485.
⑨ 例如:Lord Dundonald's Patent (Tar, Pitch etc) Act 1785,参见:*Morning Chronicle and London Advertiser*, 30 April 1785.
⑩ 从理论上讲,直接进入三读程序也是可能的。此类情形出现在 17 世纪之后的公法案制定程序中,但私法案却从未有过这种情形.

委员会审议修改议案

委员会处理议案的方式取决于议案是否遭遇反对意见。议案一旦提交到委员会,议会民众接待厅就会贴出委员会审议会议通知①。在会议上,委员会成员本人(不包括下议院其他成员)可以就议案指出问题,也可以向证人发问②。议案无人反对时,似乎"小心准备的证据足以支持序言"。③ 上议院仅存的记录表明,对无反对意见或至少无争议的议案,会议记录只有寥寥几行④,而有些可能长达数页⑤。无论何种情形,委员会不过是宣读一下议案的序言⑥,故而对于无反对意见的议案而言,该阶段在很大程度上也只是走走过场。然而,议案如果遭遇反对意见,根据《利物浦手册》:

委员会开会时,首先宣读序言,然后审查支撑议案的证据:如果议案主张涉及诉讼,尤其是如果当事人有足够的金钱来支付议会顾问费的话,那么这类审查可能会非常烦琐⑦。

委员会逐项审查序言中的主张,并判定这些主张是否有证据支持。然后,委员会将逐条审议议案条款,并决定应否保留该条款⑧。委员会的作用是提出修改建议,并报告议案的主张(也就是序言)⑨。委员会的权限并不包括拒绝法案的一般原则,但它可以删除所有正文条款⑩——这几乎等于是拒绝了法案的一般原则⑪。委员会听取的证据无需向议会汇报,只需要说明证据已经过审查这一事实即可⑫。因此,与请愿委员会不同,《下议院议事录》没

---

① Catherine Strateman(ed), *The Liverpool Tractate:An Eighteenth Century Manual on the Procedure of the House of Commons*(Columbia 1937),p 47.
② Orlo Williams, *The Historical Development of Private Bill Procedure and Standing Orders in the House of Commons*(HMSO 1948),Vol 1,p 33.
③ Catherine Strateman(ed), *The Liverpool Tractate:An Eighteenth Century Manual on the Procedure of the House of Commons*(Columbia 1937),p 47.《利物浦手册》还报告了有时候即便是没有任何证据,委员会也不介意。
④ 例如:Byrom's Shorthand Act 1741;参见 House of Lords Committee Books(HL/PO/CO/1/12),19 May 1742,p 31.
⑤ 例如:Elizabeth Taylor's Patent Act 1776;参见 House of Lords Committee Books(HL/PO/CO/1/21),22 March 1776,pp 311-315.
⑥ 由于职员长官的费用是按记录时间来结算,因此他们有动机去进行长篇记录.
⑦ Catherine Strateman(ed), *The Liverpool Tractate:An Eighteenth Century Manual on the Procedure of the House of Commons*(Columbia 1937),p 47.
⑧ Catherine Strateman(ed), *The Liverpool Tractate:An Eighteenth Century Manual on the Procedure of the House of Commons*(Columbia 1937),p 47 and 48.
⑨ Catherine Strateman(ed), *The Liverpool Tractate:An Eighteenth Century Manual on the Procedure of the House of Commons*(Columbia 1937),p 47.
⑩ 参见:Charles Manners-Sutton(Speaker),Mirror of Parliament,Vol 2,7 April 1829,p 1142(有关克罗斯利(Crossley)1829 年《(油气灯)请愿法案》议案(Petition(Gas Lights)Bill 1829),内容是请求延长专利保护期限)。
⑪ 参见有关尼古拉斯·法西奥(Nicholas Facio)请愿延长专利的 1704 年《钟表、发明和专利延长法案》议案(Watches,Inventions and Extension of Patent Bill 1704)的讨论,似乎可以在以下文献找到相关讨论:Edward Wood, *Curiosities of Clocks and Watches;From the Earliest Times*(Richard Bently 1866),pp 307-308.
⑫ Catherine Strateman(ed), *The Liverpool Tractate:An Eighteenth Century Manual on the Procedure of the House of Commons*(Columbia 1937),p 48;Resolution of 4 June 1607(1 CJ 378).

有记录这些委员会的活动。

报告和三读

在报告阶段,委员会主席将说明序言是否有证据证实,并报告对法案所作的所有修改①。议会将对委员会②所作修改进行表决,一旦表决通过,议案将形成最终文本。如果对委员会就议案所作修正(或未作修正)确有实质性关切,则议案可以重新提交给委员会进一步审议③。议案随后进入三读程序,此时对议案的任何额外修正都将由专人添加到最终议案文本中。即使反对者在委员会审议修改阶段提出的反对意见未获支持,他依然可以在三读时提出请愿。一旦通过三读,议案将提交至议会另一院。在那里,程序将再次从一读开始(尽管在上议院法官仍会审议议案文本)。议会任一院对议案所做的修正都将返回前一院征询批准,之后再提交王室御准。

早期的规范

1762年《利物浦手册》出版后的半个世纪里,随着圈地运动兴起以及收费公路、运河和后来铁路的修建,议会要处理的私法案业务大幅增加,因此需要对此类活动进行规范化管理。伴随着议事规则的出台,议会立法活动越来越规范化,且逐步从议会议事厅转移至委员会室。虽然这一时期与专利有关的私法案和请愿的数量非常少,但依然促成了专门议事规则的出台④。一般性议事规则的演变并非本书关注的内容,但一个重要时间节点是1810年成立了私法案办公室,该办公室成为了议会两院与议会代理人之间沟通的渠道⑤,一切私法案都要提交至私法案办公室。从19世纪30年代中期开始,私法案制定程序开始迅速发展并规范化,因此研究1835年《发明专利特许状法案》(Letters Patent for Inventions Act 1835)颁布时的私法案制定程序,可以了解在专利私法案最繁忙时期之一议会是如何制定私法案的。

• 公告

如果有人想向议会申请准许其提出确认专利有效性或延长专利保护期限的议案⑥,需要发布公告⑦。该公告要在讨论议案的议会会期开始前四个月内在《伦敦政府公报》中刊登三遍(如果法案将专利保护延伸至苏格兰或爱尔兰,则需要在《爱丁堡政府公报》或《都柏林

---

① 私法案委员会所作的修正只是偶尔记录在《下议院议事录》中,并终止于19世纪中叶。在上议院,对修正的记录一直持续到1873年.

② 例如:1775年《瓷器专利法案》(Porcelain Patent Act 1775);参见35 CJ 382(15 May 1775).

③ 《詹姆斯·瓦特消防车专利法案》(James Watt's Fire Engine Patent Act 1775)就出现了这一情况,参见:35 CJ 280(7 April 1775).

④ 参见第8章.

⑤ Orlo Williams, *The Historical Development of Private Bill Procedure and Standing Orders in the House of Commons* (HMSO 1948), Vol 1, p 47.

⑥ 参见第8章.

⑦ SO(1830), Part XVI, r 1;这一要求源于53 CJ 524(1th May 1798).

政府公报》刊登相同遍数)①。公告内容包含发明的名称、对发明的清晰描述以及专利保护期限等信息。在公报上发布公告这一要求意味着从18世纪末开始，人们可以发现谁曾有意请求议会通过法案来延长专利保护但并未付诸行动。然而，直到1838年刊登公告变得差不多普及之前，许多其他种类的私法案(包括专利特许状相关的私法案)并无公告要求②。公告的目的是便于人们在请愿提出之前或在议会审议议案期间提出反对意见。

递交请愿书

与前文所述的流程一样，私法案议案只有在签署请愿书后方可提交下议院，该请愿书还必须在议会每年会期第一个星期五③起算的14天内提交④。请愿书⑤必须附有议案的印本和专利特许状副本⑥。请愿书提交给私法案请愿特别委员会，并由它审查⑦是否遵从了议事规则⑧。此时已不再审查是否有初步证据证实议案的合宜性⑨。

议案进入二读程序

遵从议事规则的请愿书仍须由一名议员呈交给议会，这意味着必须要找到一名议员来支持这项议案⑩。伴随着议会代理人开始负责处理议案，提案人不再需要寻找有权有势的议员——只需缴纳费用即可。一旦印本分发下去⑪，将进行议案一读程序，但此时仍旧要走布拉姆威尔所称的形式化程序⑫。除了先前规定的一读和二读之间必须有三整天的间隔外⑬，自在公报上发布公告后，还需要至少间隔两个月时间才能进行二读⑭。这是为了让反对者有充足时间提出反对议案的请愿。私法案办公室的职员长官将在三天内审查议案是否

---

① SO(1830)，Part XVI，r 2.

② 1837年，下议院的议事规则进行了调整，要求许多种类私法案的提案人提前发布公告(参见：General Order I -92 CJ 638；15 July 1837)。然而，直到下一年才对成立公司的私法案有公告要求.

③ 如果无法在此日期之前提交，则需要解释延迟提交请愿书的原因，参见：Thomas Erskine May，*A Treatise upon the Law Privileges，Proceedings and Usage of Parliament*(1st Ed，Charles Knight & Co 1844)，p 401.

④ SO(1830)，Part I，r 1；在18世纪，关于议会会期内何时可以提交请愿书有着不同的决议，直至1811年6月18日才确立了永久性规定(66 CJ 440).

⑤ SO(1830)，Part I，r 10.

⑥ SO(1830)，Part XVI，r 4(这一要求起源于1690年).

⑦ 不幸的是，没有关于下议院议事规则委员会活动的相关记录，但上议院议事规则委员会的活动记录保留了下来，即《上议院委员会全书》(在 HL/CO/1 中)。《上议院委员会全书》收录了针对每次议会会期的一卷议事记录.

⑧ SO(1830)，Part I，r 9.

⑨ 参见："Private Business of House of Commons"(1843)*Law Magazine，or，Quarterly Review of Jurisprudence* 129 at 132.

⑩ Thomas Erskine May，*A Treatise upon the Law Privileges，Proceedings and Usage of Parliament*(1st Ed，Charles Knight & Co 1844)，p 400.

⑪ 在二读至少三天前，必须提交法案摘要(此时是在议长顾问的协助下编写)，参见：SO(1830)，Part XVIII，r 8；Thomas Erskine May，*A Treatise upon the Law Privileges，Proceedings and Usage of Parliament*(1st Ed，Charles Knight & Co 1844)，p 408.

⑫ 见本书第13-14页.

⑬ SO(1830)，Part I，r 11；必须由议会代理人提前三天通知私法案办公室，参见：r 13.

⑭ SO(1830)，Part I，r 12.

遵从了议事规则及其他形式要求(如果未遵从,则一读程序作废,须重新提出议案)①,最后检查所有费用是否支付②。二读阶段仍然是要确定议案在整体上是否合宜③,但整个19世纪的一般做法是,在这一阶段只会以议案违反公共政策为由(并不考虑议案本身的合宜性)来质疑该议案④。程序上的这一变革意味着议案的合宜性取决于后来经委员会证实的事实⑤。换言之,到了19世纪中叶,二读已成为私法案制定程序要走的一个过场,无异于此前一个多世纪以来一读的性质。

私法案委员会

议案如果未遭遇反对意见,将会呈交给财税委员会主席(在上议院将提交给议长),呈交议案的议员须是委员会的另一名议员,尽管对于无反对意见的议案来说,这通常不过是走一个形式。但是,如果委员会希望听取证据,那么财税委员会主席可以视为议案有反对声音⑥,在这种情况下,只有提案人本人可以提交证据。不过,不论是否有修正案,委员会一般只需直接向议院报告议案。不过,即使委员会提出了修正案,也很少或根本没有证据显示修改的原因⑦。

如果议案遭到反对,那么议案将会提交至异议法案委员会。异议法案委员会的议员通常是从议案所涉相关地理区域选出,但由于专利法案并不涉及任何特定地理区域,因此专利议案通常被指派给一个委员会⑧。委员会会指定一个听证日期,该日期应设置在二读结束至少七日之后⑨。据称,委员会的听证程序"要确保公正和充分关注各当事人的利益"⑩。委员会主席(经议会同意⑪)有权要求相关人员出席听证、提交相关文件,以便于听证会顺利进行⑫。然而,实践中,当事人通常会主动提供证人和证据,因此委员会主席很少行使这种权力(议会也很少会同意)。所有支持和反对法案的请愿通常都会呈交给委员会,委员会将发出

---

① SO(1830), Part XVIII, r 6.

② SO(1830), Part I, r 14.

③ Thomas Erskine May, *A Treatise upon the Law Privileges, Proceedings and Usage of Parliament* (1st Ed, Charles Knight & Co 1844), p 408.

④ 参见:HC Deb, 21 July 1857, Vol 147(3rd), col 133(on the Mersey Conservancy Bill).

⑤ Sir Thomas Erskine May, *A Treatise upon the Law Privileges, Proceedings and Usage of Parliament* (8th Ed, Butterworths 1883), p 799.

⑥ 例如:The *Report of Select Committee on Potters' Patent Bill*; *Skrivanow's Patent Bill and Gilbert and Sinclair's Patent Bill* (1887 HL Papers 100), Vol 9, p 469.

⑦ 例如,《米尔斯专利法案》(Mills' Patent Act 1873)增加了第三人权利保护条款,委员会只是声明同意该(保护第三人权利的)条款,参见:House of Lords Committee Books (HL/PO/ CO/1/250), 14 March 873, 44.

⑧ Thomas Erskine May, *A Treatise upon the Law Privileges, Proceedings and Usage of Parliament* (1st Ed, Charles Knight & Co 1844), p 410;委员会最低法定人数为五人,参见:SO(1830), Part I, r 20.

⑨ SO(1830), Part I, r 15.

⑩ Thomas Erskine May, *A Treatise upon the Law Privileges, Proceedings and Usage of Parliament* (1st Ed, Charles Knight & Co 1844), p 411.

⑪ 未经授权则不可,参见:Thomas Erskine May, *A Treatise upon the Law Privileges, Proceedings and Usage of Parliament* (1st Ed, Charles Knight & Co 1844), p 428.

⑫ SO(1830), Part I, r 20.

命令,要求请愿人、请愿人的议会顾问或代理人发表意见①。听证会先从宣读请愿书开始,接着由支持和反对议案的议会顾问发表意见(请愿人未出席听证会的,视为放弃请愿)②。

议案遭质疑时,委员会将首先审议序言,提案人将召集证人来支持序言中的主张③。质疑序言(即议案的政策性)的任何一方都可以对证人进行询问,但仅就某一具体条款提出质疑者不得盘问证人,此后还有机会再次盘问证人。召集了所有提案人的证人并对他们进行盘问之后,提案人的议会顾问可对证据进行总结。此后,依次听取反对该议案的请愿人议会顾问的意见,并以同样方式询问证人④。听取证据后,委员会室将只留下委员会成员,然后讨论应否批准序言的问题⑤。如果序言未得到批准,则需向下议院报告议案未通过审议;如果序言获得批准,委员会成员将重新聚集,并按照大致相同的程序审议任何反对条款的请愿或提出的修正案。

虽然这是委员会审议议案的官方程序,但并不总是能顺利进行。对于有争议的议案,审议程序会变得有些混乱。在19世纪三四十年代公司设立和铁路建设的热潮中,人们担心议员们⑥的独立性问题。安东尼·特罗洛普(Anthony Trollope)在长篇小说《三文书》(The Three Clerks)中描写了嘲讽修建新桥议案的议会委员会的片段,反映了这一现实⑦:

> 代表麦尔安德(Mile End)地区的议员无疑很睿智,但维吉尔先生(Vigil)更犀利。事实上,他的目的只有一个,那就是认真履行自己对国家的职责,防止大笔无用资金的支出。他的焦虑是真正发自内心的,他要拯救国库。但是,当时的现实情况要求他必须运用议院的那一套战术进行斗争,而他很清楚该怎么做。

在描述了双方呈供的证据后,特罗洛普对"决策是如何做出的"表达了看法⑧。

> 会议结束时,议员们碰头准备报告。那是8月的第1周,他们自然急于完成工作。现在

---

① Thomas Erskine May, *A Treatise upon the Law Privileges, Proceedings and Usage of Parliament* (1st Ed, Charles Knight & Co 1844), p 413.

② Thomas Erskine May, *A Treatise upon the Law Privileges, Proceedings and Usage of Parliament* (1st Ed, Charles Knight & Co 1844), pp 423 – 424;还可参见1891年《沃姆与巴雷专利法案》(Worm and Balé's Patent Act 1891); Opposed Bill, Evidence 1891, Vol 17: HL/PO/PB/5/57/17(证人未出现,因此视为法案无反对意见)。

③ Thomas Erskine May, *A Treatise upon the Law Privileges, Proceedings and Usage of Parliament* (1st Ed, Charles Knight & Co 1844), p 424.

④ Thomas Erskine May, *A Treatise upon the Law Privileges, Proceedings and Usage of Parliament* (1st Ed, Charles Knight & Co 1844), p 425(梅解释说,行使陈述权去质疑序言可能会很困难,但在专利案例中,质疑方一般是对实施发明真正享有利益的一方,因此质疑序言并不像想象的那样困难)。

⑤ Thomas Erskine May, *A Treatise upon the Law Privileges, Proceedings and Usage of Parliament* (1st Ed, Charles Knight & Co 1844), p 425.

⑥ 有人认为,设立公司,尤其是铁路公司相关的私法案制定程序是腐败的,议员有可能在此类议案上谋取私利,参见:James Taylor, *Creating Capitalism: Joint-Stock Enterprise in British Politics and Culture, 1800 – 1870* (Royal Historical Society 2006), p 140;应对这一问题的相关尝试,参见:HC Deb, 28 February 1839, Vol 45(3rd), cols 965 – 984 and HC Deb, 21 September 1841, Vol 59(3rd), cols 679 – 685.

⑦ Anthony Trollope, *The Three Clerks* (1858) (Penguin 1993), Ch 32, p 396.

⑧ Anthony Trollope, *The Three Clerks* (1858) (Penguin 1993), Ch 32, pp 401 – 402.

他们有义务根据所见所闻作出决定,对证人证言的真实性作出判断,并代表国家宣布是否应当花国库的钱修这座桥。

每个人都已经有了自己的主意,没有一个人在意别人在他们面前说的话。全世界,也就是说,所有因各种原因关注这件事的人都知道,支持修桥的证人急于修桥,而反对修桥的证人则急于阻止修桥。如果有人认为会有任何议员可能受到这种操作的影响,那将是最大的无知,简直是愚昧至极!此外,在委员会开会前,每个人是怎么想的,难道大家还不心知肚明吗?

议员们各持己见,提出了各种修正案。各方主张僵持不下,难分胜负。任何一方都无法取得决定性胜利。最后,委员会形成的决议是:"鉴于目前情势,本委员会无法向议会建议为莱姆豪斯修建新桥进行公共拨款。但如果有进一步的证据,本委员会对此事依然秉持开放态度。"

经委员会修正的议案,由委员会主席签署后返回议会①。委员会的会议记录也放在议事桌上②(但不包括委员会听取的证据)③。无论委员会听证环节是有序还是混乱,委员会主席都只会向议会报告议案的主张是否得到证实④。提案人须在报告阶段三天前重新提供修正后议案的印本⑤,之后将形成议案的终校清样⑥。只有在制作完终校清样后,才能进行三读⑦。在报告或三读阶段,依然可以继续对议案进行修正(同公法案一样),但需至少提前一天通知私法案办公室⑧。然而,这类后期的修正案不受欢迎,当有人此时提出修正案时,该议案通常要重新交回委员会。

上议院

一旦议案在下议院完成三读,将提交上议院进行一读⑨,然后交由议事规则委员会进行合规性审查⑩。这时,可以向议事规则委员会提出请愿,再次请求审查议案是否遵从了议事规则⑪。在这种情况下,议事规则委员会可以听取当事人和证人的意见。一旦议事规则委员会报告认定议案符合议事规则,该议案将进入二读⑫程序,然后提交委员会审议。在没有

---

① SO(1830), Part I, r 22.
② SO(1830), Part I, r 27.
③ 关于有反对意见的法案,议会档案中存有证据记录.
④ SO(1830), Part I, r 26.
⑤ SO(1830), Part I, r 29.
⑥ SO(1830), Part I, r 31;必须出具一份证明,来证明该议案印本和终校清样完全一致.
⑦ SO(1830), Part I, r 32.
⑧ SO(1830), Part XVIII, r 17.
⑨ 若议案由上议院提出,则将移送下议院进行一读.
⑩ 132 SO No 219(1838年8月16日添加:70 LJ 751).
⑪ Thomas Erskine May, *A Treatise upon the Law Privileges, Proceedings and Usage of Parliament* (1st Ed, Charles Knight & Co 1844), p 436;有些议事规则仅在一个议院适用,因此只能请求审查当初在本议院未曾审查的议事规则.
⑫ 和下议院一样,需要制作议案印本,参见:SO No 96(18 LJ 20;16 November 1705),该议事规则被收录并编号,参见:*Standing Orders of the House of Lords* (HL Papers 1 of 1826-7), Vol 120, p 13.

反对意见的情况下,议案将提交给上议院全体议员,但主要是由上议院议长审议议案,并确认是否遵从上议院议事规则和一般法。就像在下议院一样,即便议案无反对意见,议长也可要求听取证词。

对于遭遇反对声音的议案,将由五位议员组成一个委员会①。上议院委员会所采用的诸如当事人出庭、传唤证人等程序,与下议院相似。唯一值得注意的是,上议院的证人总是在宣誓后作证②。由于上议院有专门与专利有关的议事规则③,因此可能需要提交比下议院更多的证据。委员会对议案进行听证后,就会向上议院报告该议案主张是否得到了证实。如果得到了证实,便可进行三读。而上议院对议案提出的任何修正案在正式提交王室批准前,都将送回下议院征询同意④。在这一点上,私法案的制定程序与公法案依然相似。然而,与早期相比,此时几乎不存在委员会外的辩论。

后期的程序

到1883年《专利、外观设计与商标法案》(Patents, Designs and Trade Marks Act 1883)颁布时,私法案制定程序已经有了实质性变化。这意味着私法案的命运⑤已经接近了尾声,至此,大多数两院议员很少再参与私法案的审议。

• **议事规则合规性**

随着议会要求增多,并且在议案遭遇反对意见时需要大量证人出庭,因此对提案人而言,遵从议事规则的成本随之增加⑥。这导致下议院于1846年任命了一名审查员,专门负责审查请愿是否遵从了议事规则。上议院也在1854年采取了相同做法⑦。合规性审查很快不再需要证人在下议院等待并确认他们收到相关通知,相反,审查员可以要求他们提供宣誓书或其他证据以证明合规性⑧。就这样,审查私法案所需的时间减半⑨。遗憾的是,与审查员工作有关的资料只保留下来两类:一是围绕议事规则发生争议后审查员所听取的证据;

---

① Thomas Erskine May, *A Treatise upon the Law Privileges, Proceedings and Usage of Parliament* (1st Ed, Charles Knight & Co 1844), p 439.

② Thomas Erskine May, *A Treatise upon the Law Privileges, Proceedings and Usage of Parliament* (1st Ed, Charles Knight & Co 1844), p 440.

③ 参见本书第132-135页。

④ Thomas Erskine May, *A Treatise upon the Law Privileges, Proceedings and Usage of Parliament* (1st Ed, Charles Knight & Co 1844), p 454.

⑤ 不论是专利还是一般主题的私法案皆是如此.

⑥ 详尽总结见:Orlo Williams, *The Historical Development of Private Bill Procedure and Standing Orders in the House of Commons* (HMSO 1948), Vol 1, pp 72-74; also see *Report of Select Committee of House of Lords on Management of Railroads* (1846 HC Papers 489), Vol 13, p 217 at p 4.

⑦ 审查员角色一开始是两院共享,最终上议院被同化,也专门设置了审查员,参见:Sir Thomas Erskine May, *A Treatise upon the Law Privileges, Proceedings and Usage of Parliament* (8th Ed, Butterworths 1883), p 771.

⑧ Orlo Williams, *The Historical Development of Private Bill Procedure and Standing Orders in the House of Commons* (HMSO 1948), p 75.

⑨ Orlo Williams, *The Historical Development of Private Bill Procedure and Standing Orders in the House of Commons* (HMSO 1948), p 75.

二是在不确定是否遵从议事规则的情况下向议会提交的特别报告。有时,审查员出具的合规证明包含在提交给上议院议事规则委员会的文件中。大多数情况下,相关记录没有保存下来。

到了19世纪80年代,合规性审查过程更加迅速、直接。一旦交存相关请愿书和材料(包括向相关政府部门①交存),任何人认为未遵守议事规则的,都可以向私法案办公室提交一份情况说明②。反对意见只能针对程序问题,在这一阶段不可以对议案的实体内容提出质疑③。即使没有反对意见,也会对请愿书进行议事规则合规性审查。在这一阶段,专利议案通常不符合议事规则,因为公告条款并不适用于确认未缴纳续展费专利有效性的议案④。经审查后,无论是否有反对意见,请愿书都将被送回私法案办公室。如果审查员报告称请愿书未遵从议事规则,就会将其移交给议事规则委员会,以决定是否应允许个案豁免⑤。如果议事规则委员会不同意豁免,这对于该议案而言往往是致命一击⑥。专利议案未遵从议事规则的,一般会得到豁免,这是由于专利议案的性质与议会的标准时间表无法匹配——因为请愿人在得知未缴纳续展费后必须立刻提出请愿。

动议

一旦请愿书通过了合规性审查,便可以提出对议案进行一读的动议。动议可以由任何议员提出,但通常是由那些议会代理人接触过的议员提出⑦;一读之后的三到七日内进行二读⑧。一旦二读获得通过,议案将提交委员会,由委员会在二读通过六日后进行审查⑨。

委员会

议案在未遭到反对的情况下,将被转交给财税委员会主席及三名议员⑩。主席如果认

---

① 有关政府部门的作用以及是否要向其交存私法案,参见:Orlo Williams, *The Historical Development of Private Bill Procedure and Standing Orders in the House of Commons*(HMSO 1948),pp 111-117.

② 这些情况说明在形式上等同于请愿书.

③ 有人尝试以实体问题为由在上议院议事规则委员会对抗《沃姆与巴雷专利法案》。专利权人作了让步,对抗结束,未遵从议事规则的行为被豁免:House of Lords Committee Books(HL/PO/CO/1/324),30 April 1891,pp 166-168(在一本22页的小册子里含有一份会议记录).

④ 参见第10章.

⑤ Sir Thomas Erskine May,*A Treatise upon the Law Privileges, Proceedings and Usage of Parliament*(8th Ed,Butterworths 1883),p 790.

⑥ Sir Thomas Erskine May,*A Treatise upon the Law Privileges, Proceedings and Usage of Parliament*(8th Ed,Butterworths 1883),p 793.

⑦ Sir Thomas Erskine May,*A Treatise upon the Law Privileges, Proceedings and Usage of Parliament*(8th Ed,Butterworths 1883),p 785.

⑧ SO(1883),r 204(参见:*Standing Orders of the House of Commons*,1883(1883 HC Papers 345),Vol 54,p 165);参见:Sir Thomas Erskine May,*A Treatise upon the Law Privileges, Proceedings and Usage of Parliament*(8th Ed,Butterworths 1883),p 797.

⑨ SO(1883),r 211.

⑩ Sir Thomas Erskine May,*A Treatise upon the Law Privileges, Proceedings and Usage of Parliament*(8th Ed,Butterworths 1883),p 803;SO(1883);r 137.

为有必要,可以自行视议案遭遇了反对意见(进而要求证人证明议案主张)。提案人需通过解释和提交证据来佐证序言,以说服委员会①。在没有反对意见的情况下,证明标准并不高。正如会议记录所示,大多数情况下,相关人员现身发表一个声明,随后离开,然后该议案审查通过。

在遭遇反对意见的情况下,议案将被转交给一个由三名议员组成的委员会②,他们必须宣誓维持公正③。特罗洛普嘲讽的时代早已过去:一旦宣誓,议员就必须一直参与议案的审议④,如果有一名以上议员缺席,该委员会将不符合法定人数⑤。委员会要求请愿人于一读⑥后整十日内向委员会提交并宣读请愿书⑦,并像之前一样听取双方意见⑧。

1865年之后,请愿人必须印制请愿书,并在听证前递交给委员会成员⑨。与以前一样,议案的听证包括传唤证人,并由各方首先对序言进行发问,然后对具体条款进行发问。但反对者如果只是对序言提出质疑,则只能就序言向证人提出质询⑩。相比之前,最大的变化是,在下议院质询证人时,证人需要像之前在上议院一样宣誓后作证⑪,并且如果一方欠缺理智或无理取闹,将被要求负担另一方所产生的费用⑫。其他方面则像以前一样,先对序言进行听证表决,再对具体条款进行听证表决。

委员会汇报法案审议情况时,需要向私法案办公室提交报告,并附上修正后的议案。议案未进行修正的,将进入三读程序;议案经修正的,报告需按要求放置于议事桌上⑬,经委员会修正后的议案印本必须提交给私法案办公室⑭。从报告放置于议事桌上到议案三读,中间必须历时满三天。在此期间可以对议案提出修正案或增加条款,以便在三读时审议;但如果修正案或新增加条款是由提案人提出,则需要经财税委员会主席同意⑮。这样,三读动议获得批准后,议案将进行印制⑯,在下议院通过后提交上议院。

---

① Sir Thomas Erskine May,*A Treatise upon the Law Privileges*,*Proceedings and Usage of Parliament*(8th Ed,Butterworths 1883),p 843.

② SO(1883),r 117.

③ SO(1883),r 118.

④ SO(1883),r 120.

⑤ SO(1883),r 119.

⑥ SO(1883),r 129.

⑦ 可以对请愿人的陈述权提出质疑。发生此类情形时,将另设裁判席进行处理,参见:SO(1883),rr 87 and 90(裁判人员包括:财税委员会主席、副主席、议长顾问以及挑选出来的七位议员,裁判席要求三人组成),见:Sir Thomas Erskine May,*A Treatise upon the Law Privileges*,*Proceedings and Usage of Parliament*(8th Ed,Butterworths 1883),pp 817-819.

⑧ 在请愿书送交委员会前,必须先取得私法案办公室的出席听证证明书,参见:Sir Thomas Erskine May,*A Treatise upon the Law Privileges*,*Proceedings and Usage of Parliament*(8th Ed,Butterworths 1883),p 815.

⑨ Order of the House,参见:120 CJ 69(16 February 1865).

⑩ 和以前一样,如果他们不出席听证,则视为撤回反对意见,见:Sir Thomas Erskine May,*A Treatise upon the Law Privileges*,*Proceedings and Usage of Parliament*(8th Ed,Butterworths 1883),p 856.

⑪ Parliamentary Witnesses Act 1858.

⑫ Parliamentary Costs Act 1865.

⑬ SO(1883),r 213.

⑭ SO(1883),r 214.

⑮ SO(1883),rr 216 and 217.

⑯ SO(1883),r 221.

• 上议院

如果议案在下议院通过时已经获得了上议院议长的批准,那么通过上议院的程序就变得"简单快捷"①。上议院任命了自己的议事规则审查员后,下议院和上议院的程序就协调一致了(尽管议事规则仍有一些不同)②。议案一旦通过了下议院的审查,上议院的审查员就只关注下议院未曾关注的是否遵从特定的议事规则这一事项,不再重复审查③。

议案一旦通过审查员的审查,将进行一读。如果议案先在上议院提出,则可直接进行一读。如果议案是从下议院提出,则除非得到上议院议长的许可,否则不得在上议院提出增加条款④。然后,议案进入二读程序,通过后再交由委员会审议。无反对意见时,议案一经上议院议长阅读批准后,无需通过委员会审议⑤。有反对意见时,议案将交由上议院议长和四名议员组成的特别委员会进行审议。对于反对议案的请愿,按类似于下议院的方式进行审议。与之前不同的是,宣誓可以在委员会室进行,而无须在上议院议事厅的围栏内进行⑥。如果在委员会审议阶段对议案进行了修正,则必须在三读前重新印制,除非议长另有命令⑦。通过三读后,议案得以通过;对议案进行修正的,则需要返回下议院待批准,然后交由王室御准。长期以来,制定私法案一直是在走一项行政程序,偶尔才会关注公共政策问题⑧。

委员会首席主席

上议院自 18 世纪 30 年代⑨开始任命委员会首席主席,首席主席在私法案审议中发挥着至关重要的作用⑩。作为终身制带薪官员(同时也是上议院议员),首席主席最初主要关

---

① Sir Thomas Erskine May, *A Treatise upon the Law Privileges, Proceedings and Usage of Parliament* (8th Ed, Butterworths 1883), p 879.

② 未遵从上议院议事规则与下议院能否通过议案并无关系,参见:Charles Manners – Sutton(Speaker), *Mirror of Parliament*, 1 May 1829, Vol 2, pp 1359 – 1360.

③ Sir Thomas Erskine May, *A Treatise upon the Law Privileges, Proceedings and Usage of Parliament* (8th Ed, Butterworths 1883), p 880.

④ Sir Thomas Erskine May, *A Treatise upon the Law Privileges, Proceedings and Usage of Parliament* (8th Ed, Butterworths 1883), p 885.

⑤ Sir Thomas Erskine May, *A Treatise upon the Law Privileges, Proceedings and Usage of Parliament* (8th Ed, Butterworths 1883), p 885.

⑥ 参见:Parliamentary Witnesses Act 1858.

⑦ Sir Thomas Erskine May, *A Treatise upon the Law Privileges, Proceedings and Usage of Parliament* (8th Ed, Butterworths 1883), p 890;Lords SO No 144(1883)(*Standing Orders of the House of Lords Relative to the Bringing in and Proceedings on Private Bills 1883*)(1883 HL Papers 210), Vol 1, p 37.

⑧ *Report of Select Committee on Potters' Patent Bill*;*Skrivanow's Patent Bill and Gilbert and Sinclair's Patent Bill* (1887 HL Papers 100), Vol 9, p 469.

⑨ Sheila Lambert, *Bills and Acts: Legislative Procedure in Eighteenth – Century England* (Cambridge 1971), p 91.

⑩ David L Rydz, *The Parliamentary Agents: A History* (Royal Historical Society 1979), p 52;在沙夫茨伯里勋爵上任前,似乎情况也是如此,参见:Charles Ellis, *The Solicitor's Instructor in Parliament Concerning Estate Bills and Inclosure Bills* (London: John Rider 1799), pp 16 – 17(建议将议案提交给委员会首席主席,看他是否批准).

注议案的形式,而非实体性内容①。但到了19世纪30年代中期,委员会在处理无反对意见的议案时无需会面,相关事宜由作为公共利益裁判官的首席主席一人承办。一名议会代理人这样描述当时的首席主席:

众所周知,在上议院,所有无反对意见的议案都交给一个裁判官,那就是沙夫茨伯里勋爵(Lord Shaftesbury),再无其他人就议案作出裁决。由他确保社会公共利益和私人权利得到恰当保护②……

确实,同时期有人在著作中描述了如何尽快提出议案,以便可以与沙夫茨伯里勋爵一起设计条款,并添加他认为合适的内容③。如果不采用首席主席要求的语言,议会代理人或提案人将失去首席主席的信任,要想通过议案将难上加难④。如果议案无反对意见,且首席主席通过草签予以批准,则议案将快速通过⑤。首席主席手握实权,他可以决定接受哪些条款,并影响法案的起草工作。然而,由于委员会本身的会议记录内容极其有限,这一切是如何发生的——是在办公室还是在委员会室进行对话——已无从追查。沙夫茨伯里勋爵的继任者是雷德斯代尔勋爵(Lord Redesdale),于1851年上任,直至去世,在任达35年。可以这么说,1830年至1885年间通过的无反对意见的议案(当时大多数议案为此类)之所以通过,是因为沙夫茨伯里勋爵和后来的雷德斯代尔勋爵认为这些议案可以通过。两位首席主席的话犹如法律。

这意味着,多年来,下议院在审议无反对意见议案的过程中只具有象征性意义。在无反对意见的情况下,议案将提交给私法案委员会审议。通常情况下,私法案委员会的一名成员会现身,并被告知议案已在上议院通过,于是乎私法案委员会就直接签署了该议案⑥。1840年,下议院的情况发生了变化——由供给委员会主席担任所有无反对意见法案委员会的主席⑦。

1847年,这一职位改由财税委员会主席担任。然而,在实践中,这些委员会主席们所起的作用根本无法与上议院的首席主席相比拟(尽管1851年二者的职责被类似地描述为防止社会公众受到伤害⑧)。相比之下,议长顾问是下议院中影响力最大的人物。议会代理人描述了议长顾问是如何逐条审读议案条款,并向代理人指出所需更正和修改之处的。在议案

---

① David L Rydz, *The Parliamentary Agents: A History* (Royal Historical Society 1979), p 53.

② *Report from Select Committee on Private Business* (1837-8 HC Papers 679), Vol 3, p 405, Evidence of Sir George Burke (Q 106), p 8.

③ 参见:Parliamentary Agent, *Practical Instructions on the Passing of Private Bills through Both Houses of Parliament* (Stevens and Son 1825) at p 24(同时参见第27页标题为"侍奉沙夫茨伯里勋爵"(Wait on Lord Shaftesbury)的章节).

④ *Report from Select Committee on Fees of Private Bills* (1826-7 HL Papers 114), Vol 219, p 1 at p 83, Evidence of Thomas Sherwood; *Report of the Select Committee on Establishment of the House of Commons* (1833 HC 648), Vol 12, p 179, Evidence of John Dorington (Q2361-2374), pp 155-156.

⑤ *Report from Select Committee on Private Business* (1837-8 HC Papers 679), Vol 3, p 405, Evidence of Sir George Burke (Q 106), p 8.

⑥ *Report from Select Committee on Private Business* (1837-8 HC Papers 679), Vol 3, p 405, Evidence of Sir George Burke (Q 106), p 8.

⑦ 95 CJ 533 (17 July 1840).

⑧ *Select Committee on Private Business: First Report* (1851 HC Papers 35), Vol 10, p 741, (Q 77), p 13, Evidence of James Booth.

提交委员会之前,议长顾问还将再次对议案进行审查①。可见,从19世纪30年代起,无论是在上议院还是下议院,一项私法案(至少是无反对意见的私法案)能否通过,决定权主要掌握在一两个人手中。

费用

私法案的费用金额复杂多变。简单说来,一项私法案的费用包含两个方面:一方面是支付给议会两院各类书记官和官员的行政费用;另一方面则是支付给议会代理人、议会顾问和其他致力于推动该议案者的费用。第一类费用按照费率表缴纳,该表规定了在每个阶段应向每位官员支付的费用。在二读期间②,还要向议长、书记官、助理书记官、看门人以及其他人员支付一系列费用;在委员会审议阶段,需要向委员会书记官和速记员缴纳费用。进入另一院,还需要再次支付全套费用。虽然上述费用金额是由费率表确定的,无需向两院官员支付其他费用,但很显然,要想确保事情进展迅速,就得额外支付"小费"③。此外,所谓的累积费用操作还会产生额外的复杂问题和费用④。累积费用是指,如果议案中涉及多重利益,则须就每一重利益额外缴纳费用。这意味着,如果一项议案涉及八重利益,将需支付八倍的费用。

当时,这种不确定的官方费用标准意味着很难预估通过议案的成本,现在当然更是如此。据估算,在18世纪中叶,一项简单移民法案的费用大约为60英镑,上下可能略有浮动⑤。为了展示费用最高能达到多少,克利福德以1799至1800年议会会期内通过的《利特尔伯特和道纳姆排水法案》(Littleport and Downham Drainage Bill)为例⑥,该法案一个"区域"的费用为197英镑。1810年,决定将法案所涉地区进行拆分,结果相同地域分区后通过该法案的官方费用变为1448英镑⑦。可见,议案的费用可能浮动很大,而其中数额较大的一笔是付给书记官的誊写议案终校清样费用。这笔费用的金额大小与议案长度直接挂钩。由于很多专利议案篇幅短小,因此誊写议案终校清样的费用可以控制下来。此外,专利议案仅包含单重利益,其官方费用接近入籍议案的费用,而不像前面提到的排水议案费用。因此,可以合理地推断,18世纪通过的大多数专利议案所需要支付的费用在60英镑至100英

---

① *Report from the Select Committee on Second Report of Statute Law* (1857 Sess 1 HC Paper 99), Vol 2, p 773, Evidence of GK Richards (Q 186), p 22.

② 参见: Charles Ellis, *The Solicitor's Instructor in Parliament Concerning Estate Bills and Inclosure Bills* (London: John Rider 1799), p 36.

③ 通常称为小费(gratuities),参见以下文献中的小费表格: *Select Committee on Establishment of House of Commons, Report, Minutes of Evidence, Appendix* (1833 HC Papers 648), Vol 12, p 175 at p 25 (Evidence John Henry Ley); Charles Ellis, *The Solicitor's Instructor in Parliament concerning Estate Bills and Inclosure Bills* (London: John Rider 1799), p 48,该文献提及了终校清样时的"加急费"(expedition fee);还可参见: David L Rydz, *The Parliamentary Agents: A History* (Royal Historical Society 1979), pp 65–66.

④ 参见: Fredrick Clifford, *A History of Private Bill Legislation* (1885) (Frank Cass 1968), Vol 2, pp 731–732.

⑤ 参见: Sheila Lambert, *Bills and Acts: Legislative Procedure in Eighteenth-Century England* (Cambridge 1971), pp 37–38.

⑥ 通过的法案名称为 Bedford Level (Hundred Foot River and Ouse) Drainage Act 1800.

⑦ 通过的法案名称为 Bedford Level Drainage Act 1810.

镑之间(相当于 2016 年的 4446 英镑至 7410 英镑)①。

议案终校清样程序于 1849 年终结②,这样就有证据清晰地显示下议院的官方费用究竟是多少。1856 年的一份报告列出了 1848 年至 1855 年间下议院收取的所有私法案费用③。这意味着至少立法程序中一半的费用清楚了(因为还需再向上议院缴纳费用)。在这个阶段,无反对意见的专利议案的费用大约为 80 英镑(相当于 2016 年的 7371 英镑④)⑤,但当议案遭遇反对意见时,费用可能飙升至数百英镑⑥。

第二类费用则是向律师、议会代理人、议会顾问所支付的专业服务费用以及证人费用等。和今天一样,这些费用取决于该议案是新的类型(议会顾问需要时间来处理)还是已有先例,所涉及冲突利益数量,议案是否遭遇反对意见以及反对意见的强烈程度。这些费用变化的幅度很大(与诉讼程序中的费用一样),因此案例仅能提供有限参考。我们所知道的是,詹姆斯·瓦特就其 1775 年法案向专利代理人支付了 119 英镑 8 先令 4 便士⑦。在其他案例中,费用都是估算得出的结果。

1834 年的特别委员会审视了费用问题,记录了通过一项议案所需的各项费用⑧。1832

---

① 基于 1800 年以来的零售价格比较,参见:Lawrence H Officer and Samuel H Williamson, "Five Ways to Compute the Relative Value of a UK Pound Amount, 1270 to Present," MeasuringWorth, 2017.

② 104 CJ 52(12 February 1849) and 625(31 July 1849)(适用于私法案和地方法案);还可参见:*Resolutions Relating to the Ingrossing and Inrolling of Bills*(1849 HC Papers 20), Vol 45, p 19;81 LJ 18(8 February 1849).

③ *Return of Amount of Fees Charged at House of Commons on Private Bills Presented to House*, 1848–55(1856 HC Papers 266), Vol 51, p 49.

④ 基于 1848 年以来的零售价格比较,参见:Lawrence H Officer and Samuel H Williamson, "Five Ways to Compute the Relative Value of a UK Pound Amount, 1270 to Present," MeasuringWorth, 2017.

⑤ 洛(Low)的专利法案(通过的法案名称为 Low's Patent Copper Company Act 1848)花费了 81 英镑(见:*House of Commons Fees on Every Private Bill Presented between 1848 to 1855*(1856 HC Papers 266), Vol 51, p 266 at p 7);莱尔德(Laird)1851 年的专利法案花费了 81 英镑(见同上第 23 页);克劳森(Claussen)1852 年的专利法案花费了 81 英镑(见同上第 29 页);北英亚麻公司(North British Flax Company)1852 年的法案花费了 87 英镑(见同上第 30 页)。然而,个案变化可能很大:威斯赫德(Westhead)的 1849 年专利法案花费 102 英镑(第 15 页)。

⑥ 设立经营电报业务和实施相关专利公司的议案经常面临反对意见,所以费用很高:Magnetic Telegraph Company Bill 1851 花费了 361 英镑(见同上第 24 页);European and American Electric Printing Telegraph Company's Act 1851 花费了 280 英镑(见同上第 22 页)。其他有反对意见的专利转让议案中,也涉及类似的高额费用:Price's Patent Candle Company's Act 1848 的花费是 212 英镑 12 先令(见同上第 8 页)。然而,一些用于向公司转让专利的法案如果没有反对意见的话,费用要低得多:United Kingdom Electric Telegraph Company's Act 1851 的费用为 97 英镑(见同上第 26 页);Patent Solid Sewage Manure Company's Bill 1852 的费用为 81 英镑(见同上第 29 页)。

⑦ 资料来源:Nathaniel Barwell(Abingdon St, London 9 May 1775);转引自:Eric Robinson, "Matthew Boulton and the Art of Parliamentary Lobbying"(1964)7 Historical Journal 209, fn 14. 巴维尔(Barwell)和当时大多数议会代理人一样,也是一名议会书记官,关于他的一些传记资料,参见:Orlo Williams, *The Clerical Organization of the House of Commons 1661–1850*(Oxford 1954), pp 73–75. 最后,罗宾逊(Robinson)指出,巴维尔所述的内容保存在多道洛德档案(Doldowlod Archive),这是由瓦特后人保存的有关瓦特文件的档案资料。这些档案资料现已被售卖,大部分被伯明翰图书馆买走,但巴维尔所述内容并不在伯明翰图书馆买走的文件之列。因此,相关档案资料可能流落民间.

⑧ New Outfall Bill(通过的法案名称为 Nene Outfall Act 1827)的提案人在提交给特别委员会的证据中,详细列出了所有费用细目,参见:*Report from Select Committee on Private Bills Fees*(1834 HC Papers 540), Vol 11, p 333, at pp 98–111. 该报告还包括了同时期许多其他法案的费用情况.

年《卡弗沙姆圈地法案》(Caversham Inclosure Bill)(无反对意见)①的总花费为310英镑15先令6便士。其中,122英镑13先令2便士是官方费用,其余的188英镑2先令4便士是律师费。虽然戈德森(Godson)的专利著作讨论了通过议会私法案的过程,但未提供任何费用方面的信息②。这在某种程度上可能是由于在他撰写著作时最终获准通过的私法案太少的缘故。塞缪尔·莫顿(Samuel Morton)在1829年表示,他认为获得一项延长专利保护的私法案大约需要花费300英镑③。几年之后,布鲁姆勋爵(Lord Brougham)认为,这笔费用已经翻了两倍多,约合800英镑④。因此,有理由相信,要通过一项私法案,在完全无反对意见或仅有微弱反对意见的情况下,专利权人需支付数百英镑。这笔费用略高于1852年之前获得一项英格兰专利的费用,但或许要比联合王国三项专利需要的费用少⑤。

相比之下,遭强烈反对的议案则需要花费更多。1835年特别委员会审议1833年《坎伯威尔纾困法案》(Camberwell Poor Bill 1833)⑥证实了这种差距之大。该议案的官方费用为416英镑16先令6便士,议会代理人费210英镑10先令4便士,律师费(包括宣传费用)686英镑16先令10便士,议会顾问费333英镑13先令6便士,证人费103英镑4先令9便士。该议案的总花费为1751英镑1先令11便士(折合2016年约152500英镑)⑦。没有关于遭反对意见的专利议案费用的记录。

报告阶段

历史上有关议会报告阶段的记录非常零乱⑧。在整个17世纪和18世纪的大部分时间里,议会辩论记录的最佳内容来源是议员日记或书记官的官方记录。

---

① 通过的法案名称为 Caversham(Oxfordshire) Inclosure Act 1832,参见:*Report from Select Committee on Private Bills Fees*(1834 HC Papers 540),Vol 11,p 333,35-36;这里或许支付了双倍费用;同时参见:Cheltenham Sewers Act 1833,确切地讲,应该是 Cheltenham Sewerage,Cleansing and Draining Act 1833(pp 12-13),该法案没有遭遇反对意见,共花费了326英镑19先令1便士,资料显示该法案花费了双倍费用。

② 参见:Richard Godson,*A Practical Treatise on the Law of Patents for Inventions and of Copyright:With an Introductory Book on Monopolies*(London 1823),pp 148-150.

③ *Report from the Select Committee on the Law Relative to Patents for Invention*(1829 HC Papers 332),Vol 3,p 415 at 92;基于零售价格对比,其花费的300英镑相当于2016年的24,230英镑,计算依据是:Lawrence H Officer and Samuel H Williamson,"Five Ways to Compute the Relative Value of a UK Pound Amount,1270 to Present,"MeasuringWorth,2017.

④ *Mirror of Parliament*,1 September 1835,Vol 3,2849;HL Deb,1 September 1835,Vol 30(3rd),col 1187;基于零售价格对比,800英镑相当于2016年的72,300英镑,计算依据是:Lawrence H Officer and Samuel H Williamson,"Five Ways to Compute the Relative Value of a UK Pound Amount,1270 to Present,"MeasuringWorth,2017.

⑤ 参见1852年《专利法修正法案》(Patent Law Amendment Act 1852)颁布前有关专利费用的讨论,见本书第160-164页。

⑥ 通过的法案名称为 St. Giles,Camberwell Rates Act 1833.

⑦ *Report from Select Committee on Private Bills Fees*(1834 HC Papers 540),Vol 11,p 333 at pp 60-1 and 62.

⑧ 详细讨论见:Arthur Aspinall,"The Reporting and Publishing of the House of Commons Debates 1771-1834" in Richard Pares and Alan(AJP)(ed),*Essays Presented to Lewis Namier*(London:Macmillan 1956)at,p 277;Peter Thomas,"The Beginning of Parliamentary Reporting in Newspapers 1768-1774"(1959)74 *English Historical Review* 623;William Lowe,"Peers and Printers:The Beginnings of Sustained Press Coverage of the House of Lords in the 1770s"(1988)7 *Parliamentary History* 241;Kathryn Rix,"Whatever Passed in Parliament Ought to Be Communicated to the Public:Reporting the Proceedings of the Reformed Commons,1833-1850"(2014)33 *Parliamentary History* 453;JC Trewin and EM King,Printer to the House:*The Story of Hansard*(Methuen & Co 1952),Ch 1 and 10.

的确,17世纪20年代的议员日记内容十分全面。因此,现在保存有关于《垄断法案》在1621年①议会会期内未通过和1624年《垄断法》得以通过的议员日记②。然而,这些日记与当下客观的议会报告制度完全不同。需要注意的是,日记作者可能对所记录内容存在偏见,我们无法确定他们听得有多仔细,也不知道日记内容究竟为本人捕捉到的确切语句,还是转述从证人那里听到的内容等③。除了这些日记外,1770年④以前的报纸上也有少量报道,但从1770年起,报纸就开始例行报道议会议事程序。不过,当时报道议会议事程序仍然违反议会规定,因此出席会议的人不能现场做笔记,只能依靠自身记忆⑤。这意味着许多报道之间相互抄袭,导致不实记录在不同报纸间流传⑥。

在早期,许多私法案仍然在议会议事厅进行长时间的辩论。因此,在1770年至19世纪早期,议会对议案看法的记录往往比以后任何时期都要详细得多。由于很少在议会议事厅进行辩论,所以议会议事录关于私法案的记录通常限于说明议案通过了特定阶段。虽然也有例外,但很确定的是,在19世纪30年代,当广受赞誉的《议会之镜》出版时,当时上下两院只对几个私法案进行了辩论。

这意味着,与特定私法案相关的大部分记录内容来自于保存在议会档案馆里的各种委员会记录簿。这些记录簿中记录的细节可能有所不同,因为所记录内容在某种程度上取决于该议案是否受到质疑。以亨特(Hunt)的1880年《专利法案》议案(Patent Bill 1880)为例,对于这样一部无反对意见的议案,记录簿上的内容仅有:代理人戴森鲍耶先生证实了序言;条款和附录获同意,无修改意见;待进入报告阶段⑦。然而,如果议案内容引发反对意见,并对证据进行了听证,那么记录簿上可能会包含大量相关的背景信息。例如,普莱斯(Price)1848年《专利法案》(Patent Act 1848)的证据和记录长达100多页⑧。

混乱的成文法日期

这一时期发生了两个重大变化。第一个变化是,根据1750年《(新式)历法法案》(Calendar(New Style) Act 1750),新年之日从1752年的天使报喜节(3月25日)调整为1月1日;第二

---

① Wallace Notestein, Frances Relf and Hartley Simpson, *Commons Debates 1621* (Yale 1935); Samuel Gardiner(ed), *Notes of the Debates in the House of Lords officially taken by Henry Elsing, Clerk of the Parliaments*, 1621(1871) 103 Camden Society(Old Series).

② 参见:Philip Baker(ed), *Proceedings in Parliament 1624*; *The House of Commons* (2015), British History Online; Samuel Gardiner(ed), *Notes on the Debates in the House of Lords: Officially taken by Henry Elsing*, 1624-1626(1879) 24 Camden Society (New Series).

③ 关于这些内容,请参见:Chris Kyle, "Introduction" to *Parliament, Politics and Elections 1604-1648* (2001) 17 Camden Society(Fifth Series) 1 at 4-7.

④ JC Trewin and EM King, *Printer to the House: The Story of Hansard* (Methuen & Co 1952), Ch 1.

⑤ 最著名的"记忆"当属伍德福(Woodfall),参见:JC Trewin and EM King, *Printer to the House: The Story of Hansard* (Methuen & Co 1952), pp 53-54.

⑥ 有关 *Donaldson v Becket* (1774) 2 Bro PC 129(1 ER 837) 案程序报纸报道以及报道者之间相互抄袭,以至于出现不实内容的讨论,参见:Tomas Gomez-Arostegui, "Copyright at Common Law in 1774" (2014) 47 *Connecticut Law Review* 1.

⑦ Unopposed Bill Committee Minutes, 1880(HC/CL/WM/UB/1/33), 2 July 1880, p 59.

⑧ HC/CL/PB/2/15/12(共有19名证人)。

个变化是,在 1793 年《议会立法(生效时间)法案》(Acts of Parliament (Commencement) Act 1793)颁布之前,议会法案是以通过该法案的议会会期开始之年来标记年份的①。这意味着,之前这些法案标记的年份为当年议会会期的第一天所在年份,而不是王室御准日期(自 1793 年 4 月 8 日起,均以王室御准日期来标记议会法案年份)。事实上,人们通常会要求加入一条生效条款,约定新的义务要等到本次议会会期结束后 40 天才开始生效,以此避免追溯效力②。

举一个众所周知的例子:《垄断法》③的年份有时是 1623 年,有时则是 1624 年。通过《垄断法》的那届议会于 1624 年 2 月 12 日(使用现代历法)举行会议并通过了该法案,但按当时的年份标记方法,法案通过日期应为 1623 年 2 月 12 日(因为具体通过日期是在 3 月 25 日之前)。法案于 1624 年 5 月 29 日获得王室御准。因此,当时可以认为这部法案是 1623 年通过的,但依据现代年份标记方法则应当是 1624 年,这种标记方法要么是因为使用了现代历法,要么是错误地以法案获得王室御准时间来标记年份。在本书中,除了沿用《制定法编年表》(Chronological List of Statutes)中法案日期(一般以制定日期标记法案年份)外,其他法案都将使用现代历法来标记年份。

苏格兰

苏格兰旧议会存在于 1707 年《联合法案》(Act of Union)颁布之前,在授予发明家和实业家个人权利方面要比英格兰议会慷慨得多④。因此,本书少不了要研究一下苏格兰议会从 16 世纪末到被解散前是如何工作的。苏格兰旧议会一直是一院制立法机构,但其组织机构随着时间推移也略有变化。苏格兰旧议会由 5 个政治阶层(或团体)⑤组成(尽管这些政治阶层的角色在历史上有所不同),它们是:国务官⑥、高级教士⑦、贵族⑧、郡男爵以及⑨敕准自治市议员⑩。此处不考虑苏格兰旧议会组织结构的性质,但需要考虑组织机构变革的过程。

---

① *Partridge v Strange and Croker* (1553) 1 Plowd 77 (75 ER 123), p 220.
② 例如《垄断法》第四条.
③ 法案简短标题为 The Statute of Monopolies Act,参见:1948 年《制定法修订法案》(Statute Law Revision Act 1948) 附录二.
④ 相比之下,爱尔兰旧议会只受理了三份私法案请愿,且均未得到王室批准,参见:Silk Crapes Bill 1725 (3 Irish Commons Journal ('ICJ') 418; 11 November 1725); Turner Cormac's Bill 1793 (15 ICJ 211; 22 June 1793); Thomas and William Blair's Bill 1795 (16 ICJ 143; 13 May 1795);相关程序参见:James Kelly, "The Private Bill Legislation of the Irish Parliament 1692–1800" (2014) 33 *Parliamentary History* 73.
⑤ 国务官显然算不上是一个政治阶层.
⑥ Charles Terry, *The Scottish Parliament: Its Constitution and Procedure 1603–1707* (James MacLehose: Glasgow 1905), pp 4–9.
⑦ Charles Terry, *The Scottish Parliament: Its Constitution and Procedure 1603–1707* (James MacLehose: Glasgow 1905), pp 10–11.
⑧ Charles Terry, *The Scottish Parliament: Its Constitution and Procedure 1603–1707* (James MacLehose: Glasgow 1905), pp 12–19.
⑨ Charles Terry, *The Scottish Parliament: Its Constitution and Procedure 1603–1707* (James MacLehose: Glasgow 1905), pp 19–46.
⑩ Charles Terry, *The Scottish Parliament: Its Constitution and Procedure 1603–1707* (James MacLehose: Glasgow 1905), pp 47–63.

这一变革过程可以分为五个阶段:第一阶段,由立法委员会处理议会事务;第二阶段,誓约派创立了委员会制度;第三阶段,苏格兰旧议会在奥利弗·克伦威尔(Oliver Cromwell)执政时期遭临时废除(与英格兰议会合二为一);第四阶段是王政复辟后,立法委员会得以恢复,但影响力削弱;最后阶段,同时也是最活跃的阶段,从1688年光荣革命到废除议会之间的世俗阶段。

立法委员会最早可以追溯到1347年的议会,当时一些议员被挑选出来负责议会事务,其余议员允许回家①。这一程序最终成为惯例。大约从1424年起,被挑选出来的议员组成了立法委员会,他们的职责是处理王室交办的一些事务,并且基本上履行着议会所有的审议和立法职能②。因此,议会本身的程序简洁明了——召集议员开会,选出立法委员会成员,然后其他议员回家。在议会会期结束时,全体议员再会面一次,以批准立法委员会决定的所有事项,会期通常为一天③。人们曾一度认为,国王通过任命国务官为立法委员会成员来控制议会审议工作。但近期的研究表明④,立法委员会的独立性远超人们的想象。但无论如何,1640年的一部法案临时撤销了立法委员会⑤,但后来又随着王权复辟而恢复⑥,直到詹姆斯七世(在英格兰称詹姆斯二世)被驱逐、威廉和玛丽登基时,立法委员会被最终裁撤⑦。立法委员会的绝对主导地位意味着,在1640年之前,议会的作用只是名义上的。所有立法决定都由一个委员会作出,然后交由整个议会批准。因此,在许多方面无法考察这一时期苏格兰议会处理私法案的程序,所能做的只能是确认苏格兰议会颁布了哪些法案。

第二阶段始于1637年反对查理一世并试图迫使国王改变不受欢迎政策(特别是王室的宗教政策)的运动。一年后,查理一世的反对者在《民族圣约》(National Covenant)中要求建立一个自由的议会并召开国民大会⑧。国王未回应诉求,最终导致所谓的誓约派成员⑨组建了与国王对立的政府,这些誓约派成员最终通过一个由各政治阶层组成的中央委员会⑩和

---

① Charles Terry, *The Scottish Parliament:Its Constitution and Procedure 1603 – 1707*(James MacLehose:Glasgow 1905), p 103.

② Charles Terry, *The Scottish Parliament:Its Constitution and Procedure 1603 – 1707*(James MacLehose:Glasgow 1905), p 104.

③ Charles Terry, *The Scottish Parliament:Its Constitution and Procedure 1603 – 1707*(James MacLehose:Glasgow 1905), p 104.

④ Roland Tanner, "The Lords of the Articles before 1540:A Reassessment"(2000)79 *Scottish Historical Review* 189;and Alan R MacDonald, "Deliberative Processes in Parliament, c. 1567 – 1639:Multicameralism and the Lords of the Articles"(2002) 81 *Scottish Historical Review* 23.

⑤ 具体指 Act Regarding the Choosing of Committees out of Every Estate[RPS:1640/6/39];另参见:David Stevenson (ed), *The Government of Scotland under the Covenanter 1637 – 1651*(Scottish History Society 1982),p xxiv.

⑥ Commission to the Lords of the Articles and Processes[RPS:1661/1/13].

⑦ 立法委员会是《申诉条款》所列的第一项申诉请求[RPS:1689/3/121]. 立法委员会后被 Act Concerning the Election of Committees of Parliament[RPS:1690/4/22]废除.

⑧ David Stevenson(ed), *The Government of Scotland under the Covenanter 1637 – 1651*(Scottish History Society 1982), p xi.

⑨ David Stevenson(ed), *The Government of Scotland under the Covenanter 1637 – 1651*(Scottish History Society 1982), pp xii – xvi.

⑩ 他们被称为 Tables 而不是 Committees(委员会),至少一开始是这样.

处理特定事务的分委员会(如战争委员会)进行统治。虽然苏格兰与查理一世的冲突在很大程度上是宗教冲突(至少一开始是这样),但当苏格兰于1640年为反抗查理一世而召开议会会议时,就演变成了一场火力全开的合宪性异议①。议会开会时,废除了立法委员会,并要求所有的请愿都必须在议会公开提出。此外,它还允许全体议会将特定事项委托下放给各委员会。在此期间,议会全体会议的会期持续几天到数月不等②(与立法委员会一两天的会期形成鲜明相比)。委员会制度还促成了议案委员会(专门负责处理与私权有关的请愿)和提案委员会(专门负责审议一般性立法提案)的成立③。到这一阶段,苏格兰议会审议法案的职能按私法案和公法案区分开来。《1641年令》(Orders of 1641)规定,每个提案(即公法案议案)需要提交给每一个政治阶层单独进行审议;有委员会的,应提交给委员会审议。各政治阶层和委员会有一天时间来审议提案④。他们对财产交易(即私人事务)的请愿、恳求书和批准书似乎采取了同样的政策⑤。

在伍斯特战役中,苏格兰被英格兰军队击败,之后苏格兰议会遭到废止,克伦威尔统领的联合议会登上历史舞台。当苏格兰议会1661年得以恢复时,委员会的作用大打折扣,提案无法再提交给它们⑥。但如果有委员会存在,比如说贸易委员会,则由委员会来进行政策方面的审查。在最后阶段,詹姆斯七世被流放后,苏格兰议会在一读和二读程序方面,越来越紧跟英格兰议会的步伐,将事项转交委员会审议。

● 政策制定

有关苏格兰议会的记录非常有限,1640年之前的会议记录无法展示议会全体会议上究竟如何进行辩论(甚至不确定是否进行了辩论)⑦。的确,在立法委员会存续期间,没有辩论的必要,毕竟议会自己只是接纳了立法委员会转呈给它的决定⑧。立法委员会审议的对象包括一般性公法案以及诸如恳求书、请愿书或批准之类的私人请求⑨。

由于1640年立法委员会的撤销和议会各委员会的设立,议会会期经常持续很久,可以

---

① David Stevenson(ed), *The Government of Scotland under the Covenanter 1637 – 1651* (Scottish History Society 1982), pp xxi – xxii.

② David Stevenson(ed), *The Government of Scotland under the Covenanter 1637 – 1651* (Scottish History Society 1982), p xxxiv.

③ David Stevenson(ed), *The Government of Scotland under the Covenanter 1637 – 1651* (Scottish History Society 1982), Appendix 6, p 186.

④ Charles Terry, *The Scottish Parliament: Its Constitution and Procedure 1603 – 1707* (James MacLehose: Glasgow 1905), p 143.

⑤ Charles Terry, *The Scottish Parliament: Its Constitution and Procedure 1603 – 1707* (James MacLehose: Glasgow 1905), p 144 appears to treat the two as the same in any event.

⑥ Charles Terry, *The Scottish Parliament: Its Constitution and Procedure 1603 – 1707* (James MacLehose: Glasgow 1905), p 147.

⑦ Charles Terry, *The Scottish Parliament: Its Constitution and Procedure 1603 – 1707* (James MacLehose: Glasgow 1905), p 139.

⑧ Charles Terry, *The Scottish Parliament: Its Constitution and Procedure 1603 – 1707* (James MacLehose: Glasgow 1905), p 137.

⑨ Charles Terry, *The Scottish Parliament: Its Constitution and Procedure 1603 – 1707* (James MacLehose: Glasgow 1905), p 153.

对议题进行长时间辩论①。公共事务和私人事务都可以提交给委员会,而且专门设立了议案委员会,以审议请愿和类似私人事务②。这一时期的会议记录也没能显示出任何政策构想。从1660年查理二世复辟一直到1689年,议会无法开展传统意义上的立法工作,因为该职权再度落入立法委员会之手。但是,从王政复辟时期起,议会拥有就特定法案进行辩论的特权③,而此时的议会在会期内每周举行一到两次会议讨论公共事务,而不是像之前那样只是等着在会期结束时批准立法委员会的决定④。在此期间,立法委员会可能会将一项议案下放给议会审议、批准甚至是时不时地修正议案⑤。因此,议会显然发挥了积极作用,议会记录也提供了这方面的证据。当时,王室御准(或用权杖触碰)也可能发生在议会会期内的任何时候,不一定是在最后一天。

1688年的光荣革命导致立法委员会被撤销,之后由议会负责决定启动和审议何种立法。事实上,在苏格兰旧议会生命的最后20年里,越来越多的文件得以保存下来,记录了立法提案、请愿书等证据。在这一时期,苏格兰议会的立法程序与英格兰议会的程序越来越相似。允许一项提案继续推进就像准许提出一项议案一样,一经提出,就可以宣读⑥。提案未被宣读的,还可以被撤回。需要审议的话,则将提案放在议事桌上供他人查阅⑦。如果比较复杂,则可能会被转交给某一委员会审议。例如发明和设立工厂相关的议案要提交给贸易委员会。对议案进行二次或三次"宣读"是苏格兰议会后期的发展趋向。很明显,在王政复辟早期,法案宣读一次就可以通过了⑧。

揭幕

本章探讨了私法案的制定过程,不仅对过程进行了概述,还强调了一到两个个人何以对法律的发展产生深远影响。更重要的是,本章还搭建了一个框架,帮助读者理解为什么有些私法案很容易通过,而有些却寸步难行。就像早期的法院制度,在私法案制度里,议案能否通过不仅取决于议案本身的好坏,还取决于请愿人的人脉。从古至今,私法案制度始终非常

---

① Charles Terry, *The Scottish Parliament: Its Constitution and Procedure 1603 – 1707* (James MacLehose: Glasgow 1905), pp 138 – 139.

② Charles Terry, *The Scottish Parliament: Its Constitution and Procedure 1603 – 1707* (James MacLehose: Glasgow 1905), p 153.

③ Charles Terry, *The Scottish Parliament: Its Constitution and Procedure 1603 – 1707* (James MacLehose: Glasgow 1905), pp 145 – 146.

④ Charles Terry, *The Scottish Parliament: Its Constitution and Procedure 1603 – 1707* (James MacLehose: Glasgow 1905), p 147.

⑤ Charles Terry, *The Scottish Parliament: Its Constitution and Procedure 1603 – 1707* (James MacLehose: Glasgow 1905), p 148.

⑥ Charles Terry, *The Scottish Parliament: Its Constitution and Procedure 1603 – 1707* (James MacLehose: Glasgow 1905), p 151.

⑦ Charles Terry, *The Scottish Parliament: Its Constitution and Procedure 1603 – 1707* (James MacLehose: Glasgow 1905), p 151.

⑧ Charles Terry, *The Scottish Parliament: Its Constitution and Procedure 1603 – 1707* (James MacLehose: Glasgow 1905), p 151.

昂贵,除了极具财富和权势之人,他人只能敬而远之。这也就解释了为什么随后介绍的都是著名成功发明家的历史,而非小企业的历史。在早期,私法案程序排除了那些没有政治影响力之人,在后期则排除了没有财富之人。这一制度固然有其缺陷,但它促成了专利法的飞速发展,具体将在下文予以详述。

第3章 开　　端

引言

　　从1621届和1624届两届议会颁布的法案开始探索私法案制定在专利法发展中的历史作用,似乎不够直截了当。这两届议会都没有制定任何专利"相关的"私法案,有的只是两部公法案和一份被备案为制定法的判决书,其中一部公法案是大名鼎鼎的《垄断法》,另一部是1623年《赫仑鱼肉腌制专利无效法案》(Heron's Fish - curing Patent Void Act 1623)。备案为制定法的判决书后被称作1621年《谴责法案》(Censure Act 1621)。此外,还有两部未获通过的公法案议案:1621年《威尔士黄油法案》(议案)(Welsh Butter Bill 1621)和1621年《确认专利授权法案》(议案)(Bill to Confirm Patent Grants 1621)。

　　但是,一切并非如看上去那般。如果用大部分(包括现代)私法案的标准来衡量的话,1623年《赫仑鱼肉腌制专利无效法案》当属于私法案①。这部法案或许当初是以公法案程序制定的,但这一事实并不会改变其私法案的本质,尤其是考虑到当时公法案和私法案的差别很细微。《垄断法》或许可归类为后来所称的混合法案:"作为一部公法案,它处理特定的私人利益,但又与同一类型、阶层的其他个人或机构的私人利益区别对待"②。《垄断法》禁止带有垄断性质的专利(一些情形除外,多与发明相关),但又明确包括了针对向某些具名个人授予专利的保留条款——这一要素使其具备混合法案的属性。

　　1621年《谴责法案》则不同——它不是一部传统的制定法,相反,它是后来被称作弹劾程序的结果③。然而,上议院要求将其备案为制定法,原因将在后面解释④。但是针对两名被告——贾尔斯·蒙培森爵士(Sir Giles Mompesson)和弗朗西斯·米歇尔爵士(Sir Francis Michell)——的诉讼涉及专利,两名被告的所作所为也是导致1621年提出《垄断法案》议案的重要因素⑤。在审视这一段开创性历史之前,需要铺垫一些背景知识。

历史背景

　　詹姆斯一世和他的儿子查理一世推出的大部分政策旨在提高税收,所用招数多是延

---

① Malcom Jack(Ed), *Erskine May: Parliamentary Practice* (24th Edition LexisNexis 2011), p 921: "私法案制定是一种特别立法,它旨在向任何人或组织——包括个人、地方政府、公司或法人——授予特别权力或利益,以作为一般法的补充或例外"。
② 现代定义参见:Speaker Hylton - Foster, HC Deb, 10 December 1962, Vol 669(5th), col 45.
③ 参见后文第38页脚注③.
④ 3 LJ 135 (26 May 1621).
⑤ 这同时也是克里斯·R. 凯尔(Chris R Kyle)的观点,参见:Chris R Kyle, "But a New Button to an Old Coat: The Enactment of the Statute of Monopolies 21 James I cap 3" (1998) 19 *J Legal History* 203 at 206.

续较早时期都铎王朝的政策。只需暂时撇开垄断话题,稍微想一想更具争议性的关税转包,一切就都清楚了。詹姆斯一世即位时,英格兰王室的政策就已经是将收取关税的权利转包出去①。在本质上,关税转包是指私人(包税人)从君主那里购买收取关税的权利,然后包税人从收取的关税中抽取一部分,再将剩余部分交给王室。推行关税转包政策的原因之一是规范贸易或活动(授予蒙培森的酒馆专营权就属于此类)。因此,如果某项经营活动需要事先征得许可,那就可以将授予许可的权利出售给"专利权人",所得收益由"专利权人"和王室分得。的确,在16世纪末采取直接收取关税(即仅由王室官员直接收取)的做法时,王室的税收实际上低于后来将权利转包出去后所得的收入②。因此,如果这种做法在其他行业也行得通③,那么出售规范贸易的权利不仅可以为王室赚取更多钱,还可以维持既得利益。

然而,对这一做法以及由此产生的垄断授权(尤其对整个产业的专利授权)的不满,自伊丽莎白一世统治后期就在酝酿中了。这一时期经济凋敝,专利授权数量却在增加④。针对专利的抱怨积聚⑤,1597年议会就这一问题进行了辩论,并向伊丽莎白女王请愿⑥。1601年一部垄断方面的法案提出之后,更严峻的挑战随之而来⑦。该法案旨在确保将专利的垄断控制在普通法允许的限度内,不再具有额外的王室特权⑧。伊丽莎白设法通过所谓的"黄金演讲"将该争议暂时平息,在这次演讲中,她说她相信专利只有在符合公共利益的情况下才能得到授权,尽管专利也会带来私人利益⑨。伊丽莎白统治末期发生了达西诉阿林案(*Darcy v Allin*)⑩,在该案中法院宣告一项臭名昭著的纸牌专利⑪无效,但背后原因不详。更奇怪的是,这一决定源自王座分庭(普通法院的组成部分)的判决,而非枢密院的决定。这在伊丽莎白女王统治时期是允许的,因为她在公告中称,允许臣民向普通法院寻求针对王室

---

① 参见:AP Newton, "The Establishment of the Great Farm of the English Customs" (1918) 1 *Transactions of Royal Historical Society* 129.

② AP Newton, "The Establishment of the Great Farm of the English Customs" (1918) 1 *Transactions of Royal Historical Society* 129 at 146.

③ 这一规范行为的性质使得难以进行任何比较.

④ Chris R Kyle, "But a New Button to an Old Coat: The Enactment of the Statute of Monopolies 21 James I cap 3" (1998) 19 *J Legal History* 203 at 204 – 205.

⑤ 以下文献进行了很好地总结:Chris Dent, "Generally Inconvenient: The 1624 Statute of Monopolies as Political Compromise" (2009) 33 *Melbourne LR* 415 at 427.

⑥ 留存下来的资料只有女王对请愿的回应,参见:Simon D'Ewes, *Journals of All the Parliaments during the Reign of Queen Elizabeth* (John Starkey 1682), p 547 (9 February 1598).

⑦ 该法案于1601年11月20日提出:Bill to Explain Letters Patent 1601.

⑧ 参见:Simon D'Ewes, *Journals of All the Parliaments during the Reign of Queen Elizabeth* (John Starkey 1682), p 649.

⑨ Simon D'Ewes, *Journals of All the Parliaments during the Reign of Queen Elizabeth* (John Starkey 1682), p 659 (30 November 1601).

⑩ (1601) 1 HPC 1; 11 Co Rep 84 (77 ER 1260); Noy 173 (74 ER 1131); Moore 671 (72 ER 830); 1 WPC 1; 另见 Matthew Fisher, "The Case That Launched a Thousand Writs, or All That Is Dross? Re – conceiving Darcy v Allen: the Case of Monopolies" (2010) *IPQ* 356; Jacob Corré, "The Argument, Decision, and Reports of Darcy v. Allen" (1996) 45 *Emory Law Journal* 1261.

⑪ Edward Darcye (1598) PR 40 Eliz, Pt 9, m 37 (Eliz Cal No 735) (National Archive: C66/1485).

所授特权的救济①。但正如后来与亨利·赫仑（Henry Heron）专利相关的私法案所体现的那样，人们仍然对詹姆斯一世统治时期是否延续了这一做法存有疑虑——直到《垄断法》消除了这一疑虑②。

即位后不久，詹姆斯一世③于1603年5月7日发布公告，禁止使用任何伊丽莎白时代授予的特权或特许状，直至这些特权或特许状通过枢密院审查④。尽管需要对这些较早的王室授权进行审查，并且下议院1606年正在审议一部限制垄断和惩罚规则的法案⑤，但王室授与的垄断数量依旧在增长。压力继续增加⑥，最终迫使詹姆斯一世于1610年发布了他的《奖励书》（Book of Bounty）⑦。《奖励书》在整体上禁止垄断，但仍容许某些类型的垄断继续存在，包括对发明的垄断⑧。正如凯尔所言，⑨这呈现了一个简单的二分法：(a)允许的垄断，以及(b)禁止的垄断。在伊普斯威奇织布工人案（Clothworkers of Ipswich Case）⑩中，授予当地一家企业的特许状赋予其决定谁可以从事织布工作的权利，但这被认为是非法垄断。因此，对垄断的怨愤一直居高不下，直到1621年詹姆斯一世召集议会开会时达到巅峰。

1621年议会

议会于1621年2月5日召开了七年来的首次会议⑪。议程四个议题之一是处理申诉⑫，包括但不限于针对国王所授予垄断的申诉。会议的成果之一是1621年《谴责法案》，但前面提到，同时还有四部议案没有成功走到《法令全书》这一步。《垄断法案》在下议院通

---

① James Larkin and Paul Hughes, *Tudor Royal Proclamations*(New Haven 1969), Vol 3, p 235(No 812)(dated 28 November 1601).

② 《垄断法》第四条.

③ 这一时期是研究文献探讨最深入的时期之一，例如：Edward Wyndam Hulme, "The History of the Patent System under the Prerogative and at Common Law"(1896)12 LQR 141; William Hyde Price, *The English Patents of Monopoly*(Houghton, Mifflin & Co 1906), Chapter 1 and 2; Arthur A Gomme, *Patents of Invention: Origin and Growth of the Patent System in Britain*(1946); Harold G Fox, *Monopolies and Patents: A Study of the History of Future of the Patent Monopoly*(Toronto 1947); William Letwin, "The English Common Law Concerning Monopolies"(1954)21 *U Chicago LR* 355; Edward C Walterscheid, "The Early Evolution of the United States Patent Law: Antecedents"(Part 3)(1995)77 *J Patent and Trademark Office Society* 847; Adam Mostoff, "Rethinking the Development of Patents: An Intellectual History, 1550 – 1800"(2001)52 *Hastings LJ* 1255; Matthew Fisher, *Fundamentals of Patent Law: Interpretation and Scope of Protection*(Hart 2007), Ch 2.

④ "禁止适用和执行已故伊丽莎白女王任何特许状或特权之公告"，参见：James Larkin and Paul Hughes, *Stuart Royal Proclamations: Royal Proclamations of James I 1603 – 25*(Oxford 1973), Vol 1, p 11(No 6).

⑤ Penal and Monopolies Bill 1606(Ingrossment: HL/PO/JO/10/2/1E).

⑥ 詹姆斯一世宣布废除许多特权，试图平息怨愤，参见：1 CJ 316 – 18(19 November 1606).

⑦ 《奖励书》也被收录于以下文献：Wallace Notestein, Frances Relf and Hartley Simpson, *Commons Debates 1621*(Yale 1935)('CD 1621'), Vol 7, Appendix B, Part 2, p 491.

⑧ 参见：*A Declaration of His Majesties Royall Pleasure, in What Sort He Thinketh Fit to Enlarge*(Robert Barker 1610)(Facsmile Reprint 1897)(这个版本还包括关于公告的简要记录).

⑨ Chris R Kyle, "But a New Button to an Old Coat: The Enactment of the Statute of Monopolies 21 James I cap 3"(1998)19 *J Legal History* 203 at 206.

⑩ (1614)1 HPC 31; 11 Co R 53(77 ER 1218); Godbolt 252(78 ER 147).

⑪ 上届议会于1614年6月7日解散.

⑫ CD 1621, Vol 2, X's Journal, p 24(5 February 1621); Book of Committees, Vol 6, p 249, fn 1.

过,但却在上议院折戟;《威尔士黄油法案》(议案)虽然在两院都通过了,但由于下议院拒绝接受上议院的修正内容而以失败告终;亨利·赫仑的议案在上议院获得通过,但在下议院一读失败。

下议院一些议员的政治日记详细记录了 17 世纪 20 年代的议会活动,议会书记官亨利·埃尔森(Henry Elsyng)①也记录了上议院的辩论活动,不过内容有限。在 1621 年,这些日记满篇都是关于垄断和专利(以及其他申诉)的讨论,到了 1624 年,相关议题的内容渐少。这些日记提供了丰富的背景叙事,但是这些日记直到 19 世纪中期才得以再现。日记和议事日志讲述的故事将读者带到了蒙培森和米歇尔的庭审现场。下面,本书先来解释一下这次庭审判决是如何能够成为私法案进而成为本书内容一部分的。

● **作为议会法案的《谴责法案》**

1621 年《谴责法案》备案的是针对以下四人的判决:贾尔斯·蒙培森爵士、弗朗西斯·米歇尔爵士、大法官弗朗西斯·培根(Francis Bacon)和爱德华·弗勒得(Edward Flood)②。前二人系因为专利相关事务受到谴责,后人称他们"被检举"③,大法官弗朗西斯·培根是因为受贿,爱德华·弗勒得则是因为发表了对国王女儿不敬的言论而受到谴责。1621 年 5 月 26 日上议院的决议是判决书被备案为法案的依据:

根据本月 18 日的命令,上议院特权分委员会等将仔细审查在本院开庭作出的判决书文本;一旦通过上议院特权分委员会的审查,本判决书的终校清样将列入议会立法卷宗中。

由上议院任命的贵族成员认真起草并经上议院仔细审查的贾尔斯·蒙培森案判决书,于今日议会休会后,由上议院特权分委员会交给职员长官,并要求职员长官将其登记到立法卷宗中。

该判决书因此被备案为法案,尽管它从未真正被登记到上议院现在保管的立法卷宗中④。因此,它是否真的成为了议会法案很难说得清楚。佩蒂(Petyt)在《议会权利》(*Jus Parliamentarium*)⑤中将"法案"定义为"向全体议会提出、基于公开会议和严肃辩论作出的针对特定原始事实的最终决议,而非基于上议院的纠错令"⑥。在约克大主教刑事案(R v

---

① 他是一名议会书记官,关于埃尔森的传记,参见:Elizabeth Read Foster,"The Painful Labour of Mr. Elsyng"(1972)62 *Transactions of the American Philosophical Society* 1.

② 关于其他被告,参见:*Proceedings in Parliament against Francis Bacon*,*Lord Chancellor*(1620)2 State Trials 1037;*Proceedings in Parliament against Edward Floyde*(1621)2 State Trials 1134.

③ "检举"一词当时并未用于这些人,而是在后来才使用,参见:Colin Tite,*Impeachment and Parliamentary Judicature in Early Stuart England*(Athlone Press 1974),p 41.

④ 现存放于 National Archive:Chancery:Parliament Roll,Part 1(National Archive:C65/186).

⑤ William Petyt,*Jus Parliamentarium*:*Or the Ancient Power*,*Jurisdiction*,*Rights and Liberties or the Most High Court of Parliament*(London:John Nourse 1739),Vol 1;另见 Charles McIlwain,*The High Court of Parliament and its Supremacy*(Yale 1910),pp 216–229.

⑥ William Petyt,*Jus Parliamentarium*:*Or the Ancient Power*,*Jurisdiction*,*Rights and Liberties or the Most High Court of Parliament*(London:John Nourse 1739),Vol 1,p 32.

Archbishop of York)①中,高级律师佩宁(Parning)认为,"议会裁决等同于议会的一部法案"②,因此,议会的一项裁决也可以使特定个案免受一般公法案的约束③。故而,1621年《谴责法案》或许算不上现代意义上的法案,但在当时却可能被视为是法案,因此应在本书中占据一席之地。现在,把目光转向针对蒙培森和米歇尔这两名声名狼藉的专利权人的诉讼。

审判程序的性质

福斯特(Foster)认为,审判蒙培森和米歇尔的司法程序是从私法案制定程序演变而来的④。但有人认为,事实可能刚好相反⑤。针对专利权人的诉讼并非从"旧私法案"的制定程序演变而来,相反,私法案的制定程序是由议会原有的司法角色演变而来以回应个人请愿的。1621届议会和它的继任者1624届议会谴责了许多专利权人,谴责理由包括专利根本无效,或无法实施(或兼而有之)⑥。在第一种情形中,授予专利违背了国王在其1610年《奖励书》中表达的意愿,因此专利授权必须归咎于被授予人的不当行为⑦,此类专利属于不当垄断,因此应受谴责⑧。第二种谴责理由针对实施专利过程中的非法行为⑨,比如不当获取监禁令状。米歇尔和蒙培森的专利在这两个方面都受到了谴责。

下议院对米歇尔和蒙培森的审判

针对米歇尔和蒙培森的审判引发了广泛讨论⑩,因为这些审判活动被看作是议会司

---

① YB Hilary Term, 6 Ed III, plea 15(Seipp 1332.015).
② YB Hilary Term, 6 Ed III, plea 15(Seipp 1332.015); translation in Petyt, *Jus Parliamentarium* (1739), p 41.
③ YB Hilary Term, 6 Ed III, plea 15(Seipp 1332.015);基于以下文献的翻译:Petyt, *Jus Parliamentarium* (1739), p 41.
④ Elizabeth Read Foster, "The Procedure of the House of Commons against Patents and Monopolies, 1621 – 1624" in *Conflict in Stuart England: Essays in Honour of Wallace Notestein* (ed William Appleton Aiken and Basil Duke Henning) (Jonathan Cape 1960), p 57 at 75;她的参考依据是:Charles McIlwain, *The High Court of Parliament and its Supremacy* (Yale 1910), pp 219 – 223;以及 Albert F Pollard, *The Evolution of Parliament* (Longmans 1920), p 118.
⑤ 的确,她引用的两个文献来源似乎都理解反了.
⑥ 1 CJ 566 – 68(12 March 1621).
⑦ 例如:CD 1621, Vol 2, X's Journal, pp 145, 250, 253 – 254(27 February 1621); Elizabeth Read Foster "The Procedure of the House of Commons against Patents and Monopolies, 1621 – 1624" in *Conflict in Stuart England: Essays in Honour of Wallace Notestein* (ed William Appleton Aiken and Basil Duke Henning) (Jonathan Cape 1960), p 57 at 74 and fn 90.
⑧ Elizabeth Read Foster, "The Procedure of the House of Commons against Patents and Monopolies, 1621 – 1624" in *Conflict in Stuart England: Essays in Honour of Wallace Notestein* (ed William Appleton Aiken and Basil Duke Henning) (Jonathan Cape 1960), p 57 at 74 and fn 91.
⑨ Elizabeth Read Foster "The Procedure of the House of Commons against Patents and Monopolies, 1621 – 1624" in *Conflict in Stuart England: Essays in Honour of Wallace Notestein* (ed William Appleton Aiken and Basil Duke Henning) (Jonathan Cape 1960), p 57 at 74.
⑩ 详情参见:Colin Tite, *Impeachment and Parliamentary Judicature in Early Stuart England* (Athlone Press 1974), Ch 4 and 5;对他们的审判都记录于:Corbett's States Trials: *Proceedings in Parliament against Sir Giles Mompesson* (1621) 2 State Trials 1119; *Proceedings in Parliament against Sir Francis Michell* (1621) 2 State Trials 1131.

法角色演变的一部分①。审判过程本身对本次讨论来说并不重要,这里不再详述②,但就本书的目的而言,重要的是审判米歇尔和蒙培森如何为 1621 年《垄断法案》奠定了基础。

针对时任议员蒙培森的审判,先从 1621 年 2 月 19 日爱德华·柯克爵士(Sir Edward Coke)③担任主席的申诉委员会讨论讲起④。针对蒙培森的第一项控诉与其旅馆专利有关⑤。在讨论了几天后,蒙培森被暂停议员身份以配合案件调查。米歇尔的案子主要涉及其酒馆专利,控诉的主要事由是,他不仅直接从专利获利,而且他还源源不断地从纽盖特监狱获得稳定收入,这笔收入来自那些因侵犯米歇尔专利而被米歇尔亲手送进监狱的侵权人⑥。首先启动的是米歇尔的案子而非蒙培森的案子。米歇尔向下议院请求为自己辩护⑦,但是下议院的答复简短且迅速:宣布他不配担任治安法官,而后将他囚禁于伦敦塔⑧。这项惩处似乎既与其貌视议会(提出"谬误的"请愿)有关,也与其专利相关的不当行为⑨脱不了干系⑩。

在接下来的那一周,蒙培森被遣送至申诉委员会接受质询。质询的内容不仅有关旅馆专利,还有关于其金银线专利以及调查隐瞒土地的专利。相较于米歇尔案,下议院处理蒙培森案时⑪更为谨慎,花了很长时间去弄清楚他们拥有哪些惩处权限。于是,在 1621 年 2 月后半期和 3 月前半期,下议院一直忙于考虑如何处置蒙培森。3 月 3 日发生了一起突发事件——蒙培森逃跑了,然后下议院签发了拘捕令⑫。蒙培森还在逃遁时,针对他的审判仍在继续。尤为值得注意的是,1621 年 3 月 5 日,下议院一并讨论了谴责蒙培森的理由以及米歇尔的所作所为。在这次讨论中,达德利·迪格思爵士(Sir Dudley Diggs)首次提议应起草

---

① 参见:Frances Relf"Lords Debates 1621"(1929)42 Camden Society(Third Series)1;近期的文献参见:J Stoddart Flemion"Slow Process, Due Process and the High Court of Parliament: A Reinterpretation of the Revival of Judicature in the House of Lords 1621"(1974)17(1) Historical Journal 3.

② 更详细的解释参见:Elizabeth Read Foster"The Procedure of the House of Commons against Patents and Monopolies, 1621 – 1624" in Conflict in Stuart England: Essays in Honour of Wallace Notestein(ed William Appleton Aiken and Basil Duke Henning)(Jonathan Cape 1960), p 57 at 67; Colin Tite, Impeachment and Parliamentary Judicature in Early Stuart England(Athlone Press 1974), pp 86 – 87.

③ Stephen D White, Sir Edward Coke and "The Grievances of the Commonwealth": 1621 – 1628 (North Carolina Press 1979), p 117.

④ CD 1621, Vol 4, Pym, pp 78 – 81; CD 1621, Vol 5, Wentworth, pp 475 – 476(19 February 1621); CD 1621, Vol 6, Book of Committees, pp 249 – 253.

⑤ 当时有一套规范酒馆的复杂规则,相关介绍见:James Brown "Alehouse Licensing and State Formation in Early Modern England" in Intoxication and Society: Problematic Pleasures of Drugs and Alcohol(ed J. Herring, C. Regan, D. Weinberg, P. Withington)(Palgrave 2012), p 110.

⑥ Colin Tite, Impeachment and Parliamentary Judicature in Early Stuart England(Athlone Press 1974), p 91.

⑦ CD 1621, Vol 2, X's Journal, pp 127 – 128(23 February 1621).

⑧ Colin Tite, Impeachment and Parliamentary Judicature in Early Stuart England(Athlone Press 1974), p 91.

⑨ 涉嫌重罪和行为不端.

⑩ CD 1621, Vol 6, Book of Orders, p 453.

⑪ 关于可能的原因,参见:Colin Tite, Impeachment and Parliamentary Judicature in Early Stuart England(Athlone Press 1974), pp 93 – 94.

⑫ 1 CJ 535; CD 1621, Vol 2, X's Journal, pp 157 – 162(3 March 1621).

一部约束企业创办人、企业或公司潜在买主和证明人的法案(即《垄断法案》)①,从而使得他们的后代都会受到约束——据说这项提议当时反响强烈②。当天晚些时候,约翰·沃尔特爵士(Sir John Walter)提出了类似提议③,并且宣读了一项旨在终结威尔士黄油销售和运输垄断④的议案⑤。这些呼声得到了爱德华·柯克爵士⑥的支持,在几天后的3月12日,纳撒尼尔·里奇爵士(Sir Nathaniel Rich)一并加入⑦。换言之,针对蒙培森和米歇尔的审判促使议会考虑通过制定一般法来处置不当垄断行为。虽然这表明准私法案与《垄断法案》之间有直接联系,但不应过度解读这种联系。对蒙培森和米歇尔的审判是针对专利权人的第一批审判,但也有其他专利权人同批接受审判。1621年议会整体的气氛是打击不正当的(而非所有的)垄断行为,所以,即使没有蒙培森和米歇尔等人的违法行为,也必然会有其他事件促成在整体上禁止垄断行为。也就是说,蒙培森和米歇尔的案件只是导火索,除了他们,还有一些影响力相对较弱的推动因素。

1621年《垄断法案》

在之后的几个月,下议院和上议院(虽然上议院阵势不及下议院浩大)花费了相当多的时间来批驳蒙培森、米歇尔等人,比花费在《垄断法案》本身上的时间还要多⑧。两件事情交织在一起,共同向前推进。与此同时,对其他个体专利权人的关切也在与日俱增。《垄断法案》二读时,议员们提到了理查德·蒙培森⑨被授予的八角和肉桂特权⑩以及进口石锅特权⑪。在《垄断法案》提交委员会审议后,议会立即回到了贾尔斯·蒙培森的案子上⑫。

有关无良专利权人所作所为的一手证词和证据,可能是促使《垄断法案》选择依据《蔑视王权罪法令》(Statute of Praemunire)⑬来惩治无良专利权人的直接原因。《垄断法

---

① CD 1621, Vol 2, X's Journal, p 167; Vol 6, Holland, p 31; Member of the House, *Proceedings and Debates of the House of Commons in 1620 and 1621*(1766)('Nicholas'), Vol 1, p 122(5 March 1621).
② CD 1621, Vol 5, Smyth's Diary, p 272(5 March 1621).
③ CD 1621, Vol 5, Belasyse Diary, p 25(5 March 1621).
④ 1621年《威尔士黄油法案》(议案),文本内容参见:CD 1621, Vol 7, p 108.
⑤ 尚不清楚将此类贸易的垄断与其他垄断分开处理的原因.
⑥ CD 1621, Vol 2, X's Journal, p 194(8 March 1621).
⑦ CD 1621, Vol 6, Holland Debates, p 53(12 March 1621).
⑧ 包含修正案的法案文本参见:Samuel Gardiner(ed), *Notes of the Debates in the House of Lords officially taken by Henry Elsing, Clerk of the Parliments*, 1621(1871) 103 Camden Society(Old Series), p 151.
⑨ 他和贾尔斯一样,来自同一家族的不同分支.
⑩ CD 1621, Vol 2, X's Journal, p 219 and fn(a)(14 March 1621).
⑪ 这可能是托马斯·布劳恩(Thomas Browne)和托比·斯图尔德(Tobie Steward)持有的专利,参见:Dennis Haselgrove"Steps towards English Stoneware Manufacture in the 17th Century Part 1 – 1600 – 1650"(1989)6 *London Archaeologist* 132.
⑫ 参见:CD 1621, Vol 6, Holland Diaries, p 62; CD 1621, Vol 2, X's Journal, p 220; 1 CJ 554(提及了米歇尔,但未提及蒙培森)(14 March 1621).
⑬ 即1393年《蔑视王权罪法令》.

案》的起草者爱德华·柯克爵士在其著作《英格兰法总论（一）》（Institutes）①中对此进行了解释：

> 蔑视王权罪案的判决结果一般是：被告自此失去国王庇护，他的土地、房屋、私产统统被国王没收，并且只要国王愿意，他还要一直待在监狱中。蔑视王权之行为如此可憎，以至于有犯此罪者，任何人将其诛杀也不视为触犯法律。

这一非比寻常的惩罚②旨在确保没人敢于冒险实施非法垄断。合法垄断的边界因此显得极其重要，这也正是为什么《垄断法案》中的保留条款如此之重要。

● **发明专利保留条款的起源**

本书关注的核心保留条款后来成为了《垄断法》第六条③，该条允许发明专利垄断存在④。威廉·黑克维尔（William Hakewill）在二读环节⑤提出了一个关于发明人身份的问题，即使用"个人实施"（或者"个人实施者"）此等表述⑥是否会对企业不利⑦，以及是否会对发明不利⑧。之后，其他人声称这项法案不应拓宽应用于新型制造业的垄断，而应只覆盖现有的贸易活动⑨。法案还在委员会审议阶段时，爱德华·柯克爵士向议会解释了《垄断法案》的立法基础。他直接将《垄断法案》与之前的《奖励书》关联起来，《奖励书》曾宣称垄断及其刑事豁免是违法的⑩。接着，他列出了《奖励书》之前的先例，在这些先例中，王室授予的特权因为涉嫌垄断被撤销⑪。他说，这表明垄断是非法的。但不管怎样，当法案离开委员会室后，增加了允许授予城市和企业特权的保留条款⑫，这些内容后来成为了《垄断法》的第九条⑬。然后，法案再次提交给委员会进行审议。

法案再次经委员会审议后进行报告时，出现了第一批针对特定类型发明的除外条款

---

① Sir Edward Coke, *The First Part of the Institutes of the Laws of England*（Flesher 1628），pp 129 – 130（s 199）.
② 蔑视王权罪的一整套惩罚方式，参见：William Blackstone, *Commentaries on the Laws of England*: Book: *Of Public Wrongs*（Ed Wilfred Priest）（Oxford 2016），Chapter 8, pp 116 – 118（Oxford pp 77 – 78）.
③ 尽管就当时的现存专利而言，《垄断法》第五条处理了相同事务.
④ 和其他保留条款一样，它可能并未在当初提出的议案文本里，参见：Chris R Kyle "But a New Button to an Old Coat: The Enactment of the Statute of Monopolies 21 James I cap 3"（1998）19 *J Legal History* 203. 他认为，这一条款系后来添加，原因是法案最初只有四个条款（见第 207 页），以下文献持相同观点：Stephen D White, *Sir Edward Coke and "The Grievances of the Commonwealth"*; 1621–1628（North Carolina Press 1979），p 129, n 192.
⑤ 1 CJ 553（14 March 1621）.
⑥ 这些表述出现在第一条中.
⑦ CD 1621, Vol 2, X's Journal, p 218（14 March 1621）.
⑧ CD 1621, Vol 2, X's Journal 中未提及，但参见：1 CJ 553（14 March 1621）.
⑨ CD 1621, Vol 2, X's Journal, p 219; Vol 4, Pym's Diary, p 153（14 March 1621）.
⑩ CD 1621, Vol 2, X's Journal, p 228（15 March 1621）.
⑪ CD 1621, Vol 2, X's Journal, pp 228 – 229（14 March 1621）（被撤销的垄断包括：所有甜酒运输途经南安普敦的特权；威廉·辛普森（William Simpson）的石锅特权；托马斯·威尔克斯爵士（Sir Thomas Wilkes）的制盐特权；约翰·帕金顿爵士（Sir John Packington）的淀粉特权；爱德华·达西爵士（Sir Edward Darcy）进出口软木塞的特权）.
⑫ 《垄断法案》第十一条内容（也是《垄断法》第九条内容）.
⑬ 参见第 6 章.

(savings)——这些内容使得本法案后来被称作混合法案。第一个保留条款旨在保护硝酸钠①、铝②和铁制武器③等专利的实施④。尚不清楚下议院保留这些专利的意愿到底有多强烈,还是仅仅为了方便国王取得武器。第二个保留条款特别排除了对诺丁汉伯爵(Earl of Nottingham)任何卖酒特权的限制⑤。由于没有相关的辩论记录,不清楚议会为什么保留了这项专利,可能是因为他年事已高(当时已是85岁高龄)⑥,也可能是因为他是英国舰队上将,曾打败西班牙的无敌舰队。

这一法案在审议后期又加入了一些不合时宜的保留条款⑦。其中一条允许国王利用迳为条款(non obstante clauses)⑧,该问题将在第5章详细讨论;另一条保留条款将法案有效期限制为一届议会会期。这些条款的加入可能与铁制武器保留条款有关,因为铁制武器专利权人曾向两名议员提供了这些保留条款⑨。但它们最终还是被剔除了。

亨利·普尔爵士(Sir Henry Poole)进一步推进了保留某些专利的举措,他提出了一项法案⑩来批准某些"好的"王室授权。在本质上,亨利·普尔爵士的法案意在批准王室为换取金钱或服务而颁布的任何专利,部分专利除外⑪。这项议案甚至连一读都没有通过,遭到了严厉批评。达德利·迪格思爵士甚至认为该法案是危险的⑫,并且他和威廉·史卓德爵士(Sir William Strode)⑬提到,应由想要保留其专利的个人提交自己的法案。很明显,除了极少数例外情形外,下议院打算终止所有专利,而成为极少数例外情形的难度堪比登天。但为确认和扩大硝酸钠和铁制武器专利的例外,法案新加了保留条款,此外还新加了一条涉及铝和铝矿专利的保留条款。虽然柯克并不认可保留条款本身的公正性,但他很务实,认识到加入这些保留条款对于推动法案通过三读不可或缺⑭。他像其他人一样,之所以愿意接受这些保留条款,是因为在他们看来专利并非靠保留条款来"确认有效"——它们只是被法案排

---

① 尚不清楚当时是否有专利权人。约翰·伊夫林(John Evelyn)持有一份制作硝酸钠的合同(Lyle,*Acts of the Privy Council of England*,*1619 – 1621*(HMSO 1939),Vo 37,pp 117 – 118),但当1624年下议院要求其出示这项专利时,人们才发现他根本就没有这项专利:1 CJ 702(10 May 1624).

② 在当时,铝矿为国王所有,而非专利权人所有.

③ 这项专利属于萨克维尔·克罗(Sackville Crowe),参见:(1621)18 Jac I,Pt 12,No 1(National Archive:C66/2227).

④ 参见:CD 1621,Vol 4,Pym's Diary,p 197;1 CJ 575(26 March 1621).

⑤ 1621年《垄断法案》第十二条;凯尔认为这是下议院添加的保留条款,参见:Chris R Kyle"But a New Button to an Old Coat:The Enactment of the Statute of Monopolies 21 James I cap 3"(1998)19 *J Legal History* 203 at 208;also see Stephen D White,*Sir Edward Coke and"The Grievances of the Commonwealth*";*1621 – 1628*(North Carolina Press 1979),p 132.

⑥ 这项特权并未终其一生。他逝于1624年12月14日,并未获得《垄断法》中的保留条款.

⑦ CD 1621,Vol 4,Pym's Diary,p 318(8 May 1621);这些保留条款附于法案之后(而非在条文上修正).

⑧ CD 1621,Vol 4,Pym's Diary,p 318(8 May 1621);以下文献认为,国王利用迳为条款的效果更是说不清楚:Barrington's Diary,Vol 3,p 198.

⑨ CD 1621,Vol 3,Barrington's Diary,p 198(8 May 1621).

⑩ Bill to Confirm Patent Grants 1621(1 CJ 590;25 April 1621).

⑪ 法案内容概要参见:Nicholas,Vol 1,p 314(法案文本没有留存下来,也不确定当初是否有法案文本).

⑫ Nicholas,Vol 1,p 314(25 April 1621).

⑬ CD 1621,Vol 3,Barrington's Diary,p 78(25 April 1621).

⑭ 1 CJ 619;Nicholas,Vol 2,p 62;CD 1621,Vol 3,Barrington's Diary,p 326(12 May 1621).

除在外,由普通法来调整而已①。

在《垄断法案》于三读阶段被否决前,上议院关于该法案早期的辩论基本上没有记录②。这一挫败促使上议院议员提出一部目的相同的新法案③。在接下来的几周里,上下两院艰难地调和着,但在最后,《垄断法案》在议会会期结束时失效了。相比之下,《威尔士黄油法案》议案在上议院修正后通过,但下议院并未同意上议院的修正方案,可能是因为下议院认为该法案无足轻重④,更期望《垄断法案》能够顺利通过。

《垄断法案》的挫败让下议院感到被上议院蔑视,因为他们认为垄断事务与上议院无关,是下议院的专属事务⑤。凯尔分析了上议院拒绝通过该法案的部分原因:法案太复杂,让上议院对遏制王室特权有切实顾虑;两院之间缺乏沟通⑥;法案起草过程仓促、文本糟糕⑦以及威胁到上议院议员获得王室特权的机会⑧。关于起草这一点很关键,因为上议院议员,尤其是法官认为,厘清下议院法案文本和法律要点是上议院的职责⑨。的确,即使在1624年法案文本完善之后,仍有人严重质疑法案的目的和意图。因此,如果1621年法案文本打磨得更好⑩,可能就会在1621年议会会期内通过了。尽管如此,1621年法案在下议院通过这一事实清楚表明,下议院认为虽然应将禁止垄断确立为一般规则,但这一规则不应延伸到发明,或者其他特定垄断领域。这已经展示了如何在立法中对个人作出例外规定,尽管这些例外规定本身具有极大的局限性。

1624 年

柯克在下一届议会会期的第一个工作日再次提出了《垄断法》议案⑪。接下来几天内,

---

① Stephen D White, *Sir Edward Coke and "The Grievances of the Commonwealth": 1621 – 1628* (North Carolina Press 1979), p 132.

② LJ 177(3 December 1621).

③ 参见:CD 1621, Vol 2, X's Journal, pp 508 – 509(10 December 1621).

④ CD 1621, Vol 5, Belayse Diary, p 190(31 May 1621).

⑤ Elizabeth Read Foster "The Procedure of the House of Commons against Patents and Monopolies, 1621 – 1624" in *Conflict in Stuart England: Essays in Honour of Wallace Notestein* (ed William Appleton Aiken and Basil Duke Henning)(Jonathan Cape 1960), p 57 at 77; Nicholas, Vol 2, p 302 – 303; CD 1621, Vol 2, X's Journal, p 508 – 9 和 521 – 2; CD 1621, Vol 6, Z's Diary, p 230 和 p 237.

⑥ 两院并没有举行联席会议.

⑦ 柯克自己亲口承认,参见:Stephen D White, *Sir Edward Coke and "The Grievances of the Commonwealth": 1621 – 1628* (North Carolina Press 1979), p 130.

⑧ Chris R Kyle "But a New Button to an Old Coat: The Enactment of the Statute of Monopolies 21 James I cap 3"(1998) 19 *J Legal History* 203 at 211 – 212.

⑨ Elizabeth Foster, *The House of Lords 1603 – 1649: Structure, Procedure and the Nature of its Business* (University of North Carolina Press 1983), pp 72 – 73; Chris R Kyle "But a New Button to an Old Coat: The Enactment of the Statute of Monopolies 21 James I cap 3"(1998) 19 *J Legal History* 203 at 212.

⑩ 这样上议院就可以修正法案文本以使其通过.

⑪ 1 CJ 671 and 715(23 February 1624).

法案走完了一读①和二读程序②。二读时,格兰维尔(Glanville)提醒下议院,它只是公告性法案③。审查该法案的委员会作了多处修正④,比如明确了哪个普通法院有权审理权利主张⑤,限制新的三倍损害赔偿条款⑥使其不可溯及既往,并将法案扩大适用到威尔士。此外,还有一项旨在将印刷排除在禁止垄断范围之外的豁免条款⑦。显然,委员会还审查了其他保留条款,但并没有将它们保留下来。法案被重新提交委员会审议、报告,然后是第三次宣读⑧。

在继续讨论该法案在上议院的审议情况之前,这里需要强调一点:人们对于法院能否撤销国王授予的专利这一点仍存有疑问。亨利·赫仑被授予在德文郡和康沃尔郡腌制、烘干和包装咸鱼的独占性权利已有 31 年之久⑨。这项专利在大法官法庭⑩上受到理由申辩令(scire facias)的挑战,并要求赫仑出庭。他没有出庭,法院缺席判决,撤销了该专利。但关于法院是否有权撤销专利存在不确定性⑪,这意味着必须要通过一部私法案来确认判决的有效性⑫。尚不清楚亨利·赫仑的案子是否影响到《垄断法》赋予普通法院裁决专利效力案件的权力⑬,但是授予普通法院裁决专利效力案件这项权力后,就再也不需要赫仑法案这类法案了(但事实上,在接下来的一个世纪里,一般由枢密院受理撤销专利案件)。

回到《垄断法》。《垄断法》从下议院提交上来后,上议院立刻进行了一读⑭。二读于 3 月 18 日进行,当时议案被提交给一个由 32 位贵族和 4 位资深律师组成的委员会审议⑮。该委员会成员囊括了大多数高级枢密院委员,彰显了上议院对议案的重视程度⑯。在两周后的报告阶段⑰,上议院提出了与下议院举行联席会议的建议。到这一阶段,议会已收到了许多特别许可请愿,但都被推迟到联席会议之后⑱。

---

① 1 CJ 672 and 716(24 February 1624).

② 1 CJ 674 and 719(26 February 1624).

③ Philip Baker(ed), *Proceedings in Parliament 1624:The House of Commons* (2015), British History Online ('CD 1624'),23 February 1624:Spring,f 33;Nicholas,f 25;另见 1 CJ 674.

④ CD 1624,9 March 1624:Pym's Diary,f 23(是对委员会共识的最佳概括).

⑤ 后来成为了《垄断法》第二条.

⑥ 后来成为了《垄断法》第四条.

⑦ 后来成为了《垄断法》第十条.

⑧ 1 CJ 680 and 731(9 March 1624)and 1 CJ 685 and 735(13 March 1624).

⑨ 参见:1623 年《赫仑鱼肉腌制专利无效法案》;专利文本见:CD 1621,Vol 7,359.

⑩ 并非是普通法院.

⑪ 1621 年议会曾审议过关于同样诉请的法案.

⑫ 1623 年《赫仑鱼肉腌制专利无效法案》;在大法官法庭有通过私法案推翻令状的做法,参见:Elizabeth Read Foster,*The House of Lords 1603 – 1609:Structure,Procedure,and the Nature of Its Business*(University of North Carolina Press 1983),p 105;但是通过私法案确认令状效力则很不寻常.

⑬ 《垄断法》第二条.

⑭ 3 LJ 261(13 March 1624).

⑮ 3 LJ 267(18 March 1624).

⑯ Chris R Kyle"But a New Button to an Old Coat:The Enactment of the Statute of Monopolies,21 James I cap 3"(1998) 19 *J Legal History* 203 at 213.

⑰ 3 LJ 287(3 April 1624).

⑱ Samuel Gardiner(ed), *Notes and Debates in the House of Lords:Officially Taken by Henry Elsing*,1624 – 1626(1879)24 Camden Society(New Series)50.

联席会议的结果于 1624 年 4 月 19 日通报给下议院①。上议院对议案的反对意见主要来自首席法官蒙塔古(Montagu)。第一个反对意见是关于在公告性法案中使用"除外条款"。柯克解释道,它们是保留条款,不是除外条款,而且它们并未受法案影响,和法案颁布前的情形一样。确实,当引入针对特定专利的保留条款并添加以下表述时,证实了柯克所言②:

但是,所述诸专利令状应维持原有效力,不受前述声明、规定、处罚和没收的约束,就如同从未存在过或制定过本法案一般。

蒙塔古提出的第二个反对意见是法案未能界定"垄断",但是柯克对于试图定义"垄断"的想法表达了关切③,认为垄断一般被理解为"独占使用一种权利主张,该权利主张本可以由许多人自由利用"④。第三个反对意见涉及法院在不知晓国王对待特定垄断态度的情况下作出裁决;柯克只回应道,此类案件可以等到知晓国王态度之后再做定夺⑤。

第四个反对意见涉及新发明。这里有必要将皮姆(Pym)对这一反对意见和答复的记录完整展现出来⑥:

反对意见:实施新发明特权的专利保留条款没有扩展适应于未来授予的专利,只适用于现存专利;保留条款的措辞过于狭猾,"不应造成如此不便"。一时一地不便,并不意味着在其他场合也是如此,而且一时一地不便反而可能会带来更大便利。

答复:妥协方案是将保留条款中的特权延长至覆盖未来十四年内授予的专利,并将表述概括为"一般意义上的不便"。

尽管皮姆没有提及,但上议院似乎也对改进发明表达了关切。不过,柯克没有让步,下议院日志记录了他的答复:"对旧发明的修修补补并非新发明,不过是在旧衣服上缝的新纽扣。"⑦最后一条反对意见涉及公司特许状和对王室特权的限制。柯克简单回应道:法案不适用于公司特许状,因此不能限制王室特权⑧。

在提出一般反对意见后,联席会议继续讨论个体例外情况⑨。托马斯·考文垂爵士(Sir Thomas Coventry)(总检察长)质问法案如何影响具体的专利授权,也就是法案的私人属性

---

① 1 CJ 770;最详尽的描述似乎是:CD 1624,19 April 1624;Pym,ff 71 – 73v.
② 参见《垄断法》第十三条(相似但略微不同的措辞出现在第九、十、十一和十四条中)。
③ 这个问题反复出现,参见阿奇博尔德·罗瑟(Archibald Rosser)提交给 1835 年特别委员会的声明中对"发明"一词含义的评论:Phillip Johnson,"Minutes of Evidence of the Select Committee on the Letters Patent for Inventions Act 1835"(2017)7 *Queen Mary Journal of Intellectual Property* 99 at 115.
④ CD 1624,19 April 1624;Pym,f 71v;在 1621 年他反对给"垄断"一词下定义,参见:Stephen D White,*Sir Edward Coke and" The Grievances of the Commonwealth"*:*1621 – 1628*(North Carolina Press 1979),pp 130 – 131.
⑤ CD 1624,19 April 1624;Pym f. 71v and Earle,ff 149 – 149v;1 IJ 770.
⑥ CD 1624,19 April 1624;Pym,ff 71v and 72.
⑦ 1 CJ 770(19 April 1624).
⑧ CD 1624,19 April 1624;Pym,f 72;Earle,ff 149 – 150v.
⑨ George Unwin,*The Gilds and Companies of London*(Methuen & Co 1908),p 317,该文献称这些例外"完全不具有正当性"。

部分。涉及硝酸钠、火药、武器和射击专利的保留条款①因为关系到王国的防御而得到应许②。另一条关于印刷的保留条款③被修正,去除了十一年的限制④。在上议院的坚持下,议案新增了一条保留条款,适用于从纽卡斯尔运煤⑤。阿伦德尔勋爵(Lord Arundel)表示,这一特权将确保河流得到疏浚,应当得到支持⑥。此外,还新增了一条保留条款⑦,用于保护麦克斯维尔(Maxwell)运输18,000件小牛皮革的王室特权,下议院同意新法案将不会动摇这一特权⑧。最后,下议院还同意了一条保护现有和将来的专利办公室的保留条款,但不包括管理酒馆的办公室——酒馆必须留在国王的权力范围内⑨。

随后下议院同意建立一个分委员会来审查其他专利:亨利·文爵士(Sir Henry Vane)的传票专利⑩,理查德·杨爵士(Sir Richard Young)由王室授予的专利⑪,曼赛尔(Mansell)的玻璃专利⑫和詹姆斯·钱伯斯(James Chambers)的治安官专利⑬。柯克代表委员会⑭于5月1日报告称,委员会认为应当保留前三项专利,但不应延长期限,因此上议院可以增加一条保留条款禁止延长专利保护期限⑮。多位研究者认为⑯,这三项专利所有者都从议案中获得了保留条款,但颁布的文本并未提及文和杨的专利,只提到了曼赛尔的专利⑰,尽管事实上曼赛尔的专利曾在1621年议会会议期间遭到质疑⑱。

但上议院似乎认为,之前涉及专利办公室的保留条款已涵盖了文和杨的专利。因此,这些专利既没有遭到谴责,也没有明确予以保留。尽管下议院建议专利持续时间不应超过现有持有人有生之年,但在此后的几个世纪里,这些专利仍维持不变。理查德·杨爵士和罗伯特·派伊(Robert Pye)在1618年被授予专利,他们在1625年放弃了专利⑲。然而,负责加盖国玺的专利办公室继续从专利收费中获得丰厚收入,直到1833年大法官法庭重组时专利

---

① 后来成为《垄断法》第十条.
② CD 1624,19 April 1624:Pym,f 72.
③ 后来成为《垄断法》第十条.
④ CD 1624,19 April 1624:Pym,f 72.
⑤ 后来成为《垄断法》第十二条.
⑥ CD 1624,19 April 1624:Pym,f 72.
⑦ 后来成为《垄断法》第十三条.
⑧ CD 1624,19 April 1624:Pym,f 72.
⑨ 后来成为《垄断法》第十条;CD 1624,19 April 1624,Pym,f 72.
⑩ Henry Vane(1614)PR 11 Jac I,Pt 14,No 9(National Archive:C66/1981).
⑪ (1618)PR 16 Jac I,Pt 12,No 8(National Archive C66/2176);这项授权在以下档案中提及:National Archive:State Papers Domestic(7 April 1618):SP 14/141 f. 120.
⑫ Mansell's Patent and Extension(1624 No 33A).
⑬ 1 CJ 771(19 April 1624).
⑭ 对文的专利的审议,参见:CD 1624,22 April 1624:Nicholas,f 168 和 Dyott,f 74.
⑮ 1 CJ 696;CD 1624,1 May 1624:Nicholas,f,188v;Holland,f 69v;Pym,f 86.
⑯ Stephen D White, *Sir Edward Coke and "The Grievances of the Commonwealth":1621 – 1628* (North Carolina Press 1979),p 135;Chris R Kyle"But a New Button to an Old Coat:The Enactment of the Statute of Monopolies,21 James I cap 3" (1998)19 *J Legal History* 203 at 214 – 215.
⑰ 参见《垄断法》第十三条.
⑱ Stephen D White, *Sir Edward Coke and "The Grievances of the Commonwealth":1621 – 1628* (North Carolina Press 1979),pp 125 – 126.
⑲ 参见:National Archive:SP/16/2 f 186;and *Calendar of State Papers*,Charles I,Vol 2,No 103,27 May 1625,p 29.

办公室演变成一个授薪角色①。专利办公室最终于 1874 年被取缔②。传票签发处专利持有人的权利同样延续到 19 世纪，于 1833 年时任专利持有人去世后被废除③。

上议院又增加了一条关于授予达德利勋爵（Lord Dudley）炼铁和海煤专利的保留条款④。最后，议员们一直关切的一个问题是，如果枢密院发出信函要求在法庭上中止诉讼，则枢密院官员面临可能被判处蔑视王权罪的风险。查理王子（后来的查理一世）甚至支持一个加入修正案⑤来保护枢密院官员，但坎特伯雷大主教等人反对这一修正案⑥。该法案被重新提交到委员会来审议这方面内容⑦，并为此进行了修正。另一修正之处是增加了一条针对亚伯拉罕·贝克（Abraham Baker）制盐专利的保留条款⑧。该法案进行了三读，下议院同意了包括新保留条款等修正内容⑨，然后法案获得了御准，开启了一个全新时代。

专利议会的角色

1621 届和 1624 届议会在专利法史中显然极为重要。它们在很大程度上阻止了随意授予专利和垄断的活动，尽管它们未能有效阻止垄断整个行业的活动⑩。然而，这些较早的专利应被视为更广泛的将政府规范职责外包政策的一部分，这项政策实际上一直持续到 17 世纪许久。《垄断法》在专利法演变过程中扮演的角色获得普遍认可，但是，正如所展示的那样，《垄断法》（以及三年前失败的《垄断法案》）已经认识到有些专利是特殊的，或者更准确地说，有些专利权人可以享有特殊待遇。因此，较早严肃考虑专利立法的这两届议会也认识到，在某些情况下应允许一般规则存在例外。这一先例成为专利私法案历史发展的基础——尽管这个先例从来不需要被援引作为裁判依据。

---

① Lord Chancellor's Offices Act 1833, ss 3 和 4.

② Great Seal（Offices）Act 1874, s 6；关于其历史的简要概括，参见：Sir Henry Maxwell - Lyte, *Historical Notes on the Use of the Great Seal of England*（HMSO 1926），p 270.

③ Court of Chancery（England）Act 1833, s 12.

④ 3 LJ 394（20 May 1624）；Samuel Gardiner（ed），*Notes on the Debates in the House of Lords: Officially taken by Henry Elsing*, 1624 – 1626（1879）24 Camden Society（New Series）（'LD 1624 – 1626'），p 98；它成为了《垄断法》第十四条．

⑤ Chris R Kyle "But a New Button to an Old Coat: The Enactment of the Statute of Monopolies, 21 James I cap 3"（1998）19 *J Legal History* 203 at 215；另见 Chris R Kyle "Prince Charles in the Parliaments of 1621 and 1624"（1998）41 *Historical Journal* 603 at 612.

⑥ LD 1624 – 6, p 98.

⑦ 凯尔似乎认为并未进行修正，参见：Chris R Kyle "But a New Button to an Old Coat: The Enactment of the Statute of Monopolies, 21 James I cap 3"（1998）19 *J Legal History* 203 at 215；尽管上议院议事日志中没有修正案的记录，但是由于《垄断法》存在一个相关条款（即第八条），很明显必然有修正案．

⑧ 3 LJ 397（21 May 1624）．

⑨ 1 CJ 711 and 794（25 May 1624）．

⑩ 参见本书第 78 – 80 页．

第4章　通过制定法保护发明

引言

通过议会私法案来保护一项发明的做法很少遵循某种范式,至少在英格兰是这样。这与其他类型私法案形成鲜明对比——其他类型私法案通常是由一两个单独的法案演变而来,然后形成某种常态。必须要说明的是,王室在17世纪很少会授予专利权[1]。利用私法案来保护发明,最初是由于内战期间王权缺位。然而,查理二世复位后,这一做法依然得以延续下来,发明人和公司视议会为保护发明权益的选项之一。进入18世纪,如果发明本身的可专利性存在不确定性,或者仅仅是因为用私法案保护专利的成本低于分别在英格兰和苏格兰取得专利,人们依然寻求私法案的保护(尽管多以失败告终)。在这方面,英格兰的情况比不上它的"北方表兄弟"苏格兰。在1707年英格兰与苏格兰联合之前,苏格兰议会采取了积极有力的政策,试图通过授予专有权和排除外国竞争,促进苏格兰工业的发展。不过,这一政策最终以失败告终。现在,故事转向英格兰。

议会取代王权

内战期间,由议会直接授予"专利"并不奇怪。国王对于很多臣民来说遥不可及或相敌对。因此,在此期间,国王无法(或不愿)将王权专利授予发明人。这导致大约从1642年到1660年恢复君主制之前,国王没有授予任何专利。因此,在内战初期,发明人想要保护发明,就不得不另寻他法。于是,他们转向议会。结果是,议会在内战期间颁布了两项保护特定发明的法令,也有两名发明人寻求但未能最终获得法令保护。这些法令仅由议会上下两院通过,未获得王室御准。当时的议会政府将这些法令等同于议会法案[2]。

第一项法令于1643年颁布给德里克斯(Delicques)和范考特(Fancault)[3],目的是保护他们用于牵引船只、货物和大炮的"机器"。该法令与王权专利并不类似,两者之间存在两个主要区别:首先,该法令有效期只有7年(而不是14年)[4];其次,它仅限于经海军部批准后使用[5]。由于与军事技术有关,因此在内战期间议会可能会有不同考虑,议员们可能希望

---

[1] 在此期间授予的专利数量远低于400件;伍德克夫特(Woodcroft)的索引显示,到1700年为止,一共授予了364项专利,参见:Bennet Woodcroft, *Titles of Patents of Invention: Chronologically Arranged from 1617 to 1852* (Eyre and Spottiswoode 1854). 但是,这忽略了1600—1616年间和空位期这两个时间段。

[2] 后来,在空位期内没有王室同意的一切事务都被认为不合法,参见:Sedition Act 1661, s 1.

[3] Delicques and Fancault's Ordinance 1643.

[4] Delicques and Fancault's Ordinance 1643, ss 1 and 3.

[5] Delicques and Fancault's Ordinance 1643, s 4.

将它的实施者限定为战争中"正义的"一方。相比之下,1648年的《佩蒂法令》(Petty's Ordinance)授予佩蒂为期14年的专有权,以保护其复写发明①。该法令要求副总检察长起草一份专利并加盖国玺②。这是议会代替国王行事的一个典型事例,而不是发明人(佩蒂)因为有些情况违反了"一般"专利法的规定而向议会寻求保护。换句话说,议会颁布这一法令时似乎是在遵从《垄断法》的规定行事。

由于只通过了两项与专利有关的法令,故而无法从中确立任何统一规则。事实上,另两项未通过的法令也无启示意义。1645年《军火法令》草案(Draft Ordnance Ordinance in 1645)通过了上议院,但未能通过下议院。从法令标题全称可以看出,该法令寻求获得一种专有权。然而,没有线索表明法令有效期为多久,以及是否也会加盖国玺(实际上也没有任何其他信息)③。最后,同样只通过上议院而没有通过下议院的《钱伯伦法令》草案(Chamberlen's Draft Ordinance)设定的有效期是14年,但也不清楚是否要加盖国玺④。或许这两个法令的意图和《佩蒂法令》相似,都是发明人向议会寻求特权,而这种特权本应由国王以专利权形式授予。

1649年1月30日查理一世被处决以及上议院被废除后⑤,残阙议会又通过了两项法案⑥。第一项法案授予乔治·曼比(George Manby)⑦,第二项法案授予杰里米·巴克(Jeremy Buck)⑧,它们直接赋予了14年的保护期⑨,似乎再次代替国王授予权利。奥利弗·克伦威尔成为护国公后,他便按之前君主的方式重新授予专利⑩,这意味着没必要再向议会请愿颁布私法案或法令。据记载,在查理二世复位之前,议会再没有授予任何专利。因此,除了一些众所周知的事情,比如残阙议会取代国王成为英格兰的执行政府以外,曼比法案和巴克法案几乎没有提供什么信息。

光荣革命,王政复辟:议会专利

1660年,查理二世回归王位,恢复了"王室授予专利"的传统。然而没过多久,议会便通

---

① Petty's Ordinance 1648, s 1.
② Petty's Ordinance 1648, s 2.
③ 当前留存的有关该法令的唯一材料是一份请愿书,其中仅包括一些请愿的内容细节:Petition for Ordinance (26 September 1645); Sixth Report of the Royal Commission on Historical Manuscript (1877) (C 1745), p 78 (HL/PO/JO/10/1/193).
④ 剩下的只有请愿书,参见:To the Honourable House of Commons Assembled in Parliament, the Humble Petition of Peter Chamberlen, Doctor in Physic (1649) (Wing C1908).
⑤ An Act for Abolishing the House of Peers 1649.
⑥ 现在被称为法案.
⑦ Manby's Patent Act 1650.
⑧ Buck's Patent Act 1651.
⑨ 巴克被授予的权利有效期可能为7年,法案文本见:Acts and Ordinances of the Interregnum 1642–1660 (HMSO 1911).该文献第509页称法案的有效期为14年,然而《下议院议事录》中对报告阶段的记载提及了法案名称,并提到了权利的持续时间为7年(6 CJ 543;27 February 1650),但没有其他可参考的资料.
⑩ Rhys Jenkins, "The Protection of Inventions during the Commonwealth and Protectorate"(1913) 11 S–VII *Notes and Queries* 163.该文献列举了1654年到1660年间12个向护国公申请专利的案例,但并不是所有申请都获得批准。由于王政复辟后每年只授予了一两项专利,这12例也可能是全部申请,但没有克伦威尔时代的专利资料。参见:Ralph B Pugh, "The Patent Rolls of the Interregnum (1950) 23 Historical Research 178".

过了两项私法案,并宣读了许多请愿书和议案。首先是阿伦德尔伯爵(Earl of Arundel)的儿子查尔斯·霍华德(Charles Howard)的议案。霍华德于 1660 年 10 月 27 日获得了鞣制皮革的王权专利①。几周内,上议院通过了新议案的一读,拟授予其与王权专利期限一样的 14 年专利保护期②。不清楚为何霍华德明明已经得到了王权专利,却仍要寻求私法案来保护同样内容。麦克劳德认为③,此举是为了避免与鞣制皮革相关的法律导致他的王权专利失效④,但更有可能是类似于约翰·科内特(John Colnett)于 1662 年和 1663 年间反复寻求私法案保护相同王权专利内容的情形⑤。科内特已于 1661 年 9 月 6 日⑥获得了王权专利,但和霍华德一样,科内特的专利在获得王室授权时缺乏新颖性⑦,后来也因此被撤销。通过提出一项私法案,首先可以确保即使这项发明此前已被披露,也依然可以认定其具备新颖性⑧。这两名请愿者都试图在专利无效或有效性存疑的情况下寻求私法案的保护。

• 1663 年《伍斯特侯爵法案》

这一时期最著名的私法案当属应伍斯特侯爵(Marquis of Worcester)这位多产发明人请求而通过的法案。作为知名保皇党人,他在保皇事业中损失了大部分财产,并于 1648 年随查理二世被驱逐出境⑨。几年后他回到英格兰,被囚禁在伦敦塔(至少最初被囚禁于此)⑩。查理二世复位后不久,他就获得了一项覆盖各种发明的专利⑪:一种速射手枪、一种可以将马匹从马车上快速卸下的装置、一种走时长久的表和一种船只驾驶方法⑫。但他最著名的发明应该是"取水机",该发明受 1663 年《伍斯特侯爵法案》(Marquis of Worcester's Act 1663)

---

① Patent No 130(1660).

② Leather Trade Bill 1660(Ingrossment:HL/PO/JO/10/1/300);该议案于 1661 年再次出现在下议院:8 CJ 262(1661 年 5 月 30 日).

③ Christine MacLeod, *Inventing the Industrial Revolution: The English Patent System 1660 – 1800*(Cambridge 1988),第 82 页.

④ 可能是根据 1603 年《皮革法案》制定的法律.

⑤ 科内特曾有三项法案在 1662—1663 年间被审议:Colnett's Bill 1662(HC)(8 CJ 373;1662 年 2 月 26 日);Colnett's Bill 1662(HL)(11 LJ 426;1662 年 4 月 10 日)(HL/PO/JO/10/1/314);Colnett's Bill 1663(11 LJ 493;1663 年 3 月 16 日)(HL/PO/JO/10/1/316));但这三项法案最远只走到二读程序.

⑥ 该专利并未收录在伍德克夫特的索引中,参见:John Colnett(1661) PR 13 Chas II, Pt 25, No 8(National Archive: C66/2980).

⑦ 该专利应凯内尔姆·迪哥比(Kenelm Digby)请求而被撤销,参见:Roy Digby, *The Gunpowder Plotter's Legacy*(Janus 2001),p 187;T Longueville, *The Life of Sir Kenelm Digby*(Longman 1896),pp 255 – 256. 据称该专利是假科内特之名获得的,参见:Betty Jo Dobbs, "Studies in the Natural Philosophy of Sir Kenelm Digby:Part II:Digby and Alchemy"(1973)20 Ambix 143 at 150.

⑧ Colnett's Patent Bill 1662(HL),cl 1;参见:*Seventh Report of Royal Commission on Historical Manuscripts*(HMSO 1879)(C 2340),p 164(HL/PO/JO/10/1/314).

⑨ 6 CJ 165(14 March 1649). 然而,他的儿子却在克伦威尔执政时期担任议员.

⑩ Henry Dicks, *The Life, Times and Scientific Labours of the Second Marquis of Worcester*(London:Bernard Quaritch 1865), Ch 13.

⑪ 在 1852 年《专利法修正法案》颁布后,发明的单一性问题才成为关注焦点,参见:Rules and Instructions to Be Observed in Applications Respecting Patents for Inventions, and by Persons Petitioning for Letters Patent for Inventions, and for Liberty to Enter Disclaimers and Alterations According to the Statutes 1852(1852 年 10 月),20 *Repertory of Patent Inventions* 263;它已被列为 1883 年《专利、外观设计与商标法案》第三十三条的要求;另参阅:Jones' Patent,Griffin's PC 265.

⑫ Patent No 131(1661).

保护,而不是受王权专利的保护。

这一法案真正非同寻常之处在于,它授予侯爵就其发明享有99年的保护期,前提是侯爵需将其1/10获利①上交给国王②。在侯爵本人推动下,议案通过了上议院,又在他儿子的推动下通过了下议院。该法案得以通过,背后缘由很独特。这项发明具备新颖性,并且显然符合专利授权条件,但议会通过该法案的目的似乎是要弥补侯爵以前所遭受的财产损失,严格意义上来说不是在奖励发明。整个法案只有保护期限这一条需要议会特别批准。事实上,侯爵出版他的名作《世纪发明》(A Century of Invention)时③,在"致谢"部分就法案通过向议会表达了谢意,认为这份奖励"何其沉重"④。然而,他似乎实际上并没有赚取多少钱。

● 17 世纪的其他授权

菲利普·霍华德爵士(Sir Philip Howard)和特雷弗·华生爵士(Sir Trevor Watson)1668年获得了一项专利⑤,但该专利在枢密院受到了伦敦染匠公司的质疑。对于在那场质疑中所发生的事情,似乎有两种不同说法:一种说法是霍华德和华生大获全胜⑥;而另一种说法是,根据佩皮斯(Peppys)的记录,发明者的专利被部分无效,且当时也无法通过修改专利来确保专利顺利获得授权⑦。霍华德和华生寻求通过私法案来保护他们的发明达25年之久⑧。如果佩皮斯的记录无误,那么这是一个通过私法案限定发明(修改)范围⑨并延长专利期限的实例⑩。这也是通过私法案弥补专利法缺陷(发明人当时无修改专利的权利)的经典事例。此等事例⑪直到19世纪初专利诉讼频繁在法院提起时才再次出现⑫。记录显示,议案没有遭遇质疑者,枢密院认为霍华德和华生的专利具备新颖性和有效性⑬。霍华德和华生之所以寻求私法案,可能是因为二人担心他们的专利权会遭到强烈质疑,进而向议会寻求额外支持。

---

① 这一保留条款是在上议院委员会审议阶段添加的,参见:House of Lords Committee Books(HL/PO/CO/1/1),28 March 1663,pp 314-315. 目前尚不清楚该做法的必要性,可能是由于授权时间过久所致.

② 国王然后又将这笔1/10的获利转交给侯爵,以代替国王曾许诺给他的土地,参见:*Memoranda[by Williamson, Taken from the Signet Books,]of Warrant and Grants Passed during the Month*:National Archive:SP 29/93 f 116.

③ Charles Partington, *A Century of Invention from the Original MS*(John Murray,1825).

④ Charles Partington, *A Century of Invention from the Original MS*(John Murray,1825),p lxxv.

⑤ Patent No 158(1668).

⑥ 这一说法见:Howard and Watson's Patent(1667)11 HPC App(内容复制自:Edward Wyndham Hulme, "Privy Council Law and Practice of Letters Patent for Inventions from the Restoration to 1794"(1917)33 LQR 63 at 68).枢密院登记簿上记载的内容正是这一说法版本,参见:National Archive PC 2/61,ff 138 and 160-161).

⑦ 在以下文献中提及:*The Diary of Samuel Pepys*, 23 April 1669.

⑧ 参见 National Archive:PC 2/61,f 138.

⑨ 他们必须提交说明书,参见第104~106页.

⑩ 实际上,该方法可能行不通,参见:JJ Wilkinson, "Historical Account of Wood Sheathing for Ships"(1842)36 *Mechanics Magazine* 403.

⑪ 托马斯·布伦顿(Thomas Brunton)在1823年发布了一项私法案公告(London Gazette,7 September 1822(Is:17850,p 1464)以修改其专利,该专利在以下案件中被认定为部分无效:*Brunton v Hawkes*(1821)1 HPC 803;4 B & Ald 541 (106 ER 1034).

⑫ 1835年《发明专利特许状法案》第一条让修改专利初步成为可能.

⑬ 参见:Privy Council Register:National Archive:PC2/61,ff 160-161. 枢密院责令当事各方书面描述各自的方法如何实施,但染匠公司拒绝了.

在接下来的10年里,塞缪尔·莫兰德爵士(Sir Samuel Moreland)寻求一项私法案①来保护抽水机发明,但没有成功。他又改变策略(原因未知),并在随后获得了保护这项发明的王权专利②。大约3年后,他返回议会,主要目的是请求议会保护他对发明所作的改进③。另一个只能点到为止的例子是凸面灯的发明者塞缪尔·哈钦森(Samuel Hutchinson)。他在1685年获准提出一项私法案④,但他从未真正提出法案。我们除了知道他想通过发明谋求利益外,没有任何其他记录表明他的意图⑤。或许他想延长专利保护期限,又或许是想保护附属权利。

17世纪下半叶,议会通过的私法案并没有遵循某种范式。尽管法案都提供了某种保护,但英格兰议会在是否授权、授权期限或所授权利方面没有统一准则,甚至可以说是没有任何准则。后文中将提到,这与苏格兰议会形成鲜明对比。苏格兰议会制定了成熟的政策,鼓励境内生产制造新产品。

具有专有权的公司的成立

第6章将会详细讨论到,授予公司专有权有着古老的传统,这些专有权涵盖了发明和其他事务。17世纪后半叶,这类公司数量减少了。这其中最值得关注的例子之一⑥是"白纸公司"(White Paper Company),该公司成立于1690年,当年⑦即被授予长达14年的白纸生产专有权,这一安排确认并延长了1686年詹姆斯二世授予的特许状的效力⑧。继1685年塞缪尔·哈钦森的请愿夭折后⑨,《凸面灯法案》(Convex Light Bill)也于1692年遭到否决⑩。但在1694年,凸面灯公司(Convex Light Company)获得了21年(实际上额外获得17年)凸面灯的专有权⑪,条件是他们每年要向伦敦孤儿基金支付600英镑⑫。最后一个授予公司专有权的私法案是1697年《丝织品法案》(Lustrings Act),该法案再次授予相关公司14年生产阿拉莫德绸的专有权⑬。在整个18世纪,随着"股票交易"变成贬义词⑭,议会逐渐不再愿意授

---

① Moreland's Pump Bill 1674(没有与该议案相关的任何记录).
② Patent No 175(1674).
③ 该议案文本丢失,这一说法来自反对者,参见:Anon[James Ward],*Reasons Offered against Passing Sir Samuel Moreland's Bill*(1677)(Wing R576).
④ Hutchinson's Lamp Petition 1685:9 CJ 726(3 June 1685).
⑤ 该专利实际上是出于经济原因授予爱德华·温都斯(Edward Wyndus)的(专利号:232(1684));参见:William Scott,*The Constitution and Finance of English,Scottish and Irish Joint Stock Companies*(Cambridge 1911),Vol 3,p 52.
⑥ 当时成立了一些硝酸钠公司,参见:William Scotts,*The Constitution and Finance of English,Scottish and Irish Joint-Stock Companies to 1720*(Cambridge 1911),Vol 2,pp 471-474. 这反过来又导致一项法案被提交给议会审议,内容涉及授权的有效性,参见:Making Saltpetre Bill 1691.
⑦ 1690年《白纸公司法案》(White Paper Company Act 1690)第三条(所涉专利于1675年授予尤斯塔斯·本拿比(Eustance Burneby):专利号178(1675))。在向议会请愿时,该专利应该已经失效.
⑧ 参见:State Papers Domestic(3 July 1686):National Archive:SP 44/337,ff 57-60(Warrant for a Charter).
⑨ Hutchinson's Lamp Petition1685:9 CJ 726(3 June 1685).
⑩ Convex Light Bill 1692(没有关于该议案的记录).
⑪ 授权成立公司的专利于1684年授予爱德华·温都斯(第232号).
⑫ 1694年伦敦《孤儿法案》(London,Orphans Act 1694)第五条和第二十八条.
⑬ 1697年《丝织品法案》第十四条.
⑭ 参见本书第84-88页.

予此类专有权,设立各类公司的私法案都是在非常勉强的情况下才通过。

当议会再次考虑批准成立公司的法案时,议会不愿意再授予行业垄断权。1810 年《油气灯和焦炭公司法案》(Gas Light and Coke Company Act 1810)就是很好的例证。法案不保护发明本身,而且还明确表示不授予公司专有权①。同上一个世纪相比,议会的态度发生了变化。议会认为,授予行业垄断权已然不妥。这一点在 1837 年得到了证实,当时一项申请成立"伯明翰平板玻璃和冕牌玻璃公司"(Birmingham Plate and Crown Glass Company)的议案遭议会否决,因为议会担心这将会造成对玻璃行业的垄断②。1838 年《伦敦生橡胶公司法案》(London Caoutchouc Company Act 1838)在 1837 年也面临类似的反对意见,虽然在下议院三读时遭到强烈质疑,但法案依然通过(不过最终法案并没有授予专有权)③。显然,在 18 世纪早期,授予公司专有权的做法完全无法被人们所接纳,这一做法在 18 世纪晚期和 19 世纪初期的自由贸易大潮中就更无立足之地了。然而,这并没有阻止发明人继续碰运气,在整个 18 世纪他们都在尝试寻求私法案的保护。

漫长的 18 世纪

1712 年,约翰·哈钦森(John Hutchinson)请求一项私法案来保护他的时间传运发明。他在请愿书中给出的理由是认为仅有专利还不够,因为在专利到期前他无法完善发明并获得回报④。"钟表公司"(The Clockmakers Company)反对约翰·哈钦森的议案⑤,理由是该公司的许多成员对发明做出了改进,但没有人去寻求议会法案的保护(接着指出了 1704 年《手表、发明和专利延期法案》(Watches, Inventions and Extension of Patent Bill,即 Facio and Debaufre's Bill)寻求延期失败的事实)⑥。哈钦森向议会提交了更多文件,在文件中哈钦森声称自己才是发明人,钟表公司不是⑦。钟表公司提交了另一份文件⑧,称他们的确是发明人,按常理授予 14 年专利权对他们来说是恰当的奖励。尽管哈钦森又补充提交了一份文件⑨,但他的议案从未通过委员会审议,就此夭折了。这似乎是最后一次有人尝试寻求私法

---

① 1810 年《油气灯和焦炭公司法案》第三十六条.

② 该议案的文本没有保存下来,但有可能这里是经济意义上的垄断,而非专有权;相关报告谈到了专有权,因此它可能与一项发明有关。参见:John Hodgson Hinde, *Mirror of Parliament*, 28 June 1837, Vol 3, p 2024(该主张是在对《伦敦生橡胶公司法案》进行辩论时提出的).

③ 三读在辩论中多次中止,参见:*Mirror of Parliament*, 7 June 1837, Vol 3, p 1733;*Mirror of Parliament*, 14 June 1837, Vol 3, pp 1852 – 1854;*Mirror of Parliament*, 22 June 1837, Vol 3, p 1936;*Mirror of Parliament*, 23 June 1837, Vol 3, pp 1949 – 1950;*Mirror of Parliament*, 28 June 1987, Vol 3, pp 2024 – 2025.

④ Petition of John Hutchinson:London Metropolitan Archive:CLS/L/CD/E/004/MS03952.

⑤ 见 14 CJ 462(18 December 1704).

⑥ 关于钟表公司反对该议案的理由,参见:London Metropolitan Archive:CLS/L/ CD/E/004/MS03952.

⑦ Reasons for the Bill:London Metropolitan Archive:CLS/L/CD/E/004/MS03952.

⑧ The Clockmakers Father Reasons against Mr Hutchinson's Bill:London Metropolitan Archive:CLS/L/ CD/E/004/MS03952.

⑨ Further Reasons for the Bill... in Answer to the Clockmakers:London Metropolitan Archive:CLS/L/ CD/E/004/MS03952.

案来保护一项本来就满足专利授权条件的发明①。

• 发明主题问题

似乎很少有专门针对特定发明主题的私法案或私法案议案,但正如第9章将会讨论的那样,这或许是因为对于无法用专利保护的发明主题来说,议会奖励是更直接的激励办法。第一个保护"非专利性"方法的私法案是约翰·拜隆(John Byrom)的私法案。他发明了一种速记法,想要将其出版,由于《垄断法》将印刷排除在允许的垄断之外②,他的速记法不受《垄断法》的保护,也不受1709年《版权法案》(Copyright Act 1709)(又称《安娜女王法案》)的保护,原因在于《版权法案》只保护制作副本的权利③。拜隆寻求法案保护的理由中包含这样一个事实:一位X先生已经打广告要教授拜隆的速记法,拜隆很快将因此失去一切④。议会授予他21年速记法的垄断权⑤,并规定,如有人在他发布与此速记法相关的任何解释之前教授此方法,将处以100英镑罚款⑥。拜隆以教速记法为生,他一生只将该方法印制了50本赠送给优秀学生⑦,而对他的速记法进行全面阐释的《通用速记法》直到他死后才出版⑧。可见,该法案的非比寻常之处在于,它使得个人得以通过教授技艺谋生,而非促进技术的传播。

• 失败的尝试

拜隆法案之后,在18世纪余下的时间里,还有人试图通过议会法案获得保护,但这些尝试大多止步于提交请愿书或提交委员会审议阶段。罗伯特·亨特·莫里斯(Robert Hunter Morris)向议会请愿,请求获得在北美英属殖民地制盐的专有权⑨。他自己没有任何发明,而是用现有方法在英属殖民地建立了海盐加工厂,他希望寻求垄断权来为建设加工厂提供资金。当时的规定是,谁把其他地方的发明带到英格兰(或美洲殖民地),谁就是发明人⑩,即便这项发明在其他地方已广为人知。因此,他的请愿倒也并非完全无望(尽管请愿没有进展)。下一年,约翰·宾德利(John Bindley)请求⑪议会授予保护一种绿色染料(铜绿)的专有权,这种染料以前只在法国生产⑫。委员会听取了证明他是英格兰唯一能做出优质铜绿者的证据及其他相关证据⑬。这项请愿被提交全院委员会审议,但自此再无下文。关于宾

---

① 此外,还有考克斯(Cox)的1757年"卸货机器请愿"(Unloading Machine Petition)(27 CJ 693;10 February 1757)。该请愿在专利获得批准之前就向议会提交,但专利获批准之后请愿才进入报告阶段。该请愿很可能是为了延长专利保护期限。
② Byrom's Shorthand Act 1741,recital(2).
③ Byrom's Shorthand Act 1741,recital(3).
④ House of Lords Committee Books(HL/PO/CO/1/12),19 May 1742,p 31.
⑤ Byrom's Shorthand Act 1741,s 1.
⑥ Byrom's Shorthand Act 1741,s 2.
⑦ James Lewis, *An Historical Account of the Rise and Progress of Short Hand*(London 1839),p 111.
⑧ John Byrom, *The Universal English Shorthand or the Way of Writing Invented by John Byrom*(Manchester:Joseph Harrop 1767).
⑨ 28 CJ 85(11 February 1758).
⑩ *Edgeberry v Stephens*(1691)1 HPC 117;1 WPC 35.
⑪ Petition of John Bindley:28 CJ 1000(19 December 1760).
⑫ 参见:Report on Petition:28 CJ 1039(23 January 1761).
⑬ 28 CJ 1039(23 January1761).

德利的请愿,目前不得而知的是为什么他不寻求一般意义上的专利权。没有迹象表明14年的专利保护期限不够用,有证据显示,在宾德利引进铜绿之前,全英格兰无人知晓如何生产铜绿①。这明显就是自我串谋——在考虑申请专利之前,宾德利就已经将发明引入英格兰了。

另一个失败尝试是卡斯波特·戈登(Cuthbert Gordon)博士传奇般的染色发明。如第9章将详述的那样,枢密院在获得某些证据后(遵从一项议会决议)授予其200英镑的奖励。在努力获得奖励后,他在1793年再次向议会请愿,寻求通过《为社区和请愿人考虑确认相关发现利益之法案》(Bill for Ascertaining and Establishing His Discoveries on a Proper Advantageous Footing for the Benefit of the Community and of the Petitioner)②。因为所有记录都已丢失,目前不清楚他在法案中的具体主张,但他的努力最终给他带来了回报③。

● 兰顿木材干燥发明

最后一个用私法案保护的发明是约翰·兰顿(John Langton)的发明。他发明了一种干燥木材的方法。他的私法案实质上是一种延长专利保护期限的方式,但他并没有直接申请延长专利保护期限,而是申请了一项帮助他从发明中获利的法案④。他之所以选择以这种方式来延长对专利的保护,最有可能的原因是⑤过早提出专利延期申请违反上议院的议事规则⑥。令人惊讶的是,上议院竟没有意识到他的法案在试图规避上议院的议事规则。或许我们可以从他在法案序言中提出请求的方式看出端倪。首先,法案序言提到,要证明他的木材保存方法优于其他方法,需要花费很长时间⑦,而且证明这项发明的有效性也需要大量资金⑧。换句话说,这项发明尚不能实施。其次,法案详述到:

所述发明涉及一种广泛使用的材料的制备,该材料将立刻以公平合理的价格提供给国王陛下所有的臣民,以便公众可以最大限度获益。

可见,兰顿是要假以法案,谋求实现延长专利保护的目的。

该法案为利用这项发明设计了一个复杂机制。21年内禁止任何人利用这项发明⑨,但若有人提前7天声明他们要利用这项发明,则可以在支付5%特许权使用费(即所售出木材

---

① 28 CJ 1039(23 January1761).
② 46 CJ 266(25 February 1793).
③ 参见本书第145页和第147-149页.
④ 兰顿和其他寻求议会法案来延长专利保护的请愿人的区别在于,兰顿并没有在法案中描述他的专利。因此,他并非直接依赖该法案.
⑤ Patent No 5,236(1825).
⑥ 参见本书第127-128页;特别是,他的专利在1825年8月11日获得批准,他必须要再等八年才能申请延长专利保护期限。因此,此时申请为时过早.
⑦ Langton's Profits(Wood Seasoning Invention) Act 1829, recital(2).
⑧ Langton's Profits(Wood Seasoning Invention) Act 1829, recital(3).
⑨ Langton's Profits(Wood Seasoning Invention) Act 1829, s 1.

总值中每20先令上交6便士)①后使用这项发明。这一做法类似于一般意义上的强制许可。任何人制造容器来实施兰顿的专利方法的,必须要将容器锁好,在兰顿检查时才能打开②。此外,还有账目记录要求③。法案之所以这么描述,是为了体现专利获准延期后可能实现的效果④。兰顿还必须确保在三年内用他的方法处理的木材能够用于建造500吨位级的舰船⑤。最后,由于兰顿未能处理这么多木材而导致法案失效。后来的一项私法案放宽了原法案的最后一项要求,很明显在当时这个目标无法实现⑥。至于是否应用了兰顿的方法(还是其他人的方法),显然分不清楚,因此第二个私法案将某些应用视为是实施了兰顿的发明⑦。

- **对新颖性的怀疑－自我串谋**

有人因担心发明的新颖性问题而在空位期后⑧寻求私法案⑨(这可能是宾德利的动机)⑩,但似乎只在一个实例中,法案明确包含一个确认发明新颖性的条款。即使在此实例中也有一个奇怪情况:专利权人查尔斯·佩恩(Charles Payne)在被授予专利之前就已向大法官法庭提交了说明书,因此这是一起自我串谋专利权的案例。1848年《木材保存公司延长法案》(Timber Preserving Company's Extension Act 1848)第二十条解决了这一问题,该条明确规定,请愿书对发明的公开不会对专利产生影响。这一实例最后一次展示了私法案对是否符合专利授权条件等实体问题的回应。本书要追溯较早时期清晰展示此类问题的示例,并先从改进发明说起。

对发明的改进

英格兰专利法的发展是循序渐进式的,难以跟上发明的现实脚步。然而,从马泰专利案(Matthey's Patent)⑪开始,专利法通过一系列案件表明,对发明的改进不被认为具有可专利性。马泰的专利是对刀柄的改进,刀具商公司表示改进发明会毁掉它们,马泰的改进发明专

---

① Langton's Profits(Wood Seasoning Invention) Act 1829, s 1.
② Langton's Profits(Wood Seasoning Invention) Act 1829, s 2.
③ Langton's Profits(Wood Seasoning Invention) Act 1829, s 3.
④ 至少根据向上议院审查该议案的委员会提交的陈述,情况确是如此,参见:House of Lords Committee Books:(HL/CO/PO/1/84),(HL/CO/PO/1/84),3 June 1829, p 443. 应该注意的是,以下文献提到,前面所述陈述提交的去向是根据第198号议事规则成立的委员会,而不是审查该议案的委员会:Minutes of Evidence Taken before Lords Committee to Whom Langton's Bill Was Referred(1829 HL Papers 82), Vol 162, p 223.
⑤ Langton's Profits(Wood Seasoning Invention) Act 1829, s 5.
⑥ Langton's Profit's Act 1831, s 1 and 2.
⑦ Langton's Profit's Act 1831, s 3.
⑧ 在本文中,"空位期"(Interregnum)一词用于指代内战爆发和查理二世复位之间的这段时期,提及这一时期的政体时将使用"共和国"(Commonwealth)一词.
⑨ 见本书第50－51页.
⑩ Bindley's Verdigrease Manufacture Petition 1760;28 CJ 1000(19 December 1760).
⑪ (1571)1 HPC 1n;Noy 178;1 WPC 6.

利遂被撤销。在比尔科特案(Bircot's Case)①中,财政署内室法庭认定,只是对铅矿冶炼技术的改进不受专利保护。该规则②直到1776年的莫里斯诉布伦森案(Morris v Branson)③才被曼斯菲尔德勋爵推翻,但"新"规则远未牢固确立。在博尔顿、瓦特诉布尔案(Boulton & Watt v Bull)④中,被告提出的第二个抗辩理由是瓦特的蒸汽机"不过是改进而已"⑤。最终,布勒(Buller)法官的判决明确了改进发明可以受专利保护。

关于对发明增添或改进后是否适于专利保护,这一点从未得到明确回应;而且财政署内室法庭在比尔科特案(柯克的《英格兰法总论(三)》第184页)中的裁决对此明确表示反对。我们不了解该案的具体事实,但在我看来,该案给出的理由比较怪诞,站不住脚。该案裁决认为,改进发明好比缝在旧衣服上的一颗新纽扣,而且在发明上增添内容比发明本身容易得多。如果纽扣是新的,我倒不觉得缝上这颗新纽扣的外套会有多旧。但事实上,相较一直以来的发展态势,当下的艺术和科学都陷入了低谷,而且人们对改进发明的作用和实用性知之甚少,因此我认为此案不应该排斥改进发明。此后,只要出现该问题,有反对意见直接提交到法院时,法院都倾向于支持授予改进发明以专利保护,当事方也同意。在莫里斯诉布伦森案中,曼斯菲尔德勋爵说:"此前,在事关本专利的一次庭审后,我收到了来自一位陪审员先生非常理智的信件,信里问及根据公共政策原则,是否可仅对一项发明的改进授予专利。我对此高度重视,并向所有法官通告了此事。如果被告也与公众对法律的普遍意见一样,认为改进发明不可以授予专利,那么被告可提出中止裁判的动议。但反对授予改进发明专利,意味着几乎所有被授予的专利将被废除。"从那时起,对改进发明授予专利成为了议会普遍接受的观点。但当时仅对改进的部分授予专利,而非原机器。

被告关于瓦特的发明是一项改进继而反对授予专利的主张,清楚地表明人们对改进发明的可专利性问题表达了关切,这种关切一直持续到18世纪后期。因此,这一时期难以确定对发明做出的改进(无论是基于自己的发明还是基于他人的发明)是否可以授予专利。当改进发明无法成为专利保护的客体时,人们就需要其他形式的保护。这意味着改进发明人可能会向议会寻求私法案,以确保他们的发明受到保护。

- **专利期限延长法案**

自1775年起的20年里⑥,为延长相关专利的保护期限,议会通过了一系列私法案。其

---

① (1572)1 HPC 71;3 Co Inst 184(Ex Ch,ET 15 Elizabeth).
② 曼斯菲尔德勋爵的手稿证实,被告曾援引比尔科特案的规则作为抗辩,参见:James Oldham, *English Common Law in the Age of Mansfield*(North Carolina Press 2004),p 201.
③ (1776)1 HPC 181;1 WPC 51.
④ (1795)1 HPC 369;2 Blackstone(H)463(126 ER 651).
⑤ (1795)1 HPC 369;2 Blackstone(H)463 at 488(126 ER 651 at 664).
⑥ 更早期尝试用私法案来保护改进发明的是1677年《塞缪尔·莫兰法案》(Samuel Morlands Bill 1677)。事实上,他似乎需要提供改进发明在某个时间节点(没有时间限制)的模型。由于对该法案的描述来自反对者,因此可能不准确,参见:Anon[James Ward?], *Reasons Offered against Passing Sir Samuel Morland's Bill*(1677)(Wing R576).

中一些私法案①要求发明人提交说明书②。伯勒尔和凯利③认为,这是用"新"说明书取代申请专利时提交的说明书,并将这一义务视为议会要求更好地披露发明的信号。换言之,他们认为,为了实现延长专利保护期限的目的,有必要适当地公开专利。然而,对这一要求可以从不同角度来认识。私法案实质上是对一项新的"改进"发明给予保护,而根据比尔科特案④,改进发明本是得不到保护的。此外,正如18世纪70年代所确立的规则那样,如果要申请一部私法案来保护一项新的发明,就需要提供一份新的说明书(公开)。换句话说,这些延长法案不仅仅是延长了现有专利的保护期限,更是授予了新的"议会"专利⑤,这份专利同时覆盖了原有发明及其改进⑥。议会等于是认可了要求提交一份说明书来描述所主张保护的发明/改进这一通行做法("改进说",即认为提交说明书是保护改进发明的要求)。

● 支持新发明的途径

在此期间,由于很少有私法案或请愿可供分析得出任何结论,因此,很难具体证实要求提交说明书是不是为了证明一项发明实质上是一项改进。再者,同时期的资料匮乏,更是雪上加霜。然而,有两个理由支持这一观点:第一,通常情况下,在申请改进发明专利时,私法案都会要求提交一份说明书,而且在通过此类法案的过程中,会要求证明额外的新颖性作为支撑;第二,专利类私法案一般并不要求提交说明书,尤其是在没有主张改进发明权利的情况下。

在这一时期,有4部私法案要求提交说明书,还有4部⑦没有要求。另有8人向议会请愿,请求通过法案来延长他们的专利(有人不止一次提出请愿),但皆以失败告终。在其中两个案例中⑧,一部法案的终校清样和另一部的一读文本得以保留下来。

● 提交说明书的要求

1776年《伊丽莎白·泰勒专利法案》在某种程度上支持"改进说"。该法案的序言写道:

> 他的遗孀伊丽莎白·泰勒和他们的儿子沃尔特·泰勒(Walter Taylor)付出了极大的心血和劳动,而且在改进发明方面花费巨大;沃尔特·泰勒对发明做出了相当大的改进。

---

① 在以下文献的第433页,两位作者错误地认为,《埃尔维克专利法案》(Elwick's Patent Act 1742)和《梅兹专利法案》(Meinzies' Patent Act 1750)中;Robert Burrell and Catherine Kelly,"Parliamentary Rewards and the Evolution of the Patent System" (2015) 74 *Cam LJ* 423. 然而,二人在著作中收录的摘要来自法案序言(而非实体条款),展示的是所要延长的专利特许状的事实陈述部分。换句话说,这是一项现有义务(也是过去的义务),而不是议会将要新加的义务.

② Porcelain Patent Act 1775, s 2; Elizabeth Taylor's Patent Act 1776, s 2; Liardet's Cement Patent Act 1776, s 6; Bancroft's Patent Act 1785, s 4.

③ Robert Burrell and Catherine Kelly, "Parliamentary Rewards and the Evolution of the Patent System" (2015) 74 *Cam LJ* 423 at 435.

④ (1572) 1 HPC 71; 3 Co Inst 184.

⑤ 只有钱皮恩(Champion)的1775年《瓷器专利法案》和1776年的《伊丽莎白·泰勒专利法案》(Elizabeth Taylor's Patent Act 1776)在1775年之后延长了基础专利的保护期限,其他所有人都通过私法案保护了发明本身。参见本书第121-122页.

⑥ 未考虑后来在下述案件中确立的规则:*Jessop's Case* (1795) 1 HPC 555;2 Blackstone(H) 476.

⑦ 需要注意的是,1792年的《布思专利法案》(Booth's Patent Act 1792)并不是为了延长专利期限,因此提交说明书的要求与此处无关,见第7章.

⑧ 1791年《詹姆斯·特纳染色发明专利法案》(James Turner Dye Invention Bill 1791)的终校清样得以保留下来(HL/PO/JO/10/2/65A),内容在很大程度上与他最终获得的法案一致.

法案规定,必须要以书面形式对改进详加说明;未对改进详加说明的,法案将无效①。然而,奇怪的是,尽管实际上并没有详细说明最新改进,专利期限还是被延长了。或许法案被解读为既包括原有发明又包括改进内容,但同样有可能的是,基础发明的保护期限被延长了,以换取公开无法用专利保护的改进部分。

要求提交说明书的经典案例是1776年的《利亚尔代特水泥专利法案》(Liardet's Cement Patent Act 1776)。这项私法案的核心专利(及其改进)是著名的利亚尔代特诉约翰逊案(Liardet v Johnson)②的焦点。虽然序言中没有请求保护改进,但该法案授予利亚尔代特"行使和售卖前述专利特许状所述的混合物或水泥的独家特权和利益……包括此后对发明的增添和改进"③。在拥有这一延长特权的同时,利亚尔代特有义务"详细描述和确定他的发明改进后的情况",并在四个月内提交一份说明书,否则法案将无效④。事实上,在关于利亚尔代特法案的辩论中,卡斯卡特伯爵(Earl of Cathcart)明确指出,利亚尔代特法案提出的权利主张至少部分是基于改进部分所具有的新颖性⑤。

这充分表明,提交说明书是为了确保被授予专有权的改进发明得到充分披露。

同样,爱德华·班克罗夫特(Edward Bancroft)在他的法案序言中声称,已对他主张并在1775年专利中详细说明的染色方法做出了"某些改进"⑥。根据他与议会达成的协议,他必须要在法案颁布后的四个月内披露这些改进,否则法案将无效⑦。相较于前面的案例,该法案授予"制造、行使、利用和售卖所述专利特许状中提及的发明,以及此后对发明进行的增添和改进的独家特权和利益。⑧"法案再次要求提交说明书,以充分披露本次延期所保护的改进。

四部法案中的最后一部——1775年《瓷器专利法案》与这里的描述有点格格不入。它的序言描述了威廉·库科沃斯(William Cookworthy)是如何遵从了专利的保留条款提交说明书,然后解释了理查德·钱皮恩(Richard Champion)(该人从库科沃斯手上购买了专利):

在获得所述专利的过程中经济花费巨大,投入了巨大的心血和劳动;由于基于新方法进行生产制造面临巨大困难,直到去年才做到尽善尽美,而且需要投入更多的心血、劳动和费用,方能使发明满足公共需求。

所以,专利授权后他还需要做额外工作。可以说,提交说明书⑨是为了换取对已授予专利进行"完善"成果部分的保护。然而,还有另外两种可能性:第一种可能性是伯勒尔和凯

---

① Elizabeth Taylor's Patent Act 1776, s 2.
② (1778) 1 HPC 195; 1 Carp PC 35; 1 WPC 52; (1780) 1 Y&C 527 (62 ER 1000);事实上,被告声称基础发明和改进发明的说明书他都没有侵犯,因为二者都缺乏新颖性,参见: An Appeal to the Public on the Right of Using Oil Cement (London: J Hand 1778), p 68–69.
③ Liardet's Cement Patent Act 1776, s 1.
④ Liardet's Cement Patent Act 1776, s 6.
⑤ Middlesex Journal and Evening Advertiser, 30 March to 2 April 1776; Morning Post and Daily Advertiser, 2 April 1776.
⑥ Patent No 1, 103 (1773).
⑦ Bancroft's Patent Act 1785, s 4.
⑧ Bancroft's Patent Act 1785, s 1.
⑨ Porcelain Patent Act 1775, s 2.

利的主张;第二种可能性是,提交说明书条款是源于约西亚·韦奇伍德(Josiah Wedgwood)(主要是在幕后)意图扼杀该法案①。在钱皮恩案中,提交说明书这一要求在某种意义上是为了阻挠议案通过而增加的破坏性内容。该法案要求在说明书中对"他的瓷器发明所需的混合原料和配比"做出详细说明,并要求对釉料做出类似说明②。从法案条款可以清楚地看出,与釉料相关的说明书已经存在(因为已提交给大法官)。但是瓷器本身所需混合原料的配比是个难题。硬质瓷由长石(如花岗岩)、高岭土和瓷石组成③,每种材料的混合比例取决于所选取的特定样本。因此,可能需要对特定区域的材质进行实验。实际上,库科沃斯最初失败的原因可能就在于未弄清楚正确的混合比例④。因此,要求钱皮恩提供混合原料配比的详情可能是为了阻止钱皮恩从法案获益。

• **未要求提交说明书的法案**

某些法案并未要求提交说明书,这对"改进说"起到了重要支撑作用。大卫·哈特利(David Hartley)⑤、邓唐纳德伯爵(Earl of Dundonald)⑥、詹姆斯·特纳⑦和亨利·康威(Henry Conway)等人的私法案⑧以及安·华拉姆(Ann Wharam)⑨、乔纳森·霍恩布洛尔(Jonathan Hornblower)⑩、约翰·肯德鲁(John Kendrew)和托马斯·博特豪斯(Thomas Porthouse)等人的私法案议案⑪,均寻求延长原有专利的保护期限,没有涉及任何改进,也没有被要求提交说明书。詹姆斯·瓦特的例子可以归入其中任意一类。瓦特法案的序言指出,直到1774年他的发明才得以实施⑫,但这句话本身并不能表明他对发明做出了任何改进。事实上,瓦特是通过谋求新的专利来保护改进⑬。然而,这并不是故事的结局,因为当瓦特在考虑是否向议会请愿时,他认为他要么放弃现有专利以获得新专利,要么向议会申请私法案。1775年初,瓦特接触了时任副总检察长的亚历山大·韦德伯恩(Alexander Wedderburn),被告知自己可以放弃旧专利并获得一项新专利⑭。他还被告知,通过私法案延长现有专利的成本要比获得一项新专利更低⑮。虽然韦德伯恩可能是在建议瓦特再次申请现有专利,但这似乎不太可行。韦德伯恩更有可能是在建议瓦特放弃旧专利,以便于就改进后的发明整体获得

---

① 关于诉讼和各种争辩的描述,见:Hugh Owen, *Two Centuries of Ceramic Art in Bristol* (Bell and Daldy 1873), Chapter 5.
② Porcelain Patent Act 1775, s 2.
③ Petuntse.
④ Hugh Owen, *Two Centuries of Ceramic Art in Bristol* (Bell and Daldy 1873), p 148.
⑤ Hartley's Patent (Fire Prevention) Act 1776.
⑥ Lord Dundonald's Patent (Tar, Pitch, etc.) Act 1785.
⑦ Turner's Patent Act 1792.
⑧ Conway's Patent Kiln Act 1795.
⑨ Wharam's Patent Stirrup Bill 1782 (Ingrossment; HL/PO/JO/10/2/57).
⑩ Hornblower's Patent Bill 1792 (Birmingham Library; MS 3147/2/36/1).
⑪ Kendrew and Porthouse's Bill 1794 (Ingrossment; HL/PO/JO/10/2/67).
⑫ James Watt's Fire Engine Patent Act 1775, recital (2).
⑬ 参见:Patent No 1,306 (1781); No 1,321 (1782); No 1,432 (1784); No 1,485 (1785).
⑭ 见1775年1月17日詹姆斯·瓦特写给马修·博尔顿(Matthew Boulton)的信(Birmingham Library; MS 3782/12/76/6).
⑮ 获得专利的花费是130英镑,议会通过私法案的花费是110英镑,见1775年1月31日詹姆斯·瓦特写给马修·博尔顿的信(Birmingham Library; MS 3782/12/78/6).

新专利。换句话说,与其他案例一样,该法案的目的可能是为了保护对发明的改进。无论如何,与其他私法案相比,瓦特法案的序言包括了对他发明的完整描述。

对整个大不列颠的授权

专利法案还提供了一套延伸专利权人保护地理范围的机制[1]。詹姆斯·瓦特原本拥有一项英格兰专利[2],当他获得私法案后,他的发明不仅在英格兰受保护,在苏格兰[3]及英属殖民地也受保护[4]。虽然私法案可能花费巨大,但通常比在英格兰和苏格兰分别申请专利更划算(而且划算很多)[5]。同样,约翰·利亚尔代特和大卫·哈特利在英格兰的专利[6]被延长保护期限并延伸进而同时覆盖苏格兰和英格兰[7]。在每个案例中,权利人都宣称如果没有法案将专利(以及保护)延伸到苏格兰,就无法收回产生的花费[8]。事实上,只要瓦特成功地拓展了其发明受保护的时间和地域,其他人就会跟风提出同样的请求。

但令人惊奇的是,并非每个请愿人都寻求在大不列颠全境保护其发明。一方面,这可能是因为法案只能延伸现存专利的保护疆域[9],另一方面,可能是因为已经就基础发明在苏格兰提出了专利申请,这样一来,延伸法案只能算是在争取本来就存在的保护[10]。在18世纪末,枢密院接管延长专利期限事宜时,越来越多的人反对私法案,这也许可以解释为何詹姆斯·特纳1791年的法案[11]和接下来1792年的类似法案[12]都没有成功将专利延伸到英格兰以外的地方。同样,近40年后,詹姆斯·霍林瑞克(James Hollingrake)也仅延长了专利保护期限,并没有做到延伸专利保护的地域[13]。真正令人感到意外的是,爱德华·班克罗夫

---

[1] 罗伯特·伯勒尔和凯瑟琳·凯利在以下文献中注意到了保护地理范围的延伸:"Parliamentary Rewards and the Evolution of the Patent System"(2015)74 *Cam LJ* 423 at 435. 但是,他们接着描述了一个在英帝国历史上绝无仅有的"帝国专利"。虽然在1852年之前,需要分别在英格兰、苏格兰和爱尔兰申请专利,但英格兰专利经登记后效力可以延伸到殖民地——詹姆斯·瓦特和约翰·利亚尔代特就是这么操作的。此外,还可以将专利延伸到皇家属地(海峡群岛和马恩岛)——此等保护地域的延伸非任何私法案所能及。事实上,政策的改变是1852年请愿反对的事情之一,参见:Sugar Refiners of Greenock(23 June 1852);Forty – Fifth Report of the Public Petitions Committee 1852,p 620(No 5,611). 糖的问题导致人们问及新法案延伸到殖民地的问题,参见:*The Times*,20 May 1854;另参见:Moureen Coulter,*Property in Ideas*:*The Patent Question in Mid – Victorian Britain*(Thomas Jefferson University Press 1991),pp 65 – 67.

[2] No 913(1769).

[3] 这发生在爱尔兰和大不列颠联合之前,所以法案只能延伸到英格兰和苏格兰(以及殖民地)。

[4] James Watt's Fire Engines Patent Act 1775,s 1.

[5] 因此瓦特说私法案更划算,见本书第61—62页.

[6] Liardet:Patent No 1,040(1773);Hartley:Patent No 1,037(1773).

[7] Liardet's Cement Patent Act 1776,s 1;Hartley's Patent(Fire Prevention)Act 1776,s 1.

[8] James Watt's Fire Engines Patent Act 1775,recital(5);Liardet's Cement Patent Act 1776,recital(2);Hartley's Patent(Fire Prevention)Act 1776,recital(5).

[9] Elizabeth Taylor's Patent Act 1776.

[10] Lord Dundonald's Patent(Tar,Pitch,etc.)Act 1785;Conway's Patent Kiln Act 1795;Cartwright's Woolcombing Machinery Act 1801(与其他将专利延伸到苏格兰的做法相比,他们在苏格兰本就有对应的专利);Fourdriniers' Paper Making Machine Act 1807(现存专利已经延伸到英格兰和爱尔兰).

[11] James Turner Dye Invention Bill 1791(Ingrossment:HL/PO/JO/10/2/65A).

[12] Turner's Patent Act 1792.

[13] Hollingrake Letters Patent Act 1830.

特未能将专利保护延伸到苏格兰。他在形势一片大好的时候寻求并获得了一项专利私法案①,当时其他人正在寻求延伸专利保护时间和地域。他之所以不愿去延伸保护地域,极有可能只是出于谨慎。显然,在没有任何基础专利的情况下,延长保护地理范围的私法案可授予保护(议会授权也是如此),当时请愿人真正感兴趣的应当是延长保护期限。因此,获得保护地理范围的延伸(如果保护期限得不到延长的话,地理范围的延伸通常只有几年价值)可能只不过是一种奖励。专利保护从英格兰延伸到苏格兰,下面将讨论苏格兰的议会授权。

苏格兰议会

在17世纪,英格兰议会只是偶尔给予发明者一些保护。相比之下,苏格兰议会要活跃得多。正如第2章所述,17世纪时,苏格兰议会的程序和职能并不始终如一。当提及1640年以前的法案时,苏格兰议会通常都是在批准通过立法委员会的决定。然而,在詹姆斯六世②统治苏格兰期间,议会通过立法授予了各种垄断权。最早的例子似乎是1581年批准给罗伯特·迪克逊(Robert Dickson)的制作佛兰德或法式风格丝绸的特权,长达30年③。几年后,玛格丽特·巴尔福(Margaret Balfour)因以"不同于以往任何方式"制盐而获得7年特权④。1598年,加文·史密斯(Gavin Smith)和詹姆斯·艾奇逊(James Acheson)获得了人工泵式发动机为期21年的特权⑤。这是一系列零散授权的例子,几十年后才形成了系统性的政策。

• 苏格兰的保护主义

在詹姆斯一世(苏格兰称詹姆斯六世)时期,英格兰和苏格兰王室合并,当时制造业仍然主要由手工业行会管理⑥。由于资金匮乏,苏格兰工业落后⑦,所以詹姆斯一世关于苏格兰和英格兰联合的建议并不会给英格兰带来任何利益⑧。然而,在最后50年里,旧苏格兰议会坚定地实施了一项政策,以促进当地工业的发展。自此,苏格兰变得愈发具有保护主义倾向。这项政策真正开始于所谓的誓约派(Covenanters)议会期间。鉴于英格兰面临的各种问题,查理一世被迫同意誓约派提出的广泛的宪政改革要求⑨,并同意各种工业法案,其中包括1641年《排除垄断法案》(Act Discharging Monopolies 1641)⑩。该法案的覆盖范围比英格兰同类法案要窄得多,它宣布若干特定专利无效⑪,并规定,所有发明专利,无论何时授

---

① Bancroft's Patent Act 1785.
② 即后来英格兰的詹姆斯一世.
③ Ratification of the Privilege of Silk - making to Robert Dickson 1581[RPS:1581/10/83];同年,通过了一项法案,鼓励佛兰德的织布工到苏格兰。然而,此举授予的是保护,而非专有权.
④ Act in Favour of Lady Burleigh,Touching the Privilege of Refined Salt[RPS:1598/10/7].
⑤ Act Regarding the Sole Making of Pumps[Smith and Acheson's Act]1598[RPS:1598/10/7].
⑥ Theodora Keith,*Commercial Relations of England and Scotland 1603 - 1707*(Cambridge 1910),pp xviii - xix.
⑦ Theodora Keith,*Commercial Relations of England and Scotland 1603 - 1707*(Cambridge 1910),p xix.
⑧ Theodora Keith,*Commercial Relations of England and Scotland 1603 - 1707*(Cambridge 1910),p 11.
⑨ 参见:David Stevenson *The Government of Scotland under the Covenanters*(Scottish History Society 1982),p xxvii.
⑩ [WPC 33][RPS:1641/8/192].
⑪ Sir Samuel Leslie 和 Thomas Dalmahoy(烟草);James Erskine,Ear of Mar(皮革);James Bannatyne(采珍珠);Robert Buchan(采珍珠);以及 Henry Mauld(军械).

权,只要对公众不利,都是无效的。这样一来,任何专利(无论是否是发明专利)只要不损害公众利益,都可以获得授权。这意味着,至少在理论上,苏格兰与英格兰不同:除了国王被迫退位期间,其他时候不需要求助于议会来获得任何特殊豁免①。

• 1641 年《工厂(授权)法案》

1641 年《工厂(授权)法案》(The Act[Commission] for Manufactories 1641)②是苏格兰保护主义政策的一部分,据说法案的目的是"捕鱼业比肩荷兰人,纺织业媲美英格兰人"③。该法案特别明确鼓励生产优质织物,但当时苏格兰的羊毛质量达不到生产细毛织品的要求,所以羊毛必须像其他原材料那样从西班牙进口④。于是,1641 年法案鼓励外国制造商到苏格兰设厂,让他们享有与苏格兰人同等的权利和豁免,并免除进口关税和税收⑤。该法案还授权枢密院(当时被称为"议院秘密委员会")酌情授予更多权利和豁免。

随着时间推移,其他行业也纷纷向苏格兰议会寻求类似特权⑥。既然议会愿意授予免除关税和税收特权,那么愿意授予个人专有权也就不足为奇了。当誓约派以及后来的社会阶层委员会⑦成为苏格兰政府的行政机构时,枢密院实质上停止了运作⑧。这意味着,和英格兰一样,苏格兰没有明确的专利授权机制。考虑到苏格兰当时有明确的政策鼓励外国人将技术带到苏格兰,这样会产生一个职权空缺要填补,议会自己则当仁不让。

1646 年,苏格兰议会授予⑨罗伯特·布鲁斯爵士(Sir Robert Bruce)就矿井排水发明享有 19 年的专有权⑩。两年后,詹姆斯·威姆斯(James Wemyss)上校因军械方面的发明被授予 19 年的保护。与布鲁斯相比,詹姆斯·威姆斯获得的授权涉及一系列零散的特定技术:轻型军械(也称为皮革军械),从子弹到半加农炮的射击器械,以及各种其他武器装备,如炮弹、爆炸装置和皮革制品⑪。与英格兰共和国之间的战争,基本上终结了苏格兰的工业政策⑫。最终,由于苏格兰在伍斯特战役中败北,以及苏格兰和英格兰在共和议会下的联合,苏格兰的政策被迫中断⑬。空位期对苏格兰人来说没有益处,正如西奥多拉·凯斯

---

① 因为议会几乎不可能批准议会认为对公众不利的法案.
② Commission for Manufactories 1641[RPS:1641/8/194].
③ 见:William Scott,"Fiscal Policy of Scotland"(1904) Scottish Historical Review 173 at 174,基于以下文献:John Keymor's Made upon the Dutch Fishing about the Year 1601(Sir Edward Ford 1664)(Wing K390).
④ Cecil Carr, Select Charters of Trading Companies 1530 – 1707(Selden Society,1913),Vol 3,p 125.
⑤ 在战争期间,外国制造商的雇员也免于服兵役,参见:Act in Favour of Manufactories,Masters,Workers Therein,Servants and Apprentices 1645[RPS:1645/1/163].
⑥ 由肥皂工人提出,见:Act anent the Soap – works 1649[RPS:1649/1/310];还有一项私法案将秘密委员会授予金匠的豁免从丈夫扩大到妻子,参见:Act in Favour of the Silver and Gold Lace Weavers 1647[RPS:1646/11/479].
⑦ 参见:David Stevenson, The Government of Scotland Under the Covenanters(Scottish History Society 1982),pp 1 – 3.
⑧ 枢密院的一项法案为什么要由议会政治阶层批准,参见:Act in Favour of the Silver and Gold Lace Weavers 1647[RPS:1646/11/479].
⑨ Act[Sir Robert Bruce],laird of Clackmannan[RPS:1646/11/547].
⑩ 它可能是一种手动泵,由两人操作(而不像当时其他产品那样需要多人操作).
⑪ Act in Favour of Colonel James Wemyss 1648[RPS:1648/3/48] – 法案也禁止传播该技术,见本书第 108 – 109 页.
⑫ 参见:John Grainger, Cromwell against the Scots:The Last Anglo – Scottish War 1650 – 52(Tuckwell Press 1997).
⑬ 关于苏格兰人在议会中的代表情况,见:Paul Pinckney,"The Scottish Representation in the Cromwellian Parliament of 1656"(1967)46 Scottish Historical Review 95.

(Theodora Keith)描述的那样①:

> 极度贫穷,无法建立制造业。国内外贸易早已凋敝,几乎没有复苏迹象,国家破产导致整个(英格兰和威尔士)政府破产。

因此,虽然共和议会通过的私法案效力延伸到了苏格兰(克伦威尔授予的专利也一样),但护国公并没有延续苏格兰的任何政策,而是在苏格兰强行推行英格兰的政策。这给苏格兰经济带来了毁灭性打击,所有工业陷入一片混乱②。王政复辟后,英格兰和苏格兰皆不想保留联合议会。此外,詹姆斯六世和查理一世引入的许多新工业已经消亡,传统工业也"严重衰退"③。因此,复兴的苏格兰议会立即恢复了保护主义政策,并鼓励制造商迁往苏格兰。

● **1661年《设立工厂法案》**

王政复辟后的第一届议会通过了1661年《设立工厂法案》(Act for Erecting Manufactories 1661)④,延续了议会以往的政策,允许引进布料、肥皂或"任何其他种类工厂"相关技术的外国人入籍。1641年法案偏爱织物的政策已延伸到各类制造业。根据1661年法案,制造商进口原材料无需支付任何关税,并获得19年的成品免税出口权。他们还免于缴纳所有税收,雇员也享有特殊权利。这些特权只是开始。

这些特权使得有志于引入新工厂者面临着双重保护:他们既可以为自己的产业寻求类似的豁免和特权⑤,也可以同时寻求专有权。然而,这些措施并没有达到他们预期的目标,原因在于旧有的进口商能够以更低价格出售货物,而新兴工业无法与这些进口商相匹敌⑥。因此,在向议会提出请求时,人们很少只寻求免税。事实上,只寻求免税这种情况唯一的可能情形是申请者已经获得了专利⑦。1661年,苏格兰议会授予爱德华·伦(Edward Lun)设立工厂的特权以及为期19年生产针的专有权⑧。比这些授权更出人意料的是卢多维科·莱斯利(Ludovic Leslie)和詹姆斯·斯科特(James Scott)所获得的19年的特别权利,涉及如下内容:

---

① Theodora Keith, "Economic Condition of Scotland under the Commonwealth and the Protectorate" (1908) 5 *Scottish Historical Review* 273 at 284.

② Theodora Keith, *Commercial Relations of England and Scotland 1603 – 1707* (Cambridge 1910), pp 31 and 55.

③ Theodora Keith, *Commercial Relations of England and Scotland 1603 – 1707* (Cambridge 1910), p 72.

④ RPS:1661/1/344.

⑤ 这方面唯一的实例似乎是1663年《丝织工人、印刷商等法案》(Act in Favour of Silk Weavers, Printers etc 1663) [RPS:1663/6/42];但一些行业得到的只是原材料免税的特权,再无其他权利,参见:Act in Favour of Printers and Stationers 1669 [RPS:1669/10/132]。

⑥ William Scott, *The Constitution and Finance of English, Scottish and Irish Joint – Stock Companies to 1720* (Cambridge 1911), Vol 3, p 127.

⑦ Act Concerning the Making of Cards 1663 [RPS:1663/6/83] (John Aikman, James Riddell, James Currie and James Auchterlony).

⑧ Act for Major Lun anent the Making of Needles 1661 [RPS:1661/1/367].

硝酸钠、制盐、钾碱、不用树皮鞣制皮革、沥青、焦油、白口铸铁、铁丝、用煤炼铁、橄榄皂、从坑中取水和重物、改良土质、制造犁和盐田，以及制造任何装饰或实用的水晶制品和装饰品①。

议会给予莱斯利和斯科特3年时间用这些物质尝试搞发明创造，不成功的话他人就可以再次自由利用这些物质。也就是说，他们被授予为期3年进行试验的权利，并对所发现的一切享有专有权——这在保护发明的历史上是非常罕见的。同年，詹姆斯·威姆斯因他的取水发明获得了另一项授权②，而苏格兰议会并不确定这项发明是否与莱斯利和斯科特的发明相同，因此议会要求进行比较：如果二者相同，则此次授权无效③。

除专利外，苏格兰议会还乐于将更广泛的专有权授予发明人。接下来的20年里，传统的王权专利制度以及枢密院颁布的禁止竞争对手进口产品的法案④因鼓励工业发展而深入人心。有证据显示，在这段时间里只有詹姆斯·洛克哈特（James Lockhart）就明矾⑤寻求专有权未获批准。然而，独立存在的苏格兰在最后20年里产生了极端保护主义倾向，这源于在1681年《鼓励贸易和工厂法案》（Act of Manufactories of 1681）颁布之后，苏格兰颁布了大量保护个人发明者的法案。

• 1681年《鼓励贸易和工厂法案》

17世纪最后的25年，苏格兰工业发展几乎停滞⑥。为此，1681年苏格兰议会出台了一部影响广泛的法律，以保护苏格兰的布料、羊毛和亚麻产业几乎不受外国竞争的影响，同时免除这些产业的赋税。这意味着，进口金线、银线或丝绸制成品必须要经过批准（否则将予以销毁），从而增加苏格兰羊毛的消费量⑦。此外，工厂需要使用的任何材料都可以永久免关税进口⑧，所有出口的布料、羊毛和亚麻可以免税出口19年⑨。工厂所有者继续享受保护，避免员工流动或应召服兵役⑩。换言之，受保护的工厂可在没有关税和外国竞争的情况下进行贸易活动⑪。

---

① Act in Favour of Colonels Ludovic Leslie Leslie and James Scott 1661［RPS：1661/1/92］.
② 他的皮革军械授权令获得更新，原件在海上丢失了，参见：Act in Favour of Colonel James Wemyss 1661［RPS：1661/1/91］.
③ Act in Favour of James Wemyss, General of Artillery, and Colonels Leslie and Scott 1661［RPS：1661/1/200］.
④ William Scott, *The Constitution and Finance of English, Scottish and Irish Joint - Stock Companies to 1720* (Cambridge 1911), Vol 3, p 127.
⑤ Petition of James Lockhart for Making Alum［RPS：A1672/6/37］.
⑥ Theodora Keith, *Commercial Relations of England and Scotland 1603 - 1707* (Cambridge 1910), p 78.
⑦ Act for Encouraging Trade and Manufactories 1681［RPS：1681/7/36］, ss 1 to 3.
⑧ Act for Encouraging Trade and Manufactories 1681, s 6 以及那些用于建造工厂的材料：s 8.
⑨ Act for Encouraging Trade and Manufactories 1681, s 7.
⑩ Act for Encouraging Trade and Manufactories 1681, ss 9 and 10.
⑪ 须知在实践中，保护主义并不总是绝对的，参见：Theodora Keith, *Commercial Relations of England and Scotland 1603 - 1707* (Cambridge 1910), pp 75 and 80.

在接下来的数年中,人们纷纷为自己的工厂寻求保护,不论是否与纺织物等有关①。1681年,弗里德里克·汉密尔顿(Frederick Hamilton)和约翰·科尔斯(John Coarse)在格拉斯哥②的制糖作坊和格陵兰的渔场获得了此类权利③。1686年,约翰·米克尔(John Meikle)的铸铁厂也获得了类似保护④。随着经济持续衰退,获得保护的工业⑤和个人在数量上持续缩减。这些工厂真正繁荣的时期是17世纪90年代中期,当时胡格诺派教徒难民从英格兰涌入苏格兰,带来了大量新的熟练工人⑥。保护主义政策意味着苏格兰意图建立单方国际市场的尝试注定失败,在巴拿马地峡建立殖民地⑦这一臭名昭著的计划(即所谓的"达里恩计划")也以失败告终。该计划试图在民族主义和保护主义时代背景下促进苏格兰贸易和国民经济发展⑧。正如一个世纪前斯科特所说:"达里恩计划

是1681年法案的必然产物,因为苏格兰一旦禁止他国产品,就必然要面对这些国家的报复。因此,就在苏格兰即将实现政治家们的梦想时——即对外国竞争性产品颁布一系列禁令,在保护下建立多样化的制造业时——人们开始意识到,这一成就是以牺牲大多数外国市场为代价的……由于苏格兰禁止外国产品入境,所有发达国家的市场也都拒绝苏格兰的制成品。所以,苏格兰要么放弃保护主义政策,要么寻找新的市场⑨。"

除了那些以工厂名义寻求免税者外,更有甚者,还有一些制造商希望获得生产特定商品的专有权。1690年,詹姆斯·戈登(James Gordon)尝试获得在其有生之年和死后若干年成为苏格兰唯一火药制造商的权利⑩。相比之下,詹姆斯·莱尔(James Lyall)获得的垄断权就

---

① 通常是通过合股公司,见:Theodora Keith, *Commercial Relations of England and Scotland 1603 – 1707*(Cambridge 1910),p 80.

② Act Declaring the Sugar – work at Glasgow to Be a Manufactory 1681[RPS:1681/7/64].

③ Act Declaring the Greenland Fishery to Be a Manufactory 1685[RPS:1685/4/75];另见:William Scott, *The Constitution and Finance of English, Scottish and Irish Joint Stock Companies 1720*(Cambridge 1911),pp 130 – 132.

④ Act in Favour of John Meikle 1686[RPS:1686/4/60].

⑤ 根据这些法案建成的产业和公司,参见:William Scott, *The Constitution and Finance of English, Scottish and Irish Joint Stock Companies 1720*(Cambridge 1911),Vol 3, pp 130 – 198. 斯科特还在《苏格兰历史评论》(*Scottish Historical Review*)上撰写了一系列关于这些行业的文章,并将它们收录到以下著作中:William Scott, "Scottish Industrial Undertakings before the Union"(1904)1 *Scottish Historical Review* 407;Scott, "Scottish Industrial Undertakings before the Union:Ⅱ The Scots Linen Manufacture"(1904)2 *Scottish Historical Review* 53;Scott, "Scottish Industrial Undertakings before the Union:Ⅲ The Textile Group"(1905)2 *Scottish Historical Review* 287;Scott, "Scottish Industrial Undertakings before the Union:Ⅳ The Wool – Card Manufactory at Leith"(1905)2 *Scottish Historical Review* 406;Scott, "Scottish Industrial Undertakings before the Union:Ⅴ The Society of White – Writing and Printing Paper Manufactory of Scotland"(1905)3 *Scottish Historical Review* 71.

⑥ William Scott, "The Fiscal Policy of Scotland before the Union"(1904)1 *Scottish Historical Review* 173 at 180.

⑦ 关于殖民地失败的叙述,参见:John Drebble, *The Darien Disaster*(1968)(Pimlico 2002);另见:David Armitage, *The Scottish Vision of Empire:Intellectual Origins of the Darien Venture*(Cambridge 1995).

⑧ Douglas Watt, *The Price of Scotland:Darien, Union and the Wealth of Nations*(Luath Press 2007),pp 17 and 20.

⑨ WR Scott, "The Fiscal Policy of Scotland before the Union"(1904)1 *Scottish Historical Review* 173 at 181;also see Douglas Watt, *The Price of Scotland:Darien, Union and the Wealth of Nations*(Luath Press 2007),p 253("在激烈的国际贸易竞争背景下,一个几乎没有海军力量、财政资源匮乏的国家,其公司想控制美国地峡两侧简直是一种妄想,也是一种典型的财政狂热下对现实的迷失").

⑩ Gordon's Gunpowder Manufactory Bill 1690[RPS:A1690/4/7].

没有这么过分,他在 1695 年被授予建厂特权,并获得为期 19 年生产皮棉、大麻和菜籽油的垄断权①;同年,亚历山大·霍普(Alexander Hope)被授予为期 19 年制造明矾和火药的独占权②;一年后,詹姆斯·梅尔维尔(James Melville)获得了为期 7 年制作帆布的授权③;1698 年,大卫·威姆斯(David Wemyss)的工厂获得了为期 9 年制造镜子的垄断权④,但这项特权是由他与莫里森(Morison)的"黑文玻璃工厂"(Haven Glass Manufactory)共享⑤。这些垄断以及后来的一些垄断,可能并不全都是针对新发明⑥,尽管有些的确是为了新发明⑦。显而易见的是,与英国议会相反,苏格兰议会非常积极地鼓励工业发展,尽管他们对这一政策的过度狂热最终导致了失败。边界线南北之间最大的区别似乎是,苏格兰议会的介入并不需要请愿人提前获得专利⑧。威廉·斯科特认为,正是这种狂热导致苏格兰商业环境窘迫,并不得不选择与英格兰联合⑨。无论他是否正确,显然,苏格兰议会通过授予大量专有权,成为了工业发展的积极推动者。然而,并不是所有苏格兰人都意识到这项政策带来的问题。《联合条约》生效后,苏格兰人还在尝试为工厂提供保护⑩。尝试失败后,苏格兰人没有再向联合议会寻求类似特权。最终,似乎所有人都明白,这项政策失败了。

议会专利

英格兰议会有时愿意介入并保护那些在王权专利体系下无法得到保护的发明。虽然面临限制,但这一做法在整个 18 世纪都存在,具体表现为议会保护改进专利,并将"专利"的地理范围扩大到整个联合王国。议会也乐于对某些发明者进行奖励,其程度远远超出了《垄断法》允许的范围⑪。与其他类型的专利私法案相比,议会奖励这一做法不可能逐步走向制订公法案,除非《垄断法》被废除或至少得到实质性修正。比起英格兰议会,旧苏格兰议会更为活跃。苏格兰议会认为自己应不惜一切代价去鼓励制造业,但最终却玩火自焚。这或许是因为,苏格兰过分狂热的政策意味着很多人忽视了私法案只是例外规则,并妄图以例外规则取代一般专利制度。

---

① Act in Favour of James Lyall 1695 [RPS:1695/5/153].

② Act in Favour of Hope of Kerse and Co – partnery for Erecting a Manufactory for Making Gunpowder and Alum [RPS 1695/5/154].

③ Ratification in Favour of Mr James Melville of Halhill 1696 [RPS:1696/9/202].

④ Act and Ratification in Favour of the Glass Manufactory at the Wemyss 1698 [RPS:1698/7/170].

⑤ Act and Ratification in Favour of the Glass Manufactory at Morison's Haven 1698 [RPS:A1698/7/171].

⑥ Making Salt:Act in Favour of Mr George Campbell 1705 [RPS:A1705/6/48].

⑦ Act in Favour of Mr Thomas Rome and Partners 1701 [RPS:A1700/10/56]; Act in Favour of William Montgo – mery and George Linn for a Manufactory of Lame, Purslane and Earthern Ware 1703 [RPS:1703/5/199].

⑧ 唯一有基础专利的例子是:Act in Favour of Mr James Smith 1700 [RPS:A1700/10/218],它是萨弗里(Savery)专利的延伸;以及 the Ratification in Favour of Mr James Melville of Halhil 1696 [RPS:1696/9/202].

⑨ William Scott, "The Fiscal Policy of Scotland before the Union" (1904) 1 *Scottish Historical Review* 173 at 190.

⑩ 提议在《联合法案》(Act of Union)中加入保护工厂的条款:(13 December 1706) [RPS:M1706/10/64] and [RPS:1706/10/178].

⑪ 另参见第 9 章关于议会奖励的讨论.

第5章 迳为条款和实施权

引言

授予专利以规避一部特定法案,可以使得专利权人避开刑事制定法的惩罚。从本质上来说,这一做法允许专利权人与国王讨价还价,以获得违反法律的权利,或者换取国王对其违反法律之举的谅解①。在詹姆斯一世统治早期,法官们商议了三天②,认定直接授予专利这一做法并不合法。此后,授与专利的做法似乎消失了③。直接授予专利不合法的观点被《奖励书》采纳,国王宣布,(授予专利以)规避刑事惩罚是非法的④。与直接授予专利以规避特定法案做法并行的是更微妙的迳为条款⑤。到了15世纪初⑥,英格兰王室通过专利特许状赋予的奖励、特权或特许,通常会包括这样的迳为条款⑦。即便是之前已有他人被授予特权,也可以通过迳为条款再次授予特权,更重要的是,迳为条款还可以凌驾于议会制定法之上。托马斯诉索雷尔案(Thomas v Sorrell)⑧讨论了迳为条款的正当性,许久之后,首席大法官赫伯特(Herbert)在戈登诉黑尔斯案(Godden v Hales)⑨对此进行了简单解释:

最高立法者可以废止任何法律,就如同上帝的律法可以由上帝自己废止一样,也好像上

---

① 见:William Hyde Price, *The English Patents of Monopoly* (Houghton, Mifflin & Co 1906), p 12;作者认为,预先免除刑事责任与事后利用赦免权赦免犯罪是有区别的。有关赦免权的历史,参见:Stanley Grupp, "Some Historical Aspects of the Pardon in England" (1963) 7 *American J of Legal History* 51; and US Attorney General, *The Attorney General's Survey of Release Procedures*, *Pardon*, *Volume III* (United States Government 1939), pp 1-25.

② 见爱德华·柯克爵士的评论:Wallace Notestein, Frances Relf and Hartley Simpson, *Commons Debates* 1621 ('CD 1621') (Yale 1935), Vol 2, X's Journal, p 228.

③ 见:"The Judges to Council" in State Papers Domestic (National Archive: SP 14/19A f.9) (8 November 1604);在以下文献可以找到这封信的副本:William Hyde Price, *The English Patents of Monopoly* (Houghton, Mifflin & Co 1906), p 167;以下文献也对此做出总结:Coke, CD 1621, X's Journal, p 228. 1606年《刑罚与垄断法案》(The Penal and Monopolies Bill 1606) (HL/PO/JO/10/2/1E)似乎是为了确认不得规避刑事制定法的规则(并禁止垄断)。在下议院通过后,它未能通过上议院二读程序(2 LJ 422; 1 May 1606).

④ 另见:Wallace Notestein, Frances Relf and Hartley Simpson, *Commons Debates* 1621 (Yale 1935) ('CD 1621'), Vol 2, X's Journal, p 228 (15 March 1621).

⑤ 至于在专利中加入迳为条款,参见:David Seaborne Davies, "The Early History of the Patent Specification" (1934) 50 LQR 260 at 262-263.

⑥ 这一条款经由《没收法》(Statute of Mortmain)提出,参见:Charles Crump, "Eo Quod Espressa Mentio, etc" in *Essays in History Presented to Reginald Lane Poole* (Oxford 1929, Reprinted 1969), p 30 at 30.

⑦ Charles Crump, "Eo Quod Espressa Mentio, etc" in *Essays in History Presented to Reginald Lane Poole* (Oxford 1929, Reprinted 1969), p 30 at 35.

⑧ *Thomas v Sorrell* (1666) 2 Keb 245 at 246 (84 ER 152 at 153);详情参见:*Thomas v Sorrell* (1672) Vaug 330 (124 ER 1098).

⑨ (1686) 11 State Trials 1165 at 1196.

帝要求亚伯拉罕献上他的儿子以撒一样,世人的法律皆可以由立法者摈弃。法律的适用范围可能太过宽泛或狭窄,并可能会出现许多立法中始料未及的情况;即便是最睿智的立法者也不可能预见到所有可以或应当由法律来救济的场景。因此,在某个地方一定要存在一种能够废止这些法律的权力。

与克利福德对制定私法案的解释一致①,迳为条款存在的目的是应对一般法的缺陷或限制,特别是在议会很少开会并且立法缺位之时②。因此,在许多方面,迳为条款预示着人们对私法案有需求。

《垄断法》

1621 年,有人曾以"欺骗方式"试图在《垄断法案》中插入一个保留条款③,专门允许迳为条款④,但似乎《垄断法案》的最终文本采取了完全相反的立场⑤。《垄断法》第六条禁止授予"违反法律"的专利,即不得授予制造"违反法律"物品的专利⑥。现在很难弄清楚 17 世纪人们是如何理解"违反法律"这一短语的,但在 19 世纪,希德玛芝(Hindmarch)认为⑦:

《垄断法》这一条款似乎也意味着禁止向专为非法或"违反法律"目的而制造的物品(如入室盗窃、扒窃、撬锁的工具等)授予专利作为《垄断法》例外。这类专利授权显然是无效的,不仅是因为此类物品缺乏实用性,还因为它们违反了法律政策;的确,如果根据一项法律可以为了奖励提供违反任何其他法律的工具者授予专利,这显然是荒谬的。

由于缺乏当时的案例报告,无法弄清楚人们是如何解读"违反法律"这一短语的⑧。但

---

① 见本书第 2 页.

② Dennis Dixon, "*Godden v Hales* Revisited – James II and the Dispensing Power" (2006) 27 *J Legal History* 129 at 135;另参见:Carolyn Edie, "Revolution and the Rule of Law: The End of the Dispensing Power, 1689" (1977) 10 *Eighteenth – Century Studies* 434 at 437 – 438.

③ 1 CJ 612(8 May 1621);议会曾任命一个委员会来查明谁应对所谓的"欺诈"负责,并移除了相关条款,参见:CD 1621, Vol 4, Pym, p 318(8 May 1621);Member of the House, *Proceedings and Debates of the House of Commons in 1620 and 1621* (1766) ('Nicholas'), Vol 2, p 41(8 May 1621).

④ 参见:CD 1621, Vol 4, Pym, p 318;Nicholas, Vol 2, pp 40 – 41(8 May 1621).

⑤ 1621 年,也有各种说法认为,国王的特赦权未受影响,参见:CD 1621, Vol 4, Pym, p 173(20 March 1621) and p 197 (26 March 1621).

⑥ 该规则一直实施到 1977 年《专利法案》(Patents Act 1977)生效;参见《保护工业产权巴黎公约》(Paris Convention for the Protection of Industrial Property)第四条之四,该条系于 1958 年的里斯本会议上加入《保护工业产权巴黎公约》的.

⑦ William Hindmarch, *Treatise on the Law Relating to the Patent Privileges for the Sole Use of Inventions* (Stevens 1846), p 142.

⑧ 关于这一例外本身,只有两起被报道的案件,都不在本书关注的时间段之内,也都与博弈机有关,而且在这两起案件中,因为这项发明有法律用途,都没有被拒绝授予专利,参见:*Pessers and Moody v Haydon & Co* (1909) 26 RPC 58; *Walton v Ahrens* (1939) 56 RPC 195.

最终，即便专利的实施只是违反了一项微不足道的规范，《垄断法》也禁止授予专利①。因此，非法专利首先就不应该获得授权；其次，如果非法发明获得专利，迳为条款也会违反《垄断法》（第六条）。的确，如果专利授权连不得违背法律这一要求都可以不在乎，那么无视十四年期限限制以及"新的制造方法"这些要求也就更不在话下了。因此，乍一看，迳为条款在1624年以后没有存在的必要了，但事实并非全部如此。

从《垄断法》到《权利法案》

尽管《垄断法》中有明文限制，但王政复辟后，迳为条款又重现专利特许状中。克莉丝汀·麦克劳德曾称，在授予的专利中继续包含迳为条款，目的是让违反法律的发明得以实施。她举了如下例子：约瑟夫·培根（Joseph Bacon）②试图引进一种被宣告非法的起绒毛作坊③，查尔斯·霍华德被授予不用树皮鞣制皮革的专利④，授予专利可能是为了规避日益复杂的监管⑤。麦克劳德认为，授予这些专利既是为了规避监管，也是为了获得专有权。麦克劳德所持观点的不足之处不仅在于违反法律的专利本就不应授予，而且霍华德还向议会提出了多个私法案请求⑥。如果他确信专利中的迳为条款足以确保他规避监督，那他为什么还要同时请求私法案呢？鉴于仅有个别零散例子可以证明此等条款或许对发明人有用（可能会有更多例子），尚缺乏足够证据来发掘背后的规律性。

迳为条款在各种场合的终结是确切的。这是因为，使用迳为条款⑦来凌驾于成文法之上是詹姆斯二世被驱逐的原因之一。《权利法案》序言对詹姆斯二世提出的第一个控诉是⑧：

未经议会同意，擅自篡夺和行使废除、中止法律和执行法律的权力。

因此，自1688年开始，《权利法案》第十二条⑨不再允许迳为条款，已颁布的一律无

---

① 在 Carpmael's Application（1928）45 RPC 411 中，授予的专利如果违反食品方面的法规，被认为是违反法律的。然而，根据较早的1900年的一个（未经确认的）案例和1923年的官方裁决（1923（C）（1923）40 RPC App iv），可以放弃任何非法利用发明的权利。这样做的依据是1932年《专利与外观设计法案》（Patents and Designs Act 1932）第十一条．
② Christine MacLeod, *Inventing the Industrial Revolution: The English Patent System 1660-1800*（Cambridge1988）,p 82. 约瑟夫·培根未获得过任何专利．
③ 参见：1551年《拉绒厂法案》（Gig Mills Act 1551）；同时参见：Joan Thirsk and John Cooper, *Seventeenth Century Economic Documents*（Oxford 1972）,pp 313-314；接下来本书第75页将对此进行讨论．
④ 1660年第130号专利的确切措辞是"尽管有任何相反的法案、制定法、法令、条款、公告或限制中有任何形式的相反规定"．
⑤ Christine MacLeod, *Inventing the Industrial Revolution: The English Patent System 1660-1800*（Cambridge1988）,p 82；Lesley A Clarkson,"English Economic Policy in the Sixteenth and Seventeenth Centuries: The Case of the Leather Industries"（1965）38 *Historic Research* 150 at 159．
⑥ Leather Trade Bill 1660（Ingrossment: HL/PO/JO/10/1/300）（defeated at First Reading in second House: 8 CJ 215（18 December 1660）and Leather Trade Bill 1661（did not progress pass Second Reading: 8 CJ 277（21 June 1661））．
⑦ 虽不是发明专利，但原理是一样的．
⑧ Bill of Rights Act 1688, art 2．
⑨ 1689年《国王和议会承认法案》（Crown and Parliament Recognition Act 1689）确认了该法案．

效①。因此,福克斯(Fox)、伯姆和麦克劳德认为,这也同时终结了迳为条款在所授发明专利中的使用②。虽然这可能终结了在专利中包含迳为条款的局面,但它在1688年之前的影响还远不清楚。

• **不确定的特赦权**

有人认为,在《垄断法》颁布后的这段时间里,专利权人并不确信迳为条款能否真正规避成文法的限制。不仅《垄断法》第六条明文禁止规避制定法,而且关于迳为条款的法律本身也不明确。戈登诉黑尔斯案③确认了国王绝对的赦免权,但此前国王赦免权的范围和力度都不确定。当时的人们认为戈登诉黑尔斯案裁决是错误的(正如《权利法案》事实陈述部分所示)④。尽管法制史专家⑤,包括霍尔兹沃斯(Holdsworth)在内⑥,认为戈登诉黑尔斯案的结论遵从了治安官案(Case of Sheriffs)⑦,至少在技术上是正确的⑧,但其他人并不这么认为⑨。

就当前讨论而言,1686年戈登诉黑尔斯案的裁决是否正确并不重要,但真正密切相关的是,当时的人们直到戈登案才意识到迳为条款可以规避制定法。虽然专利权人希望包含迳为条款的专利能够让他/她规避相关制定法,但事实是否如此还尚不可知,因此单纯依赖专利本身是有风险的,尤其是考虑到可能要面对王权侵害罪的惩处⑩。与迳为条款保护效果不确定形成对比的是,私法案可以撇开任何法律限制。因此,有可能17世纪一些未获成功的法案实际上就是为了规避法律监管,霍华德的案例只是一个具体事例。无论如何,一旦《权利法案》宣布迳为条款为非法,任何背离普遍适用的议会制定法的行为,都要仰仗私法案。

---

① 迳为条款似乎成为了常态,在此后几年里,书记官依然继续将其写入某些类型的专利中,参见:Charles Crump,"Eo Quod Espressa Mentio, etc" in *Essays in History Presented to Reginald Lane Poole*(Oxford 1929, Reprinted 1969), p 30 at 1692. 然而,在光荣革命之后,似乎不再授予包含迳为条款的发明专利.

② Klaus Boehm with Aubrey Silberston, *The British Patent System: Part 1*(Cambridge 1967), p 18; Christine MacLeod, *Inventing the Industrial Revolution: The English Patent System 1660–1800*(Cambridge 1988), p 82; Harold Fox, *Monopolies and Patents: A Study of the History and Future of the Patent Monopoly*(Toronto 1947), p 157.

③ (1686)11 State Trials 1165 at 1196.

④ 同样,参见:Thomas Macaulay, *Macaulay's History of England*(Dent and Son 1906), Vol 2, pp 39–40;另见:*Memoirs of the Earl of Ailesbury*(ed W Buckley)(Nichols & Sons 1890), Vol 1, p 150.

⑤ 一般性讨论请参阅:Frederick Maitland, *Constitutional History of England*(Cambridge 1919), pp 302–306; Tim Harris, "The People, the Law, and the Constitution in Scotland and England: A Comparative Approach to the Glorious Revolution" (1999)38 *Journal of British Studies* 28 at 41–46;另见:EF Churchill, "The Dispensing Power of the Crown in Ecclesiastical Affairs – Part II" (1922)38 *LQR* 420 at 434.

⑥ William Holdsworth, *A History of English Law*(2nd Ed Sweet 1937), Vol 6, p 225.

⑦ 最全面的论述见:P Birdsall, "Non Obstante: A Study of the Dispensing Power of English Kings" in *Essays in History and Political Theory in Honour of Charles Howard McIlwain Poole*(Oxford 1929, Reprinted 1969), p 30.

⑧ (1486)Ex Ch; YB Mic 2 Hen VII, fol 6, pl 20(Seipp No 1486.076).

⑨ Paul Birdsall, "Non Obstante: A Study of the Dispensing Power of English Kings" in *Essays in History and Political Theory in Honour of Charles Howard McIlwain Poole*(Oxford 1929, Reprinted 1969), p 30; Dennis Dixon, "*Godden v Hales* Revisited – James II and the Dispensing Power" (2006)27 *J Legal History* 129 at 135.

⑩ 见本书第41–42页.

● 苏格兰

在1689年《权利主张法案》(Claim of Right Act 1689)之前,国王在苏格兰是否拥有赦免权就更不清楚了①。该法案称,"所有主张拥有抛弃、废止和禁用法律绝对权力的宣告都违反法律"。在1689年之后,像在英格兰一样,苏格兰专利也不能包含迳为条款。正如在第3章中讨论过的,17世纪下半叶苏格兰议会的工业政策是让工厂按行业或逐个免于缴纳关税和税收;豁免关税和税收等激励措施常伴有授与专利权。在迳为条款失去合法性之前,允许在个案中规避一般性规定是苏格兰政策的固有特征。因此,实业家们或许在此之前就已经向议会而不是国王寻求保护了。

《权利法案》之后

《权利法案》废除了迳为条款,人们预测会出现一系列私法案以再现迳为条款的效力。但直到几十年后,当某些制造商意图躲避关税时,才提出第一个私法案议案②。第一部私法案获得通过则是一个多世纪之后了。

● 免除关税

1780年,亚历山大·福代斯(Alexander Fordyce)第一个提出私法案请愿,请求免除制造专利海洋酸所需原材料的关税③。一旦有专利权人寻求免除实施发明所产生的关税,他的竞争对手也必然会跟进。在福代斯向议会提出请愿的当月,其他海洋酸制造商接连要求获得同样的免除关税待遇④。他们认为,给予任何一人免关税待遇都会损害其他人和财政部的利益⑤。尽管遭到反对,福代斯的请愿顺利通过报告阶段⑥和一次分组表决⑦,允许提交议案讨论并进行一读,但它在此后不久议会会期结束前失效。

该法案在提出之前就面临阻力,即便议会会期未结束,该法案在后来的程序中也可能会遭遇失败。简单地说,联合议会不愿意执行一百年前苏格兰议会所采取的政策⑧。1794年,亚伯拉罕·博斯科特(Abraham Bosquet)⑨提出了一份类似请愿,请求免除与他的船上排水发明(当时未获得专利)相关的关税。这一请愿在转呈给委员会后便停止了脚步。一个相

---

① The Declaration of the Estates Containing the Claim of Right and the Offer of the Crown to the King and Queen of England[RPS:1689/3/108];另见:Tim Harris, "The People, the Law, and the Constitution in Scotland and England: A Comparative Approach to the Glorious Revolution" (1999)38 *Journal of British Studies* 28 at 50–51.
② 一些提交给下议院的法案(没有记录)可能包含某种形式的豁免权,但并没有证据证明这一点.
③ 37 CJ 865(22 May 1780).
④ James Keir(37 CJ 891;31 May 1780);Peter De Bruges(37 CJ 892;31 May 1780);James Watt and Joseph Black(37 CJ 892;31 May 1780);John Collison(37 CJ 897;1 June 1780);Joseph Fry(37 CJ 908;19 June 1780);以及 Isaac Cookson and Edward Wilson(37 CJ 916;21 June 1780).
⑤ Richard Shannon(37 CJ 909;19 June 1780)and Samuel Garbett(37 CJ 912;21 June 1780).
⑥ 37 CJ 893(31 May 1780).
⑦ 37 CJ 917(21 June 1780).
⑧ 见本书第65–70页.
⑨ 49 CJ 278(4 May 1794).

关的成功案例是1796年《东印度公司法案》(East India Company Act 1796)。这一法案之所以能在议会获得通过,是因为该公司被禁止与个人进行交易①,并且公司愿意向威廉·萨巴蒂尔(William Sabatier)②支付专利税。这仅涉及修改公司经营权限的问题,而非从一般性立法中获得豁免。

● 一般法案

相比较免除关税或税收,当一项发明确实需要豁免于一般性法律方能实施时,议会似乎更加关切。1794年塞缪尔·阿什顿(Samuel Ashton)获得了一项私法案③,允许他实施鞣制皮革专利发明,但之前的1603年《皮革法案》④并不允许他这样做⑤。当时,一旦发现他的专利特许状违反了1603年《皮革法案》,似乎专利本身的有效性也将存疑。私法案解决了这一问题。这表明,最迟到18世纪末,人们开始认识到,《垄断法》第六条本该排除授予阿什顿等人专利的可能性(即使议会现在愿意保留它们)。同样,当议会在讨论修订1603年《皮革法案》以允许使用不同方法鞣制皮革时,爱德华·西利(Edward Sealy)成功地说服下议院在修正案中加入一个特别条款⑥,允许他实施自己的专利⑦。上议院删除了这一条款(原因不详,可能是因为西利的情况已经被一般性条款涵盖到,所以特别条款没有存在的必要)。但上议院的修正案从未获得下议院的批准,议案最终未能通过⑧。

似乎另有两人试图寻求私法案来实施专利。尽管有1774年《(都市)防火法案》(Fire Prevention(Metropolis)Act 1774)的限制,安布罗斯·鲍登·约翰(Ambrose Bowden John)还是于1810年获得了一项私法案⑨允许他实施专利⑩,使用沥青来保护建筑物。然而,与阿什顿不同的是,授予他专利并不违反法律,因为1774年法案中的禁令只适用于伦敦及周边地区,他的发明本就可以在英国其他地方实施。另一个请愿人是唐纳德·格兰特(Donald Grant),他为了规避1844年《都市建筑法案》(Metropolitan Buildings Act 1844),于1852年请愿准许使用他的建筑物通风设备⑪;1844《都市建筑法案》并没有在全国范围内实施,所以在一些地方实施格兰特的发明并不违反法律。他的议案在上议院获得通过,但在下议院失败⑫,原因不详。

由此可见,没有必要通过私法案来实施专利。撇开那些尝试免除关税的请愿人(他们

---

① East India Company Act 1793, s 105.

② East India Company Act 1796, s 1;同见早期法案:Sabatier's Petition 1795(50 CJ 118;3 February 1796);他必须提供一份说明书,这样公司才能知道发明的具体情况:法案第二条.

③ New Method of Tanning Act 1794.

④ Patent No 1,977(1794).

⑤ 在事实陈述中,私法案并未提及需要规避的法案名称,然而,阿什顿的请愿提到了1603年《皮革法案》(提到的是法案的标题全称:《涉及皮革鞣制、制革、制鞋和其他工匠之法案》),见:53 CJ 480(23 April 1798).

⑥ 这使其成为一项混合法案,参见本书第35页.

⑦ Tanning Leather Bill 1798(1798 HL Papers), Vol 1, cl 3.

⑧ 在随后的会议上,法案获得通过(即1799年《制革厂商赔偿法案》(Tanners' Indemnity Act 1799)),但并未包含对西利或任何其他专利权人的特别规定.

⑨ John's Patent Tessera Act 1810.

⑩ Patent No 2,996(1806).

⑪ Patent No 10,146(1844).

⑫ 结果格兰特再次向上议院提出请愿,参见:85 LJ 710(19 July 1853).

要扫除的是经济上而不是法律上的障碍)不谈,从《权利法案》到19世纪50年代格兰特请愿失败,只有4次寻求特殊豁免的尝试。虽然在新技术出现时议会修订了一些一般法案以实施这些新技术,但议会很少会支持具体的专利。这可能是因为,一般来说,如果发明的实施是非法的,那么专利就不会获得授权。此外,风险、惩罚和费用等现实考虑(更不必说新颖性问题),意味着也无法事先寻求私法案的庇护。限制授予违反法律的专利这一做法,一直到本书所审视的这段历史结束很久后才终结①。

● **禁止使用发明**

在继续讨论之前,有必要看一下旨在达到相反目的的立法,即阻止专利权人实施发明的立法。在早期,拉绒厂是一个众所周知阻碍新技术实施的例子②。采用新技术的工厂模式意味着没有必要再进行劳动密集型的踩布活动,为了保护劳动者,议会颁布法案取缔了拉绒厂③。法案本身没有生效,这是因为查理一世不得不于1633年4月16日进一步发布了一项相关的宣告④。

同样,1603年《皮革法案》也被普遍认为限制性太强,即便是有可能,也很难遵从,因此大多数制革商没有去遵从这部法案⑤(也许阿什顿和西利除外)。在18世纪的大部分时间里,议会都在试图压制技术发展,并在1794年的《羊毛精梳机法案》达到了顶峰。该法案以失败告终,否则的话,法案将禁止任何人使用任何机器来精梳羊毛。受该法案议案影响,羊毛精梳机专利的所有者爱德华·卡特莱特(Edward Cartwright)⑥向议会请愿,称他的发明对王国有益。为保住生意,他恳求说,他愿意限制每年销售的机器数量⑦。另一位羊毛精梳机专利的所有人威廉·托普利斯(William Toplis)同样请求议会听取他对该法案的反对意见⑧。该法案未能通过。

随后,至少有一名手工艺人尝试执行拉绒厂禁令。在希尔曼诉库克案(Shearman v Cooke)中⑨,一名叫希尔曼(Shearman)的熟练工人起诉称,塞缪尔·库克(Samuel Cooke)拥有并使用的机器违反了1551年《拉绒厂法案》。库克的议会顾问辩称,库克的机器是新的,且库克已经获得了专利,此外,这种机器的使用促进了羊毛产业的发展,是国家取之不尽的财富来源。法官在指导陪审团时,不仅认可该机器不同于法案所禁用的机器,而且还认为总体来说引入这种机器使国家受益无穷。由此可见,议会,乃至整个国家机器,已经转向鼓励新技术、支持新的实业家,不再是保护旧的手工艺人。

---

① 根据1977年《专利法案》。
② 参见:William Hyde Price, *The English Patents of Monopoly* (Houghton, Mifflin & Co 1906), pp 12 - 13.
③ Gig Mills Act 1551.
④ 参见:James Larkin and Paul Hughes, *Stuart Royal Proclamations: Royal Proclamations of Charles I 1625 - 46* (Oxford 1983), Vol 2, p 376 (No 169).
⑤ William Hyde Price, *The English Patents of Monopoly* (Houghton, Mifflin & Co 1906), p 13.
⑥ Patent Nos 1,747 (1790), 1,787 (1791) and 1,876 (1792).
⑦ 18 March 1794 (49 CJ 347).
⑧ 8 May 1794 (49 CJ 565).
⑨ The Times, 28 July 1796 (Salisbury Assizes).

专利应受法律规制

要获得违反法律的专利,虽然不是不可能,但也是困难重重。在王政复辟和《权利法案》通过之前这段时间内授予的专利中包含类似迳为条款的内容,但如果此类内容受到质疑,会产生什么样的效果让人存疑。更重要的是,一旦迳为条款被禁止,似乎就不会再允许出现任何违反一般法律和《垄断法》第六条的专利。这意味着,没有必要再颁布具体的法案来规避一般法律的限制。或许具体的法案可以用来突破地方性规范的限制,在这一点上,很明显议会是乐于介入的。

第 6 章 公司专利的限制与规范

引言

公司、专利和私法案三者之间的关系由来已久、变化莫测。三者关系可以分为三个阶段。在早期,包括行业协会在内的规约公司被授予垄断权,以监管整个行业。当垄断权利被授予个人时,如贾尔斯·蒙培森爵士,《垄断法》宣告其为非法。然而,当这类权利授予公司时①,却被明确排除在《垄断法》限制范围之外②。显而易见,尽管后来有人批评公司垄断权,但议会却支持这些权利,包括颁布私法案来维护它们。第二阶段始于 1720 年《泡沫法案》的通过,当时合股公司地位低下。几乎在相同时间,议会颁布了一项限制规范,将专利共有人数限制在 5 人以内。在这一阶段,一小部分人试图通过寻求私法案,以突破专利共有人数 5 人的限制,其中不乏成功者。最后阶段始于 1825 年《泡沫法案》的废止,当时合股公司在商业活动中已成为受认可的组织形式——但对专利共有人数上限的限制仍然存在。因此,当个人想以合股公司名义实施一项专利时,他们就必须求助议会。直到 1852 年,这一陈腐过时的 18 世纪限制才被废除。

法人和《垄断法》

《垄断法》的通过可以分为两个阶段。第一阶段是 1621 届议会,当时,议会关于对垄断进行一般性规范的辩论与对蒙培森的审判同步进行③。第二阶段是 1624 届议会,当时《垄断法》已经颁行。1621 届议会对授予专利和授予法人特权都感到忧虑④。然而,下议院明确表示,禁止垄断不应扩大到法人⑤,因此在委员会审议《垄断法案》期间,加入了针对特许法人的保留条款⑥。这种忧虑持续存在,1624 年,上议院担心国王创设新法人的权力遭到削

---

① 然而,柯克并不喜欢这类垄断,见:Stephen D White, *Sir Edward Coke and "The Grievances of the Commonwealth"*: *1621 – 1628*(North Carolina Press 1979),p 112(他认为某些惯例在普通法中是无效的,并反对授予垄断权的法人特许状)(117),参见本书第 114 页.

② Statute of Monopolies,s 9;爱德华·柯克爵士认为不存在这一区别对待,参见:Stephen White,*Sir Edward Coke and "The Grievances of the Commonwealth"*:*1621 – 1628*(North Carolina Press 1979),p 119.

③ 见第 3 章.

④ Robert Ashton,*The City and the Court 1603 – 1643*(Cambridge 1979),p 118.

⑤ Wallace Notestein,Frances Relf and Hartley Simpson,*Commons Debates 1621*(Yale 1935)('CD 1621'),Vol 4,Pym,p 160(15 March 1621).

⑥ CD 1621,Vol 5,Smyth,p 322(26 March 1621);另见 George Unwin,*The Gilds and Companies of London*(Methuen & Co 1908),p 318.

弱①。然而,柯克认为,任命政府或官员的特许状是有效的,但对个人管束无效("个人享有买卖自由")②,因此议会通过了第九条。《垄断法》第九条第一部分旨在保留伦敦市及其他城市、城镇和自治市等法人实体的特权及权利③。这些法人实体是地方政府的核心部分,通常有能力规范边界内的贸易。与之搭配的是,1554年《城镇法人法案》(Towns Corporate Act 1554)禁止非居民零售商在相关城镇内零售④"毛织品、亚麻布、缝纫用品、杂货、食品、绸布类产品"⑤。结合两者来看,这意味着特许自治市镇能够授权许多地方性垄断(或者至少允许其他人,通常是行会,在城镇内实施垄断⑥)。因此,《垄断法》第九条保留条款的第一部分是维持现状及城镇管理自有市场的自主权⑦。这并非在滥用法律。

法人例外的"滥用"

在实践中争议最大的是《垄断法》第九条的第二部分,该部分规定,《垄断法》不适用于贸易法人。只要行业协会和同业公会等不想在《垄断法》颁布后丧失其特权,那么该部分就是必要的⑧。第二部分旨在保护这些所谓的"规约公司"(与后来产生的合股公司形成对比)。据说第二部分设置了一个"漏洞",便于查理一世继续以批准设立新公司、授予特权的方式颁发垄断权⑨。这一说法只是揭露了部分情况。第九条第二部分内容如下:

或授予为维持、扩大或管理任何商品交易而成立的任何技术、贸易、职业或诀窍的法人、公司或团体,或王国境内的任何公司或商人团体。

这一规定使得查理一世可以颁发公司特许状,并在特许状中赋予公司从事特定行业经营的垄断权。这里再次出现了特定行业被垄断的重要情况。从查理一世继位到1640年长期议会召开的15年间,虽然国王颁发特许状的绝对数量或许比以往任何时期都多⑩,但数

---

① Stephen D White, *Sir Edward Coke and "The Grievances of the Commonwealth"*: 1621-1628 (North Carolina Press 1979), pp 134-135.

② 1 CJ 770(19 April 1624); Philip Baker(ed), *Proceedings in Parliament 1624: The House of Commons* (2015), British History Online, 19 April 1624: Pym, f 71V; 另见: Earle, f 149v.

③ 关于早期授予自治市镇的特许经营权和特权,见: William Holdsworth, *A History of English Law* (3rd Ed, Sweet and Maxwell 1945), Vol 4, pp 131-134.

④ 批发贸易未受影响,见: Towns Corporate Act 1554, s 3.

⑤ Towns Corporate Act 1554, s 2.

⑥ 但参见: *Davenant v Hurdis* (1599) 11 Co Rep 86; Moor KB 576, 591 (72 ER 769); *Clothworkers of Ipswich* (1614) 1 HPC 31; 11 Co Rep 53 (77 ER 1218); Godbolt 252 (78 ER 147).

⑦ 见: Gerald E Aylmer, *The Struggle for the Constitution-England in the Seventeenth Century* (4th Ed, 1975), p 81.

⑧ Robert Ashton, *The City and the Court 1603-1643* (Cambridge 1979), p 119; J Cooper, "Economic Regulation and the Cloth Industry in Seventeenth Century England" (1970) 20 *Transactions of Royal Historical Society* (5th Ser) 73 at 82.

⑨ Robert Ashton, *The City and the Court 1603-1643* (Cambridge 1979), p 118; Christine MacLeod, *Inventing the Industrial Revolution: The English Patent System 1660-1800* (Cambridge 1988), p 17; John Baker, *An Introduction to English Legal History* (4th Ed, Butterworths 2002), pp 451-452; William Hyde Price, *The English Patents of Monopoly* (Houghton, Mifflin & Co 1906), p 35.

⑩ George Unwin, *The Gilds and Companies of London* (Methuen & Co 1908), p 319.

量依旧很少。这些特许状对于管理特定行业来说必不可少,这就是为什么特许状赋予了"调查者"调查成员遵守公司规则情况的权利。换句话说,特定行业内的交易准则是由特许公司(通常是伦敦的同业公会)来维持。授予公司在特定区域(如伦敦市)管理行业垄断权的做法由来已久。尽管规约公司具有垄断性质,但议员们还是支持它们[1],这往往是因为他们与规约公司之间有着密切联系,或具备公司股东身份[2]。17 世纪 20 年代后期,当人们开始关注这一问题时,关切的对象主要是海外公司,但关注度仍旧少之又少。例如,拥有捕鲸权的格陵兰公司(Greenland Company)遭到自由捕鱼运动的挑战[3];圭亚那公司(Guiana Company)也未能幸免,该公司自己已不再进行贸易活动,仅许可他人进行贸易[4]。简而言之,相比较授予特许公司权利,议会更关注授予个人权利。然而,用现在的眼光来看,国王当时所授予的权利似乎相当不同寻常。

例如,1628 年,纸牌制造商公司(Company of Playing Card Makers)被特许成立[5],并获得在伦敦市及方圆十英里内管理纸牌制作和销售的垄断权。法院在达西诉阿林案[6]中所剥夺的授予个人专利权人的权利,却可以在更为广泛的区域内授权给一家特许公司(《垄断法》第九条允许这么做)。然而,情况并不像乍看起来那么简单。当纸牌制造商公司请求授权时,已经根据 1463 年《出口、进口、服装法案》(Exportation, Importation, Apparel Act 1463)禁止进口纸牌(无效果),而且在 1621 年所有旨在规避这一法案的外国专利都被撤销[7]。至少从某种角度来看,将纸牌的管理扩大到国内全境完全顺理成章,并没有违背早期的标志性案例[8]。

事实上,特定地区内的行业垄断成为了当时社会行业架构的一部分。理查德·布鲁克爵士(Sir Richard Brooke)被特许创办了一家公司,该公司控制着南希尔兹和南安普敦两地的制盐业[9]。同样,继一种新型肥皂制作方法获得专利后[10],威斯敏斯特煮皂公司获得了特许状,被授予垄断权和搜查权,防止非成员进行肥皂交易[11]。该公司大力追查,并起诉未经

---

[1] Robert Ashton, *The City and the Court 1603 – 1643* (Cambridge 1979), p 123.

[2] George Unwin, The Gilds and Companies of London (Methuen & Co 1908), p 318.

[3] 1628 年夏由申诉委员会听证,参见:1 CJ 890 (28 April 1628) and 1 CJ 919 (25 June 1628);枢密院陪审,参见:RF Monger (ed), *Acts of the Privy Council 1628 – 1629* (HMSO 1960), Vol 44, 384 – 385;RF Monger (ed) *Acts of the Privy Council, 1628 – 1629* (HMSO 1960), Vol 45, pp 181, 188 – 189 and 311 (另见 p 356)。

[4] 1 CJ 931 (19 February 1629); Wallace Notestein and Frances Relf, *Commons Debates for 1629: Critically Edited* (Minnesota 1921), p 225; Robert Ashton, *The City and the Court 1603 – 1643* (Cambridge 1979), p 124.

[5] 相关简史,见:John Thorpe, *The Worshipful Company of Makers of Playing Cards of the City of London* (Playing Card Company 2001), Chapter 1 to 3.

[6] (1601) 1 HPC 1;11 Co Rep 84 (77 ER 1260);Noy 173 (74 ER 1131);Moore 671 (72 ER 830);1 WPC 1.

[7] James Larkin and Paul Hughes, *Stuart Royal Proclamations: Royal Proclamations of James I 1603 – 25* (Oxford 1973), Vol 1, p 511 (No 217).

[8] 相关历史,见:Nicholas Tosney, "The Playing Card Trade in Early Modern England" (2011) 84 *Historical Research* 637.

[9] 该特许状载于:Cecil Carr, *Select Charters of Trading Companies 1530 – 1707* (Selden Society, 1913), pp 142 – 148;对已经拥有制盐专利的尼古拉斯·默福德(Nicholas Murford)和克里斯托弗·哈姆沃思(Christopher Hamworth)(见本书第 141 – 143 页和 148 页)例外,这一例外也适用于另一家公司——大雅茅斯制盐公司(Great Yarmouth Salt Makers)(见:Carr, pp 148 – 160)。1599 年苏格兰议会的一项法案也授予了与盐相关的权利,参见:Act Regarding Great Salt [RPS: 1599/7/5].

[10] 罗杰·琼斯(Roger Johnes)和安德鲁·帕尔默(Andrew Palmer)被授予一项专利:No 23 (1623).

[11] 该特许状载于:Cecil Carr, *Select Charters of Trading Companies 1530 – 1707* (Selden Society 1913), p 136 (拉丁文)。

授权的煮皂者①,最终将所有煮皂者收归管理②。通过禁止杂货商等出售其他人制作的肥皂,该公司地位得到进一步强化③。其他煮皂者非常不高兴,然而,他们的怨愤并未换来威斯敏斯特煮皂公司垄断权的终结,最终这些权利被转让给垄断权利更为广泛的新公司——伦敦煮皂公司(London Soap Boiler Company)④。特许淀粉制造商公司(Starch Makers Company)⑤也出现了类似问题,最后为了解决问题,他们和前者一样,也成立了一家新公司⑥。

虽然特许公司的每一项垄断权仍由王室授予,但其中也不乏议会的某些支持。查理一世的做法并非纯粹是要满足垄断者的贪婪,而是一种获得认可的授予公司垄断权(公司接着再赋予其成员权利)的做法。尽管在更宏观的经济背景下指责《垄断法》第九条扩大了行业垄断有其合理性,但这不应被简单地理解为仅仅是早期斯图亚特王朝滥权的延伸。这一政策一直持续到 17 世纪末,直到 19 世纪才受到质疑⑦。然而,本书现在的讨论必须从 17 世纪上半叶转向 17 世纪末以及股票交易的兴起。

股票交易和专利

合股公司史与规约公司史截然不同。截至 18 世纪,只有少数合股公司存在,它们主要从事海外贸易,这意味着它们与国内制造业(或专利法)很少或根本没有交集。授予专利可能是为了让个人规避规约公司和行业协会⑧。例如,约翰·格林(John Greene)利用专利法实施其马车改进专利⑨,并确保不受伦敦马车制造商公司(London Coachmakers Company)的干扰⑩。然而,王政复辟时期的专利授权量仍然很少;事实上,在合股公司 17 世纪 90 年代

---

① *Decree in Star Chamber Concerning the Soap-boylers, in Pursuance of a Censure of that Court upon May 10 1633*,载于:John Rushworth, *Historical Collections of Private Passages of State*(D Browne et al 1721),Vol 3,Appendix,p 109.

② John Rushworth, *Historical Collections of Private Passages of State*(D Browne et al 1721),Vol 2,p 458;另见 Cecil Carr, *Select Charters of Trading Companies 1530-1707*(Selden Society 1913),p lxxvi.

③ (1634)PR 10 Car 1,Pt 16,No 1(National Archive:C66/2657).

④ 该特许状载于:Cecil Carr, *Select Charters of Trading Companies 1530-1707*(Selden Society,1913),p 160(英语);根据 1634 年的一项公告,煮皂技术仅限于该公司成员使用,见:James Larkin, *Stuart Royal Proclamations:Royal Proclamations of Charles I 1625-46*(Oxford 1983),Vol 2,p 395(No 176);Cecil Carr, *Select Charters of Trading Companies 1530-1707*(Selden Society,1913),p lxxviii.

⑤ 该特许状载于:Cecil Carr, *Select Charters of Trading Companies 1530-1707*(Selden Society,1913),p 117.

⑥ 见:Robert Ashton, *The City and the Court 1603-1643*(Cambridge 1979),pp 144-145.

⑦ 见本书第 54 页.

⑧ Christine MacLeod,"The 1690s Patents Boom:Invention or Stock-Jobbing?"(1986)39 *Economic History Review* 549 at 555;与一般法的对比,见第 5 章.

⑨ Patent No 267(1691);另见:*London Gazette* 14-17 March 1692,Issue No 2749;Christine MacLeod,"The 1690s Patents Boom:Invention or Stock-Jobbing?"(1986)39 *Economic History Review* 549 at 555.该文献认为,政府公报上的公告是一则广告,但广告的位置在版面下方,因此确切地说应是一则授权公告.

⑩ Christine MacLeod,"The 1690s Patents Boom:Invention or Stock-Jobbing?"(1986)39 *Economic History Review* 549 at 555;Christine MacLeod, *Inventing the Industrial Revolution:The English Patent System 1660-1800*(Cambridge 1988),p 83.

经济繁荣时期重获商业要位之前,每年授权的专利数量只有个位数①。

1687年6月"九年战争"爆发前,威廉·菲普斯(William Phips)②船长成功地从1641年沉没的西班牙宝藏船"阿尔米兰塔号"(The Almiranta)中打捞出宝藏。自此,专利授权情况开始出现转折。这次打捞出来的宝藏价值20万英镑(当时政府和王室机构每年运转费用仅70万英镑③)。菲普斯的探险常被视为股票市场开始繁荣的标志④,但这种繁荣实际上是"闲置"资本过多⑤的结果;正如学者于1681年所述:"现在有多少优质证券,就有多少资金可以投入,甚至更多。"⑥虽然有一部分资金闲置来源于贸易路线被战争切断或破坏的商人⑦,但事实上,英格兰通过发展贸易和农业,已经摇身一变,成为富庶国家⑧。发展投资"项目"吸引资本的时机已然成熟。1688年光荣革命前,英格兰只有几家合股公司⑨,投资机会有限⑩。然而,从1688到1695年间,约100家新的合股公司相继成立⑪,尽管交易规模没有预期的那么大⑫,但却标志着英格兰股票市场的诞生。

这些投资机会意味着,失效的专利被重新提交申请,未实施的专利准备投入实施⑬。一时间,掀起了一股申请专利和成立公司的热潮。于是,两类涉及专利的公司应运而生:第一类是为实施专利而成立的公司,第二类是为出售专利上的权益而成立的公司。玻璃制造商公司(Company of Glassmakers)属于第一阵营,该公司成立于1691年⑭,是在专利获授权⑮不

---

① 1688年(授予四项专利:第258至261号);1689年(授予一项专利:第262号);1690年(授予三项专利:第263至265号);1691年授予的专利数量激增(授予十九项专利:第267至285号)。以上数字仅统计伍德克夫特索引中的专利,见:Christine MacLeod, "The 1690s Patents Boom: Invention or Stock – Jobbing?" (1986) 39 *Economic History Review* 549, fn 2.

② 有关菲普斯的历史,见:Peter Earle, *The Wreck of the Almiranta: Sir William Phips and the Search for the Hispaniola Treasure* (Macmillan 1979).

③ 王室专款是十年后的1698年才定的,最初每年的支出为70万英镑。这笔支出涵盖了政府和王室机构运行的所有费用,见:Taxation Act 1697, s 11.

④ 见:Anne L Murphy, *The Origins of the English Financial Markets* (Cambridge 2009), pp 10 – 11.

⑤ Phyllis Deane, "Capital Formation in Britain before the Railway Age" (1961) 9 *Economic Development and Cultural Change* 356; Dwyryd Jones, *War and Economy: In the Age of William II and Marlborough* (Blackwell 1988), p 301.

⑥ William Petyt, *Britannia languens: or, A Discourse of Trade Shewing, That the Present Management of Trade in England...* (London: Richard Baldwin 1689), pp 231 – 232 (Wing P1947).

⑦ Dwyryd Jones, *War and Economy: In the Age of William II and Marlborough* (Blackwell 1988), pp 249 – 250.

⑧ Anne L Murphy, *The Origins of the English Financial Markets* (Cambridge 2009), p 13.

⑨ 例如东印度公司、哈德逊湾公司(Hudson Bay Company)和皇家非洲公司(Royal Africa Company)。

⑩ Anne L Murphy, *The Origins of the English Financial Markets* (Cambridge 2009), p 16.

⑪ William Scott, *The Constitution and Finance of English, Scottish and Irish Joint – Stock Companies to 1720* (Cambridge 1911), Vol 1, p 327.

⑫ 三家大公司的交易规模略大,可能超过100股(东印度公司的交易规模可能达数千股,但在案的交易记录非常有限):Anne L Murphy, *The Origin of the English Financial Markets* (Cambridge 2009), p 23. 每年的交易量通常远低于100笔:股票经纪人查尔斯·布伦特(Charles Blunt)的分类账保存在国家档案馆(C114/165),这些分类账使人们可以深入了解股票经纪人的工作,见以下文献中的表格:Anne L Murphy, *The Origins of the English Financial Markets* (Cambridge 2009), p 21. 他虽然在23家公司进行交易,但几乎所有交易都集中在其中7家。

⑬ Christine MacLeod, "The 1690s Patents Boom: Invention or Stock – Jobbing?" (1986) 39 *Economic History Review* 549 at 560 (example in fn 51).

⑭ 拟定特许状的授权令载于:State Papers Domestic (7 October 1691) (National Archive: SP 44/341 ff 197 – 202).

⑮ 1691年第268号专利,授予罗伯特·胡克斯(Robert Hookes)和克里斯托弗·道兹沃斯(Christopher Dodsworth)。

久后根据特许状成立的,一直交易到1694年①,之后便销声匿迹了②。第二阵营的例子是托马斯·尼尔(Thomas Neale),尽管他很难有效实施其专利,但他凭借专利③筹集了高达12000英镑的资金④。这些雄心勃勃的(如果不是欺诈性的)专利投资计划引发了法院诉讼⑤,但更重要的是,为实施这些计划,人们向议会提出请愿。

● 白纸制造公司

三家公司通过议会私法案成功地延长了专利保护期限。白纸制造公司是第一家,也是最重要的一家。英格兰的造纸业可以追溯到伊丽莎白时代⑥,但直到很久以后,英格兰才有人尝试制造白纸。1682年⑦,乔治·夏甲(George Hagar)被授予一项发明专利。他成立了一家公司尝试实施发明,但公司失败了(主要是因为他先前破产⑧的债权人攫取了他成功募集的资金)。1685年,约翰·布里斯克(John Briscoe)申请了一项"制造、施胶和漂白书写印刷等纸张和其他纸张"的专利⑨。他被授予专利,并于1686年6月13日再次向国王请愿,请求颁发成立公司特许状,称开始实施这项专利需要10万英镑⑩。约翰·布里斯克获得了特许状⑪。随后,1686年7月23日,白纸制造商监管公司(Governor and Company of the White Paper Makers)成立了,该公司被赋予"为期14年独家制造、施胶和完成各种书写和印刷纸张的权利"⑫。同以往一样,该垄断权还附随着搜查和强行进入的权力,但需要首席大法官批准⑬。本事例中,专利并没有转让或让与给公司,只是授予公司一项新的垄断权来实施发明。如上所述,议会支持并继续创设公司(尽管此时是以合股公司的形式交易),以此垄断整个行业。由于公司现在依靠私法案,不再需要仰仗《垄断法》第九条的庇护。白纸制造公司以每股50英镑⑭的价格出售了400股股份,筹集到至少20000英镑,并积极行使权利。结果,一年之内,该公司就要求一名违反者按照特许状规定,向公司缴纳500英镑的罚款⑮。

---

① 见:Anne L Murphy,*The Origins of the English Financial Markets*(Cambridge 2009),p 21.
② Christine MacLeod,"The 1690s Patents Boom:Invention or Stock – Jobbing?"(1986)39 *Economic History Review* 549 at 566.
③ 1692年第292号专利.
④ *George Ball Appellant*,*John Coggs and Other*,*The Appellants Case*(1710)(ETSC T040785).
⑤ *Dunstar v Williams*(1695)(National Archive:C6/304/39);*Clarke v Pilkington*(1692)(National Archive:C9/255/68);两者均由以下文献发现:Sean Bottomley,*British Patent System during the Industrial Revolution*(Cambridge 2014),p 116,fn 54.
⑥ 小结见:William Scott,*The Constitution and Finance of English*,*Scottish and Irish Joint – Stock Companies to 1720*(Cambridge 1911),Vol 3,p 63.
⑦ 1682年第220号专利,尽管该专利被授予另一个人——纳撒尼尔·布莱登(Nathaniel Bladen).
⑧ 与库普思(Koops)的问题类似,见第89页.
⑨ 1685年第246号专利,见:State Papers Domestic(15 April 1685);National Archive SP 44/71 f 127.
⑩ State Papers Domestic(13 June 1686):National Archive:SP 31/3 f 262.
⑪ 该特许状载于:Cecil Carr,*Select Charters of Trading Companies 1530 – 1707*(Selden Society,1913),pp 203 – 207.
⑫ 见:Cecil Carr,*Select Charters of Trading Companies 1530 – 1707*(Selden Society,1913),p 206.
⑬ Cecil Carr,*Select Charters of Trading Companies 1530 – 1707*(Selden Society,1913),pp 206 – 207.
⑭ 见:Preamble to White Paper Company Act 1690(无印制版:见 Ingrossment:L/PO/ PB/1/1689/2W&Mn25).
⑮ 见:State Papers Domestic:National Archive:SP 16/2 f 186(违反者是 Theodore Janssen).

● 皇家丝织品公司

1688年11月23日,保罗·克劳斯德利(Paul Cloudesly)、威廉·谢拉德(William Sherrard)和彼得·迪克卢(Peter Ducloux)获得了丝绸制造、装饰和清洁的专利①。三人和其他人一起,获得了成立皇家丝织品公司(Royal Lustring Company)的特许状②。公司获得了议会的广泛支持,使得他们的垄断地位得以维持。1696年《丝织品法案》(Lustrings Act 1696)规定,任何没有海关或皇家丝织品公司印记的阿拉莫德绸或光亮绸都将被没收③。次年,另一项法案授予该公司在未来14年内生产黑色阿拉莫德绸和光亮绸的垄断权④。议会对该公司的支持并未止步于此,1706年,议会又通过一项法案,进一步授予该公司限制进口光亮绸和丝绸的权力⑤。

● 凸面灯公司

议会并非无条件支持公司。塞缪尔·哈钦森从爱德华·温都斯处获得了一种新型玻璃灯(凸面灯)专利⑥。哈钦森想到,如果他能制造和安装这种灯具,他就可以向住户收取年费⑦。他需要筹集资金,于是他将专利股份分成4份共32股⑧并发行,共筹集到大约5000英镑⑨。凸面灯公司有一个直接竞争对手——皇家照明公司(Light Royal),该公司系基于艾德蒙·赫明(Edmund Hemming)的发明而成立⑩。皇家照明公司和凸面灯公司之间的竞争引发了接下来的事情。1692年,凸面灯公司寻求私法案以延长专利保护期限⑪,遭到强烈反对⑫,法案未能通过⑬。然而,这次失败后不久,伦敦孤儿基金(London's Orphans Fund)遭遇的困境给了凸面灯公司另一次机会。

当时,伦敦孤儿基金大约有50万英镑的赤字,伦敦市正在想方设法填补这一缺口⑭。另外,伦敦市还要求住户必须悬挂灯盏,以便在日照时间较短的月份里照亮街道⑮。赫明向

---

① Patent No 261(1688).
② Charter of Royal Lustring Company(1698)Wing C3725(另见:Woodcroft No. 261 *).
③ 1696年《丝织品法案》第三条,尽管国内已经在生产丝织品的公司可以要求免费盖上印记(第八条).
④ 1697年《丝织品法案》第十四条.
⑤ 1706年《皇家丝织品公司法案》第三条.
⑥ 1684年第232号专利.
⑦ WR Scott,*The Constitution and Finance of English,Scottish and Irish Companies to 1720*(Cambridge 1911),Vol 3,p 53.
⑧ *The Manuscripts of the House of Lords*,1693-5(HMSO 1964),Vol 1,p 373(No 822(b)).
⑨ WR Scott,*The Constitution and Finance of English,Scottish and Irish Joint Stock Companies to 1720*(Cambridge 1911),Vol 3,p 53.
⑩ 这可能是约翰·维马蒂(John Vematty)的专利(1683年8月1日第227号专利),但并不确定,见艾德蒙·赫明的专利权人名单:*July 1. 1691. By Virtue of a Patent Granted by King Charles II. for a New Invention of Lamps with Convex Glasses*(Wing H1414A);*The Case of Edmund Heming,Who First Set Up the New Lights in the City of London*(Wing H1415).
⑪ Convex Light Bill 1692.
⑫ 10 CJ 709(22 November 1692);10 CJ 710(24 November 1692);10 CJ 734(6 December 1692);10 CJ 747(19 December 1692).
⑬ 在下议院三读时被否决:10 CJ 765(30 December 1692).
⑭ Reginald Sharpe,*London and the Kingdom*(Longmans 1894),Vol 2,p 545;关于各种失败的私法案,见:Frederick Clifford,*A History of Private Legislation*(1887)(Frank Cass 1969),Vol 2,pp 375-388.
⑮ John Beckmann(Trans William Johnston),*History of Invention,Discoveries,and Origins*(Bell & Son 1880),Vol 2,pp 178-179.

市长和市议会提议,他的公司可以向伦敦市提供灯盏,并将一半的公司利润转交给伦敦孤儿基金①。稍晚些时候,凸面灯公司提议,愿每年支付600英镑租金,签订为期21年的协议②。该报价略胜一筹③,但哈钦森本人不同意伦敦市和"他的"凸面灯公司之间的协议条款。哈钦森的名字并不在公司股东之列,但在向议会请愿后,他获得了一个保留条款④。1694年《伦敦孤儿法案》(London Orphans Act 1694)颁布后,哈钦森及盟友与公司其他股东之间发生了重大分歧⑤。但凸面灯公司在其他方面是成功的。法案通过后的几十年里,得益于议会授予凸面灯公司的垄断权,伦敦市始终拥有良好的照明系统。然而,21年的垄断权刚到期,其他更便宜的选择就接踵而至⑥。

议会通过颁布私法案允许设立这些公司,声称是要在英格兰鼓励引进和发展新产业。这一目标肯定实现了,因为这三家公司一度都很成功。但对于规约公司及利用规约公司来监管整个行业而言,毫无疑问也是一种回望。从长远来看,议会在创造和支持股票市场,并借此鼓励投机。这样一来,合股公司数量增加,其后导致泡沫形成。

《泡沫法案》以及公司禁令

股票交易继续进行,并且随着南海泡沫骗局及所谓的《泡沫法案》(又称1719年《皇家交易所与伦敦保险公司法案》)的出台,股票交易达到了高峰。人们普遍认为,该法案是对南海泡沫骗局被戳穿后引发股票价格暴跌的回应⑦。然而,正如高尔(Gower)⑧等人⑨指出的那样,《泡沫法案》1720年6月11日⑩获得王室批准,于1720年6月24日生效,而当时泡沫依旧在膨胀。关于法案通过的原因,哈里斯(Harris)提出了一个更有说服力的说法。他

---

① "Proposals Humbley Offered for the Better Lighting of All Street, Lanes, Allies and Public Courts within the City of London", *Journals of the Common Council* (1689–1694), Vol 51, Meeting of Common Council, 6 September 1662 (London Metropolitan Archive: COL/CC/01/01/049).

② Minutes of Meeting of Common Council, 6 November 1692; and Report of Committee of Improvements, *Journals of the Common Council*, 13 December 1662 (1689–1694), Vol 51 (London Metropolitan Archive: COL/CC/01/01/049).

③ 事实上,皇家照明公司和另一家公司(玻璃球灯公司)提出了第二次报价,见: William Scott, *The Constitution and Finance of English, Scottish and Irish Joint Stock Companies to 1720* (Cambridge 1911), Vol 3, pp 55–56.

④ London, Orphans Act 1694, s 28.

⑤ William Scott, *The Constitution and Finance of English, Scottish and Irish Joint Stock Companies to 1720* (Cambridge 1911), Vol 3, pp 59–60.

⑥ William Scott, *The Constitution and Finance of English, Scottish and Irish Joint Stock Companies to 1720* (Cambridge 1911), Vol 3, p 60.

⑦ 股价崩盘源于误导性评论,参见: William Blackstone, *Commentaries on the Laws of England*; Book 4; *Of Public Wrongs* (ed Wilfred Priest) (Oxford 2016), Book IV, p 117 (p 77–78); Frederic Maitland, "Trust and Corporations" in *The Collected Papers of Frederic William Maitland* (Cambridge 1911) Vol3, p 390; John Plumb, *England in the Eighteenth Century* (Penguin 1968), p 26; Eric Pawson, *The Early Industrial Revolution: Britain in the Eighteenth Century* (Basford 1979), p 89.

⑧ LCB Gower, "A South Sea Heresy?" (1952) 68 *LQR* 214 at 218.

⑨ 另参见: Ron Harris, "The Bubble Act: Its Passage and its Effects on Business Organization" (1994) 54(3) *Journal of Economic History* 610 at 618–619 (and Ron Harris, *Industrializing English Law: Entrepreneurship and Business Organization 1720–1844* (Cambridge 2000), pp 73–74); Colin Cooke, *Corporation, Trust and Company: An Essay in Legal History* (Manchester 1950), pp 84–85.

⑩ 新法案1720年6月11日经《伦敦政府公报》公告(第5859期,第1页)公开.

认为,该法案旨在通过阻止投资其他"泡沫"公司的方式来维护南海公司股票价格①。而南海公司股票代表着国债,因此得到了财务部的政策②支持。股票投机行为的疯狂程度从南海公司股票③的价格可得一斑:南海公司股票价格从1720年1月1日的128英镑暴涨至《泡沫法案》获得王室批准之日的735英镑,并在6月29日达到950英镑每股的峰值,在7月到8月之间维持在838英镑的平均水平,然后秋季进入暴跌状态(停牌前的最低点是10月14日的145英镑)。

《泡沫法案》的相关条款是第十八条,该条规定:未经王室或议会授权,禁止成立合股公司。该条内容很长,详细描述了合股公司的各种弊端。相关禁止性内容如下:

任何诸如以下举动或者尝试,尤其是作为或假装作为法人实体运作,发行或假装发行可转让证券,转让或视为转让、分配证券中的利益,但未经议会法案或王室特许状相应的合法授权;
所有(假装)根据之前由王室授予的、设定特定或特别目的任何特许状,利用、准备利用或者争取利用该特许状来筹集证券、转让或分配股票,但未遵从特许状意指或设定目的的;或(假装)按照因不使用或滥用而导致无效或可撤销的特许状行事,以及未依法进行选举以维持公司按设立目的运行的,上述(所有将要实施、已完成、尝试、争取或继续的行为、事务,在1720年6月24日之后)将永远被视为非法和无效,不得实施,也不得在任何情况下执行。

该条款的措辞有些晦涩难懂,或许有人认为,对发明授予专利,可视为符合第十八条所称的"合法授权",毕竟这是王室颁布的特许状。1720年7月5日,国王远在德国的汉诺威,摄政的大法官们在未指明这一问题的情况下,指示司法官员考虑在未来所有的发明专利特许状中添加一条保留条款,以限制多人共有专利权④。此外,一周后的7月12日,大法官们同意驳回所有未决的请愿⑤,并以枢密院君令的方式来实现这一目的⑥。可见,在南海泡沫骗局爆发前,专利授权中的保留条款⑦就已禁止专利同时为五人以上共有⑧,典型措辞如下⑨:

---

① 参见:Ron Harris, "The Bubble Act: Its Passage and its Effects on Business Organization" (1994) 54(3) *Journal of Economic History* 610 at 618 – 619; and Ron Harris, *Industrializing English Law: Entrepreneurship and Business Organization 1720 – 1844* (Cambridge 2000), pp 64 – 68.
② 但是,不应将南海股票等同于国债,参见:LCB Gower, "A South Sea Heresy?" (1952) 68 LQR 214 at 221 – 222.
③ 此处南海公司股票的价格源于以下文献:Rik Frehen, William N. Goetzmann and K. Geert Rouwenhorst, "New Evidence on the First Financial Bubble" (2013) 108 *Journal of Financial Economics* 585.
④ State Papers Domestic (5 July 1720): National Archive: SP 44/283, f 15.
⑤ State Papers Domestic (12 July 1720): National Archive: SP 44/283, f 19.
⑥ 1720年7月12日《伦敦政府公报》(第5868期,第3页):法官们共驳回了18次请愿:大多数是成立各类公司的请愿,只有约瑟夫·加伦多(Joseph Galendo)的请愿是为了保护发明.
⑦ 保留条款首次出现在罗维(Rowe)的专利(专利号431,1720年10月12日授予)中.
⑧ 博顿利(Bottomley)错误地认为保留条款出现在南海泡沫骗局之后,参见:Sean Bottomley, *The British Patent System during the Industrial Revolution 1700 – 1852* (Cambridge 2014), p 267.
⑨ 所举的例子源自1824年第4928号专利,该专利是以下案件争议的焦点:*Duvergier v Fellowes* (1828) 1 HPC 943;见 5 Bingham 248 at 252 – 253 (130 ER 1056, 1058).

……倘若……前述珍·雅克·圣马雷(Jean Jacques Saint Mare),其遗嘱执行人或遗产管理人,或者任何应该或可能在专利授权后、在特权存续的任何时间内对所述被授权的发明拥有或主张任何普通法或衡平法上权利、所有权或利益,或对该发明拥有唯一使用和收益的权力、特权和授权者,不得实施下述行为:向5人以上转移或转让(或假装转移或转让)上述特权,或由此产生的利益或利润的任何份额;或安排信托财产的,开立账簿或促使开立账簿,以募集资金来实施前述被授予特权的名义,允许5人以上公开申购股份;或者通过他们自己,或其代理人或雇员,为此等或类似目的,接收5人以上任何人数提供的任何一笔或多笔资金;或假装以法人团体身份进行活动;或者将前述授予的专利特许状或特权的利益拆分为超过5份的任何股份;或承诺、施行(或寻求他人承诺、施行)任何行为、事项或事件,该人或该等人应在普通法或衡平法上对同一经营场址拥有任何权利或所有权。上述诸行为,违反了已故国王乔治一世在位第六年所制定的下述议会法案的真正意图和意义:法案标题为"为更好地捍卫国王陛下通过两个特许状授予的某些权力和特权,以保证海上船舶和商品安全,以及押船借贷合同借贷,并限制其中提到的几种奢侈和不正当做法之法案"①。或如上述权力、特权或授权在其后任何时间授予或信托予多于5人或其代表,就立遗嘱者或无遗嘱者的此等权利而言,将遗嘱执行人或遗产管理人视为其代表的立遗嘱者或无遗嘱者的单一人士。在上述任何一种情况下,该等专利特许状以及由此授予的所有权利和利益将完全停止并变得无效,即使之前的任何内容在任何方面与之相反。

接下来的130年,这一限制成为了所有英格兰和苏格兰专利②的标配③。然而,即使专利授权中增加的保留条款是为了将投资指引向官办企业,但就像《泡沫法案》本身一样,随着股票买卖本身带有罪恶性,《泡沫法案》的目的也发生了改变。正如斯科特所言:

当时《泡沫法案》被认为是对行业的恶意歪曲、对廉洁商业的破坏、对有序社会生活的颠覆,甚至连宗教和美德也不放过,用任何言辞来谴责它都不为过。事实上,合股企业形式所遭受的责难仅次于南海公司的董事所遭受的唾骂④。

• "限制为5人"

正如人们所期待的任何保护美德的法律一样,至少在最初,《泡沫法案》得到了强有力

---

① Royal Exchange and London Assurance Corporation Act 1719(the"Bubble Act")。
② 此类保留条款并不总是出现在爱尔兰专利中。爱尔兰内战期间,专利登记册于1922年6月30日遭到毁灭,当时四个大楼遭到炮击。但可以确定的是,这并非马提亚·库普思(Matthias Koops)爱尔兰专利中的内容,参阅:*Report on Mr. Koops' Petition:Respecting his Invention for Making Paper from Various Refuse Materials*(1801 HC Papers 55),Vol 3,p 127 at p.4)。
③ 如后文所述,尽管它已经从5人增加到了12人。
④ WR Scott,*The Constitution and Finance of English,Scottish and Irish Joint Stock Companies to 1720*(Cambridge 1911),Vol 1,p 437。

的执行①。专利中的保留条款也不例外——当有人请求解除专利中的保留条款时,司法官员"不为所动",坚持维持保留条款②。詹姆斯·克里斯托弗·勒布朗(James Christopher Le Blon)进行了一次大胆尝试,请求王室在不设定保留条款③的情况下批准他设立公司。而且似乎在政府内部,有些人也支持他的请求。然而,最终授予的专利依然包括通常的5人限制④。随后,他于1734年向议会提交请愿书,请求允许他和他的合作伙伴一起实施专利,但以失败告终⑤。这次失败不可避免,或许是因为在1733年,一般法对证券买卖的限制日益严格⑥,1736年的限制再度严格⑦。《泡沫法案》中的一般性禁令并未完全阻止合股公司的发展,在某些领域,例如采矿、船舶共有以及运河建设,合股公司仍然存在⑧。而重要的是要记住,保留条款限制的是多人共有一项专利,它并不妨碍法人实体持有专利,因为法人是一个单一的法律实体(而非其成员的集合)⑨。因此,在这种情况下,专利依然是一人持有,没有超过5人(保留条款所禁止的情况)。

然而,通过议会私法案或者王室特许状成立公司是受到限制的;1761年总检察长向枢密院递交的报告解释了其中的原因:"贸易几乎不需要(公司)形式以及股份的帮助"⑩。因此,不应将专利中的保留条款视为对公司身份的攻击,而应视为对专利共有人(即可以持有"股份"者)数量的限制。此种限制,在法律中并非没有他例。尽管普通法并未⑪对成立合伙企业的人数作出限制⑫,但许多制定法设有限制:煤炭业合伙人最多不能超过5人⑬,银行业合伙人不得超过6人⑭,海上保险业则彻底不允许合伙⑮。每一项限制都是源于不同的政策考虑。因此,不仅无法人地位的合股公司不得持有专利,拥有5名以上合伙人的合伙企业也

---

① WR Scott, *The Constitution and Finance of English, Scottish and Irish Joint Stock Companies to 1720* (Cambridge 1911), Vol 1, p 437.

② Christine MacLeod, *Inventing the Industrial Revolution: The English Patent System 1660 – 1800* (Cambridge 1988), p 55.

③ Le Blon's Petition to Incorporate: State Papers Domestic (25 August 1725); National Archive: SP 35/57/2 f 89.

④ 1727年第492号专利;见:Christine MacLeod, *Inventing the Industrial Revolution: The English Patent System 1660 – 1800* (Cambridge 1988), pp 55 – 56.

⑤ Le Blon's Petition 1734 (22 CJ 259; 27 February 1734).

⑥ Stock Jobbing Act 1733.

⑦ Stock Jobbing Act 1736.

⑧ Ron Harris, *Industrializing English Law: Entrepreneurship and Business Organization 1720 – 1844* (Cambridge 2000), Ch 7; Bishop Hunt, *The Development of the Business Corporation in England 1800 – 1867* (Harvard 1936), p 10.

⑨ *Case of Sutton's Hospital* (1612) 10 Co Rep 23a (77 ER 960).

⑩ Report in 1761 of the Attorney and Solicitor – General on the Petition for a Charter for the Equitable Life Assurance Company (14 July 1761) included in The *Assurance Magazine* (WSD Pateman 1851), No2 at p 89.

⑪ 1856年《合股公司法案》(Joint Stock Companies Act 1856)(一年后被1857年《合股公司法案》取代)第四条提出了最多20名合伙人的限制;直到2002年《监管改革(移除20人合伙人限制等)令》(Regulatory Reform (Removal of 20 Member Limit in Partnership, etc) Order 2002)(SI 2002/3203)才最终废除了该限制.

⑫ Nathaniel Lindley, A Treatise on the Law of Partnership (William Maxwell 1860), Vol 1, p 71.

⑬ Coal Trade Act 1788, s 2(后被以下法案废除:Coal Trade Act 1836).

⑭ 1800年《英格兰银行法案》(The Bank of England Act 1800)规定,超过6人便不能"通过汇票或本票来向诸如银行借、欠或兑付任何即期或期限短于6个月的任何票据中的款项";根据1826年《乡村银行家法案》(Country Bankers Act 1826),相关限制在伦敦以外放宽;1844年《合股银行法案》(Joint Stock Banks Act 1844)进一步在地域上放宽限制,本法案后被1857年《合股银行公司法案》(Joint Stock Banking Company Act 1857)取代.

⑮ Royal Exchange and London Assurance Corporation Act 1719(本法案将海上运输保险经营权仅给了两家公司,后被Marine Assurance Act 1824取代).

同样不可以。

在18世纪,法人本身仍旧很少见。但到了18世纪末期,越来越多的非法人公司成立了。这些公司的性质和形式现在仍然存有争议。例如,梅特兰(Maitland)认为,通过结合信托法和合伙企业法,可以成立一家有限责任的非法人合股公司①。尽管在《泡沫法案》废除前合股公司的发展、合法性和重要性尚不确定②,但可以明确的是,它不具备独立的法人资格③。所以当股东离开、死亡或者售出股票时,需要建立新的合伙(或信托)关系。不具备独立的法人资格身份意味着不得以合股公司的名义来实施专利,因为它们本身无法持有专利④。然而,尽管在18世纪后半叶非法人公司的数量在增长⑤,但就与专利的关系而言,仍然是维持了之前的状况。这一趋势在很大程度上可以从通过的延长专利权的各种私法案来判断⑥。

- **通过私法案来维持现状**

专利共有人不超过5人这一限制的重要性可以从18世纪的私法案中看出。虽然早期专利期限延长法案,例如约翰·埃尔维克(John Elwick)⑦和迈克尔·梅兹(Michael Meinzies)⑧的专利,甚至是后来1775年《瓷器专利法案》和1776年伊丽莎白·泰勒的专利法案,仅仅是延长了最初的专利授权期限(保留了对共有人不超过5人的限制),但也并非都是如此。1749年,伊斯雷尔·波诺尔(Israel Pownoll)的专利获准延长期限(准确地说是复活了专利,因为该专利已于1726年⑨到期),以方便其子女实施这项发明。安妮女王最初授权的专利并无共有人不超过5人的限制,但延长专利期限的法案明确规定了这一限制⑩。此外,当法案明确规定要保护发明(而不仅仅是延期)时,又同时设定了5人的限制。这一做法始于1775年的《詹姆斯·瓦特消防车专利法案》⑪,并在随后的私法案中延续下来⑫。18世纪

---

① Frederic Maitland,"The Unincorporate Body" in *The Collected Papers of Frederic William Maitland*, Vol 3 (Cambridge 1911), pp 278 - 279; also see Colin Cooke, *Corporation, Trust and Company: An Essay in Legal History* (Manchester 1950), pp 85 - 88.

② 参见: Ron Harris, *Industrializing English Law: Entrepreneurship and Business Organization 1720 - 1844* (Cambridg 2000), Chapter 6.

③ 苏格兰并非如此,其合伙企业逐步具备法人资格,并最终由1890年《合伙企业法》(Partnership Act 1890)第四条第二款予以确认.

④ 他们可以将专利许可给公司,但这将意味着被许可人公司将受到专利权人的左右,参见约翰·邓肯(John Duncan,律师及东部县区铁路公司(Eastern Counties Rail Company)的法律助理)的例证: *First Report of the Select Committee on Joint Stock Companies; Together with the Minutes of Evidence* (1844 HC Papers 119), Vol 7, p 1 at Q2097 (p 177).

⑤ 参见: Ron Harris, *Industrializing English Law: Entrepreneurship and Business Organization 1720 - 1844* (Cambridge 2000), pp 194 - 198.

⑥ 参见本书第121页.

⑦ Elwick's Patent Act 1742.

⑧ Meinzies' Patent Act 1750.

⑨ 该专利于1712年得到授权(第312号专利).

⑩ Pownoll's Patent Act 1749, s 1.

⑪ James Watt's Fire Engine Patent Act 1775, s 4.

⑫ Liardet's Cement Patent Act 1776, s 5; Hartley's Patent (Fire Prevention) Act 1776, s 3; Bancroft's Patent Act 1785, s 3; Turner's Patent Act 1792, s 5; Conway's Patent Kiln Act 1795, s 3; Cartwright's Woolcombing Machinery Act 1801, s. 4; Fourdriniers' Paper Making Machine Act 1807, s 7; Hollingrake's Letters Patent Act 1830, s 4.

后半叶的政策明显是要将专利的管理限制在小群体中。

- **繁荣前的例外——马提亚·库普思**

在这一大趋势中,有一个明显例外。马提亚·库普思对使用亚麻和棉花以外的原料造纸很有兴趣。到 1800 年,他已经在位于伯蒙德塞(Bermondsey)的内金格造纸厂(Neckinger Mill)生产了此类纸①,但他希望扩建工厂,以进一步实施自己的想法。他获得了一项发明专利②,即用秸秆、干草、蓟、废料以及回收的大麻和亚麻③造纸。专利中包括④一条常见的保留条款,即专利不得转让给超过 5 人。

库普思租赁了一块地来建造造纸厂。据专家估测,建厂至少需要花费 5 万英镑,且至少需要雇佣 500 人。显而易见的是,多方投资者可以提供高达 10 万英镑的资金,但要筹集到这笔资金,就必须去除保留条款、允许发行股票⑤。因此,他请求议会⑥批准设立再生纸公司(Regenerating Paper Company⑦,最终定名为"秸秆造纸公司"(Straw Paper Company))。在库普思第二次⑧提出请愿后,议会颁布了 1801 年《库普思造纸专利法案》(Koops Papermaking Patent Act 1801)。该法案允许最多 60 人⑨共同持有该专利。这样,库普思就能够出售股票并于 1801 年在米尔班克(Millbank)建立工厂⑩。不幸的是,早在 1790 年,库普思曾出现过因破产未清偿完债务的状况。1802 年,他尝试清偿所有债务以摆脱破产困境,但以失败⑪告终,生意也随之失败⑫。尽管如此,这一法案仍为其他人提供了可供参考的先例。

- **19 世纪初期的合股公司**

自 18 世纪末⑬以来,合股公司变得越来越重要。在 19 世纪的第一个十年,合股公司数量大幅增长。然而,当时仍有一种观点认为,成立合股公司并不是什么好事。托马斯·莫蒂默(Thomas Mortimer)这样描述合股公司⑭:

---

① RJ Goulden, "Koops, Matthias (fl. 1789 – 1805)" in *Oxford Dictionary of National Biography*, Vol 32 (Oxford 2004), pp 80 – 81.
② 由于他拥有英格兰、苏格兰和爱尔兰的专利,所以有的报道称他拥有三项专利.
③ 1801 年第 2481 号专利.
④ 爱尔兰的专利中并不包括保留条款,见: *Report on Mr. Koops' Petition* (1801 HC Papers 55), Vol 3, p 127 at p.4.
⑤ 55 CJ 647 (13 June 1801)(伊利亚斯·卡朋特(Elias Carpenter)的证据).
⑥ 最初的请愿书也试图对说明书保密,但并未成功,参见第 110 页.
⑦ 55 CJ 635 (11 June 1801).
⑧ 该法案进行了一读,但从未进入二读阶段.
⑨ 56 CJ 174 (16 March 1801).
⑩ RJ Goulden, "Koops, Matthias (fl. 1789 – 1805)" in *Oxford Dictionary of National Biography*, Vol 32 (Oxford 2004), pp 80 – 81.
⑪ 以下案件对相关事实进行了解释: *Hesse v Stevenson* (1803) 1 HP 455; 3 Bos & P 565 (127 ER 305).
⑫ RJ Goulden, "Koops, Matthias (fl. 1789 – 1805)" in *Oxford Dictionary of National Biography*, Vol 32 (Oxford 2004), pp 80 – 81.
⑬ Ron Harris, *Industrializing English Law: Entrepreneurship and Business Organization 1720 – 1844* (Cambridge 2000), p 216.
⑭ Thomas Mortimer, *Every Man His Own Broker or a Guide to the Stock Exchange* (13th Ed, WJ and J Richardson 1801), p 7 (此书于 1761 年首次出版,共发行了超过 14 版).

许多商人联合起来向政府申请垄断特许状,阻止他人从事同样的商业活动;他们申请获得以公开认股方式筹集股本或资金的权力。这样的公司一般占支配地位。

尽管如此,1803年至1811年间①,在证券交易所上市的公司数量翻了一番。1807年是一个鼎盛之年,至少有42家合股公司成立②。但许多合股公司的资金募集方案停留在纸面上③,换言之,这些方案或者项目止步于寻找投资方,并无现成投资人或步入正轨经营阶段。看起来《泡沫法案》的执行被搁置了。非法人合股公司数量的增长重新唤起了人们对18世纪20年代的回忆④,同时被唤起的还有捍卫公司的尝试⑤。《泡沫法案》颁布近百年来⑥,在杜德案(R v Dodd)⑦中首次成为法庭上的争议话题。首席大法官埃伦伯勒勋爵(Lord Ellenborough)对当事人等这样说道:

为慎重起见,建议有关各方避免实施这一基于合股和可转让股份的恶意项目以及其他类似性质的投机项目。同时,我们希望这一表态能够阻止他人从事类似的恶意及非法项目⑧。

法庭依旧普遍对合股公司持怀疑态度,合股公司的合法性身份也存疑⑨。在韦伯案(R v Webb)中⑩,埃伦伯勒勋爵认为,持有股份是合法的。但他认为,认定为合法的前提是对转让进行限制,并且"公司的目标不是为了转让股份而筹集股份,也不是让此类股份成为商业投机或者冒险的对象"⑪。在后来的一些案件中,法官们似乎将此判决解读为只有导致"共同怨愤、侵害和困难"的合股公司才属于《泡沫法案》规制的范围⑫。这些判决在很多地方受到欢迎。《晨报》(Morning Chronicle)上的一系列通讯员稿件显示,限制合股公司是

---

① Charles Dugid, *The Story of the Stock Exchange: Its History and Position* (Grant Richards 1901), p 96.
② Ron Harris, *Industrializing English Law: Entrepreneurship and Business Organization 1720-1844* (Cambridge 2000), p 202.
③ Bishop Hunt, *The Development of the Business Corporation in England 1800-1867* (Harvard 1936), pp 15-16.
④ 见:David Macpherson, *Annals of Commerce: Manufactures, Fishing and Navigation* (WJ and J Richardson 1805), Vol 3, pp 76-103; and Anon, *An Account of the South Sea Scheme and a Number of Other Bubbles* (J Cawthorne 1806).
⑤ 见:Philopatris, *Observations on Public Institutions, Monopolies, Joint-Stock Companies and Deeds of Trust* (JM Richardson 1807); Henry Day, *A Defense of Joint-Stock Companies; Being an Attempt to Shew their Legality, Expediency, and Public Benefit* (Longman 1808).
⑥ 这一判断源于没有任何此类决定的法律报告,但这并不意味着没有未报告的决定。
⑦ (1808) 9 East 516 (103 ER 670).
⑧ (1808) 9 East 516 at 528 (103 ER 670 at 674).
⑨ Buck v Buck (1808) 1 Camp 547 (170 ER 1502) (该案脚注提及了1809年斯塔顿案(R v Statton))。
⑩ (1811) 14 East 406 (104 ER 658).
⑪ 虽然韦伯案对《泡沫法案》的目的发表了一些评论,并使用了这个表述,但它似乎并不是该案判决的依据。然而,以下两案似乎认为这是韦伯案的意图:Pratt v Hutchinson (1812) 15 East 511 (104 ER 936) 和 Brown v Holt (1812) 4 Taunton 587 (128 ER 460).
⑫ Nockels v Crosby (1825) 3 B & C 814 at 821 (107 ER 935 at 938); 另见议会顾问的评论:Josephs v Pebrer (1825) 3 B & C 639 at 641 (107 ER 870 at 871).

共识①。这些合股公司继续发展,其中出现了一些合法的代表②。虽然合股公司数量在增加,但似乎实施专利的合股公司仍然很少。专利授权的措辞显示,早在合股公司兴起之前,专利就可以转让给少数合伙人,但个人无法筹集够实施发明③所需资金的情况罕见。与《泡沫法案》不再具有约束力的观点相反,专利权人很可能认为共有人不超过五人的限制仍然存在④。在19世纪初合股公司蓬勃发展的整个过程中,实施专利并非合股公司关注的焦点。从1801年《库普思造纸专利法案》到1825年废除《泡沫法案》期间,有一些人⑤寻求设立公司来实施专利,但都未获成功:1812年弗雷德里克·温莎(Fredrick Winsor)⑥只是提出了请愿,之后便再没有下文;1816年詹姆斯·李(James Lee)⑦的议案在上议院三读时败北,主要原因是他希望将自己的说明书保密⑧;在1819年和1821年,抗菌公司(Antimephitic Company)也均未成功⑨,最后一项议案在二读时因一票之差未能通过,但不清楚何以遭到如此多议员的反对⑩。

- **《泡沫法案》的废除**

19世纪20年代中期,出现了"雨后春笋般密集创建公司的局面"⑪。1824年出现了大量寻求成立公司的私法案⑫,但没有人请愿成立公司来实施发明⑬。随后,法院做出了很多判决,使得投资合股公司变得愈加凶险。几年前,在埃里森诉比格诺德案(Ellison v Bignold)中,艾尔登勋爵(Lord Eldon)明确指出了合法的合股公司很少的原因⑭:

现在,根据我对法律的理解(这倒不是说我一定正确,但我相信我是正确的),当一些人承诺

---

① A Plain Dealer, *Morning Chronicle*, 5 November 1807, p 3; An Old Fashioned Fellow, *Morning Chronicle*, 9 November 1807, p 3; A Looker, *Morning Chronicle*, 20 November 1807. 该报还在头版刊登了禁止成立合股公司的条款,见:*Morning Chronicle*, 12 November 1807.

② *Brown v Holt* (1812) 4 Taunton 587 (128 ER 460)(陪审团的问题是公司是否是受益人:如果是受益人,则公司合法);*Pratt v Hutchinson* (1813) 15 East 510 (104 ER 936) 12 (对股份转让进行限制意味着不在《泡沫法案》限制之列).

③ 更多有关数据见:Harry Dutton, *The Patent System and Inventive Activity during the Industrial Revolution 1750 – 1852* (Manchester 1984), pp 157 – 158.

④ 事实上,这也一定是库普思寻求私法案的原因,见本书第60 – 61页.

⑤ 此外,还有艾萨克·雷德尔(Isaac Reddell)尝试成立"好希望公司"(Good Hope Company)来实施自己的发明,但他并未获得专利权,见:Good Hope Company Petition 1816 (71 CJ 53;16 February 1816).

⑥ Fredrick Albert Winsor's Petition 1812 (68 CJ 97;18 December 1812).

⑦ Lee's Patent Bill 1816 (Ingrossment:HL/PO/JO/10/2/90B).

⑧ 见本书第110 – 112页.

⑨ Antimephitic Company Bill 1819 和 Antimephitic Company Bill 1821(两份法案文本均已丢失).

⑩ 该案唯一的报道见1821年3月20日《泰晤士报》(*The Times*),报道只提及了几名反对议员的名字,但未说明任何理由.

⑪ Bishop Hunt, *The Development of the Business Corporation in England 1800 – 1867* (Harvard 1936), p 30.

⑫ 有关数字并不统一。亨特认为,到4月份,下议院收到了250份私法案请愿,见:Bishop Hunt, *The Development of the Business Corporation in England 1800 – 1867* (Harvard 1936), p 32;但这个数字似乎被夸大了。对《下议院议事录》第97卷(1824年会期)目录进行检索表明,根据申请成立公司的请愿条目数量真实数据接近亨特数据的十分之一.

⑬ 下一个设立公司来实施专利的请愿发生在几年后:Joseph Tilt's Bill 1827(法案序言未获证实,见:82 CJ 585;20 June 1827).

⑭ (1821) 2 Jac & W 503 (37 ER 720).

相互抱团应对风险时,如果筹集资金的股份和累计的利益不能转让给任何非组织成员,那么这个组织就不是非法的;但如果股份可以转让,我的理解是,转让行为就会使这个组织变成非法①。

紧接着,王座分庭根据《泡沫法案》宣布公平贷款银行公司(Equitable Loan Bank Company)为非法②。欣德诉泰勒案(Kinder v Taylor)③中,艾尔登勋爵提出,非法人公司不仅违反了《泡沫法案》,还违反了普通法④。他还在议会发言反对这些公司,认为它们令人厌恶,是用来逃避债务的欺诈源头⑤。他建议通过立法⑥来进一步规范大型合伙企业⑦。此外,劳德代尔勋爵(Lord Lauderdale)还提出新的议事规则,规定在将 3/4 的资本存入信托公司前,请愿设立非法人公司的法案不得进入二读程序⑧。艾尔登勋爵的法案和新的议事规则都没有取得进展。狂热持续了一整年,政府最终被迫采取行动,消除法律上的不确定性。政府所采取的做法是于 1825 年 6 月废除了《泡沫法案》⑨。可这并没有终结法庭上的争辩,特别是艾尔登勋爵仍旧继续谴责非法人公司⑩。

杜维吉尔诉费罗斯案(Duvergier v Fellowes)⑪的判决至关重要。艾米·杜维吉尔(Aimé Duvergier)成立了一家合股公司,共发行 9000 股股份。该公司宣称的目的是购买和实施一些与蒸馏马铃薯有关的专利⑫。贝斯特(Best)首席大法官认为,任何专利权人向合股公司转让专利的行为都将导致专利立即无效⑬。此外,他还认为,任何企图为此目的募集资金的行为都是欺诈行为,会导致公司给股份认购人的协议不可执行⑭。同年,制造商约翰·泰勒(John Taylor)在向 1829 年特别委员会提供的证据中,认为保留条款(即 5 人限制)"不便利",但并未引起其他人的重视⑮。1832 年,在知名专利代理人威廉·卡普梅尔(William Carpmael)的建议下⑯,限制人数由 5 人改为 12 人。

虽然有人建议可以通过专利许可的方式来规避人数限制⑰,但在原保留条款的有效期

---

① (1821)2 Jac & W 503 at 510(37 ER 720 at 723).
② *Josephs v Pebrer*(1825)3 B & C 639(107 ER 870);不过似乎没有人认为这违反了 1800 年《英格兰银行法案》.
③ (1825)3 Law Journal Reports 68.
④ *Kinder v Taylor*(1825)3 Law Journal Reports 68 at 81.
⑤ HL Deb,21 May 1824,Vol 11(2nd),col 791.
⑥ 然而鉴于他的司法角色,从未如其所愿.
⑦ HL Deb,18 June 1824,Vol 11(2nd),cols 1456 – 1457.
⑧ HL Deb,25 May 1824,Vol 11(2nd),cols 856 – 857;HL Deb,2 June 1824,Vol 11(2nd),cols 1076 – 1077.
⑨ Bubble Companies,etc Act 1825.
⑩ 参见:Bishop Hunt,*The Development of the Business Corporation in England 1800 – 1867*(Harvard 1936),pp 38 – 41.
⑪ (1828)1 HPC 943;5 Bingham 248(130 ER 1056).
⑫ No 5,197(1824(Jean Jaques Stainmarc).
⑬ (1828)1 HPC 943;5 Bingham 248 at 263 – 264(130 ER 1056 at 162).
⑭ (1828)1 HPC 943;5 Bingham 248 at 264(130 ER 1056 at 162).
⑮ *Report from the Select Committee on the Law Relative to Patents for Invention*(1829 HC Papers 332),Vol 3,p 415,Evidence of John Taylor,p 12.
⑯ 至少他自称是知名专利代理人,参见:William Carpmael,*The Law of Patents for Inventions,Familiarly Explained*(London 1832),p 41.
⑰ 这一建议似乎在实践中也得到了体现,见:*Report from the Select Committee on the Law Relative to Patents for Invention*(1829 HC Papers 332),Vol 3,p 415 at p 92;另见:Evidence of John Taylor,p 12.

内,向5人以上提供专利许可是否会导致专利无效的问题,一直未有清晰的答案①(更不用说被许可人在很多方面会受制于专利权人②)。事实上,1832年修改专利权共有人数限制的原因之一,似乎是为了明确(当时)向超过12人授予任何类型的专利权许可均不会导致专利无效。因此,对于1832年之前授予的任何专利,如果许可给5人以上,依然被认为有潜在的风险③。的确,后面会看到,私法案中往往会给予明确的许可他人的权利。更大的问题是,知名律师们认为,独占性许可等同于授予了全部权利,这在1832年之后依然可能被视为是专利权的转让④,因此依然逃脱不了5人限制这一保留条款的束缚⑤。在这一问题上,唯一的权威回应是在普罗瑟罗诉梅案(Protheroe v May)⑥中,法官认为授予独占性许可并不违反保留条款。然而,在那一案件中,发明人收取了专利税。因此,他得到了直接来自于专利的利润。故而当时最知名的专利律师仍旧认为,从专利中获得不可撤销的利润份额仍然落入保留条款规制的范围,还是可能导致专利权无效⑦。在19世纪30年代至40年代之间,比独占性许可是否落入保留条款范围这一法律问题更为紧要的是,许多合股公司的发起人认识到这里可能存在风险。正是因为这个原因,他们才求助于议会。

• 19世纪30年代—1852年

《泡沫法案》被废除后,合股公司遭受的流言蜚语慢慢消退。1834年,议会颁布法案⑧,在理论上使成立公司变得更为容易⑨。尽管如此,注册成立公司仍被认为是一种特权,而非一种普通权利。许多公司发起人仍然向议会请愿,而不是向国王请愿。然而,最终,1844年《合股公司法案》(Joint Stock Companies Act 1844)使得成立公司特权(虽然不是有限责任)变成了可以普遍享有的权利⑩。

人们对合股公司的态度改善后,保留条款的合理性基础似乎也发生了变化:它不再是为了防止欺诈投机者和公众,而是"为了防止若干人联合起来击垮任何个人"⑪。这似乎可以解释为什么废除保留条款的道路如此漫长。第一次移除保留条款的尝试是戈德森的1833

---

① 参见:William Hindmarch, *Treatise on the Law Relating to the Patent Privileges for the Sole Use of Inventions* (Stevens 1846),p 239.

② 另见:*First Report of the Select Committee on Joint Stock Companies; Together with the Minutes of Evidence* (1844 HC Papers 119),Vol 7,p 1 at Q2097(p 177).

③ 因为保留条款限制为5人.

④ 参见:William Hindmarch, *Treatise on the Law Relating to the Patent Privileges for the Sole Use of Inventions* (Stevens 1846),p 241.

⑤ 以下文献持不同观点:Sean Bottomley, *The British Patent System during the Industrial Revolution 1700 – 1852* (Cambridge 2014):pp 268 – 269.

⑥ (1839)3 HPC 495;5 M & W 675(151 ER 286).

⑦ WM Hindmarch, *Treatise on the Law Relating to the Patent Privileges for the Sole Use of Inventions* (Stevens 1846),p 242.

⑧ Grants of Privileges to Companies Act 1834.

⑨ 这一宽松时期较为短暂,因为几年后的1837年《特许公司法案》(Chartered Companies Act 1837)使得设立公司变得更为困难。尽管如此,议会有时仍然认为,在1834年可以通过特许状来设立公司,因此通过私法案是不合适的。见议会关于1837年《伯明翰平板玻璃和冕牌玻璃公司法案》(Birmingham Plate and Crown Glass Company Bill 1837)的辩论:*Mirror of Parliament*,25 April 1837,Vol 2,p 1204.

⑩ 可以根据该法案于1844年11月1日起注册公司,见1844年《合股公司法案》第一条.

⑪ *Re Claridge's Patent* (1851)6 HPC 277;7 Moo PCC 394 at 397(13 ER 932 at 933).

年《专利特许状法案》议案(Letters Patent Bill 1833)。该法案规定,除非对公众有益,否则不必对专利中的权利进行限制,应允许将专利转让给任何数量的受让人①。该议案反响很差,许多有争议的条款在委员会审议阶段被删除②,但不限制受让人数量的条款却得以保留③。不过,最后整个议案被上议院否决,理由是他们觉得需要更多时间来审议该议案④。

布鲁姆勋爵法案的最初版本(后成为1835年《发明专利特许状法案》)同样规定,将专利转让给任何数量的受让人都应是合法的⑤。上议院特别委员会审议该法案时,三名证人都没有认清这一条款的价值。对该条款最被认可的评价来自约翰·法里(John Farey),他认为该条款"令人生疑"⑥。亚历山大(阿奇博尔德)·罗瑟(Alexander(Archibald)Rosser)⑦和约翰·希斯哥特(John Heathcoat)⑧则都认为,这一条款可能会导致大量人员失业,所以不应推行(表明了保留条款新的反竞争理由)。希斯哥特进一步认为,允许合股公司获得专利许可要比允许其请愿获取专利权更合适。特别委员会因此移除了该条款。当法案到达下议院时,未能成功移除保留条款,这被描述为"遭遗漏的改革"⑨之一,原因是难度太大⑩。然而,此后没有任何议案来重新提出该条款。

不久后,在19世纪30年代中期设立公司的热潮中,议会收到了相对较多的私法案请愿,请求成立公司来实施专利。第一个通过的法案是1836年《防干腐公司(专利特许状)法案》(Anti-Dry Rot Company(Letters Patent)Act 1836)⑪。它与后来通过的许多法案形式相似。法案规定公司的目的是为了实施专利⑫,明确了约翰·凯恩(John Kyan)可以转让他的专利⑬,公司可以购买该专利且不会使专利无效⑭,专利权将归属于公司⑮。此后,公司可以

---

① Letters Patent Bill 1833(1833 HC Papers 34),Vol 3,p 169,cl 22.
② 但该法案被拆分为两部分:Letters Patent Bill(As Amended in Committee)1833(1833 HC Papers 496),Vol 3,p 177,和 Letters Patent Expenses Bill 1833(1833 HC Papers 497)Vol 3,p 183.
③ Letters Patent Bill(As Amended in Committee)1833(1833 HC Papers 496),Vol 3,p 177,cl 9.
④ HL Deb,9 August 1833,Vol 20(2nd),cols 440-441.
⑤ Letters Patent for Inventions Bill 1835(As introduced)(1835 HL Papers 68),Vol 1,p 197,cl 8(到特别委员会手上时变成了第七条)。以下文献收录了该法案:Sir John Eardley-Wilmot(ed),*Lord Brougham's Acts and Bills*,*From 1811 to the Present Time*(Longman 1857),pp 145-148.
⑥ Phillip Johnson,"Minutes of Evidence of the Select Committee on the Letters Patent for Inventions Act 1835"(2017)7 *Queen Mary Journal of Intellectual Property* 99 at 109(Q58).
⑦ Phillip Johnson,"Minutes of Evidence of the Select Committee on the Letters Patent for Inventions Act 1835"(2017)7 *Queen Mary Journal of Intellectual Property* 99 at Statement of Archibald Rosser,Clause 7(p 118).
⑧ Phillip Johnson,"Minutes of Evidence of the Select Committee on the Letters Patent for Inventions Act 1835"(2017)7 *Queen Mary Journal of Intellectual Property* 99 at 112(Q72).
⑨ 尽管不需要议会的同意来改变未来专利中的保留条款,只是现存专利需要。但这似乎从未被接受.
⑩ Thomas Barrett-Lennard,HC Deb,13 August 1835,Vol 30(3rd),col 469.
⑪ 紧接着是伯恩哈德(Bernhard)1836年《取暖和通风建筑公司法案》(Warming and Ventilation Building Companies Act 1836).
⑫ Anti-Dry Rot Company Act 1836,s 2.
⑬ Anti-Dry Rot Company Act 1836,s 3.
⑭ Anti-Dry Rot Company Act 1836,s 4.
⑮ Anti-Dry Rot Company Act 1836,s 5;无论是否授予专利,这句话都会出现在1832年之后颁布的私法案中(例如1837年《专利干式计量器公司法案》(Patent Dry Meter Company Act 1837)第五条,该公司受让了迈尔斯·贝里(Miles Berry)的1833年3月19日第6,398号专利)。在某种程度上,这可能是因为公司(作为法律创造物)仅拥有被赋予的权力,又或者是人们对于是否可以将专利许可给12个以上的人仍然存有疑问。当然,也可能兼而有之.

将专利许可①给任何数量的被许可人②。尽管 1837 年股市崩盘,但仍出现了类似的法案③。即便如此,公众对设立公司的看法仍然很消极。查尔斯·狄更斯(Charles Dickens)笔下有一个角色叫蒂格·蒙塔古(Tigg Montague)④,他成立了一家名为"英裔孟加拉人公益贷款和人寿保险公司"(Anglo - Bengalee Disinterested Loan and Life Assurance Company)的诈骗公司,骗取投资者的资金⑤。经济学家托马斯·图克(Thomas Tooke)在 1837 年评述合伙企业法时指出,很少有公司像私人经营那样管理有序⑥。《告银行家书》(Circular to Bankers)虽总体赞成改革,但认为"不应让合股公司从事适于私人从事的商业经营活动",只有为了特殊目的的需要,才应批准设立公司⑦。这些观点得到了法律界人士的赞同,据说法院更偏向于个人经营而不是合股公司⑧。这一观点似乎得到了威廉·希德玛芝(William Hindmarch)等专利律师的认同。作为当时顶尖的专利律师。他在 1844 年的专著中指出⑨:

很显然,与私人经营或普通合伙相比,公开募股的公司无法同等高效地开展生产或贸易活动,管理及规范这类公司的机制会吞噬贸易或生产所带来的全部利润。

1841 年,一个中途异常终止的特别委员会⑩对成立公司的问题进行了更广泛地审议。之后,新任贸易委员会主席威廉·格莱斯顿(William Gladstone)积极审视了该问题。格莱斯顿领导的委员会在 1843 年提交了报告⑪,该报告是 1844 年《合股公司法案》出台的直接原因。一般来说,成立公司是允许的,但却对专利权人无益。保留条款仍然存在,对私法案的需求也同样存在。从 1836 年《防干腐公司(专利特许状)法案》(也称《凯恩专利法案》)(Kyan's Patent Act))到 1852 年⑫最后一部此类法案通过,期间共通过了 33 部私法案,目的是

---

① 参见本书前面第 93 页有关许可的讨论;公司只能处理经过授权的事务,因此无论是否涉及专利法问题,都需要授予公司许可权,公司方能够从事许可业务。

② Anti - Dry Rot Company Act 1836,s 5;这表明,在 1832 年之后(该专利为 1835 年第 6726 号专利),人们仍然对于向超过 12 人许可专利表示关切。

③ 英格兰股市崩盘的意外与 1837 年美国的经济大恐慌有关,参见:*The Many Panics of 1837:People,Politics,and the Creation of a Transatlantic Financial Crisis*(Cambridge 2014)。

④ Charles Dickens,*Martin Chuzzlewit*(1844)(Penguin 1999)。

⑤ 这就是现在所说的庞氏骗局。

⑥ *Report on the Law of Partnership*(1837 HC Papers 530),Vol 44,p 399(the Ker Report) - Communication from Thomas Tooker,p 33(par 4)。

⑦ *The Circular to Bankers*,17 August 1838(No 527),p 51。

⑧ *The Circular to Bankers*,14 February 1840(No 605),p 275;以下案件或许是一个恰当例子:Blundell v Winsor(1837)8 Sim 601 at 613(59 ER 238,243)。在该案中,法院认为,采矿项目是"一个疯狂项目,投机者进场的目的是要欺骗公众中的弱势群体"。

⑨ William Hindmarch,*A Treatise on the Law Relating to Patent Privileges for the Sole Use of Inventions;And the Practice of Obtaining Letters Patents for Inventions*(London 1846),p 68。

⑩ 该特别委员会于 1841 年 4 月 3 日被任命(96 CJ 196),但并没有取得多大进展。

⑪ *Report from the Select Committee on Joint Stock Companies*(1843 HC Papers 523),Vol 11,p 215,这只是委员会的会议记录,报告本身在下一届会议上公布,见:*First report of the Select Committee on Joint Stock Companies;Together with the Minutes of Evidence*(1844 HC Papers 119),Vol 7,p 1。

⑫ 事实上,有两个相关联的法案:Claussen's Patent Flax Company Act 1852(目的是在英格兰实施专利)以及 North British Flax Company's Act 1852(目的是在苏格兰实施专利),都在 1852 年 8 月 30 日获得了王室批准。

成立公司来实施专利或将专利转让给现有公司①。还有许多其他尝试中途退出或未获成功,其中一部分私法案进入了提交议案或请愿书环节,其余则止步于在公报上刊登公告。表6.1列出了这些数据。

表6.1　1836—1852年间寻求允许转让专利的法案、议案和公告数量

年份	法案	请愿书/议案	公告
1836	2	0	—
1837	2	4	—
1838	2	2	—
1839	3	2	2
1840	4	3	4
1841	2	1	2
1842	1	2	5
1843	0	2	0
1844	0	1	1
1844年《合股公司法案》颁布			
1845	0	0	1
1846	1	1	2
1847	2	0	0
1848	4	0	0
1849	0	0	0
1850	2	0	2
1851	4	1	1
1852	3	4	2
总计	33	24	22

在此期间,实施专利的合股公司数量存有争议。达顿(Dutton)列出了27家此类公司(1844—1852年间成立的有7家)②。这份名单似乎是基于那些获得私法案后成立的公司③。相比之下,博顿利列出了1844年至1852年期间的30家公司,这些公司声明其目的是

---

① 1854年,《皇家锥形磨粉机公司法案》(Royal Conical Flour Mill Company's Act 1854)获得通过,允许设立该公司、实施专利权(第三条)和许可专利(第三十条),但当时已没有必要处理保留条款,所以没有相关规定,尽管在公报公告中提到了保留条款,见: *London Gazette*,22 November 1853(Issue 21496,p 3283). 1853年《爱尔兰电报公司法案》(Electric Telegraph Company of Ireland Act 1853)也允许转让没收的专利(第五十一条),但法案并未提及具体专利.

② Harry Dutton, *The Patent System and Inventive Activity during the Industrial Revolution 1750 – 1852* (Manchester 1984), p 164.

③ 唯一的例外是1849年西威耳与威斯赫德公司(Siever and Westhead Co 1849)。将其收录在名单内可能是个错误。西威耳与威斯赫德是合作伙伴,早先获得了1837年《伦敦生橡胶公司法案》(London Caoutchouc Company Act 1837),并成立了一家同名公司来实施其专利权。此外,威斯赫德在1849年因未能提交说明书而请愿获得了一项私法案,来确认其专利的有效性(即1849年《威斯赫德专利法案》(Westhead's Patent Act 1849))(参阅第7章)。二者的公司未出现在博顿利的清单上,这一事实可以验证以上判断。参见:Sean Bottomley, *The British Patent System during the Industrial Revolution 1700 – 1852* (Cambridge 2014), pp 279 – 283.

实施专利①。博顿利的数据是基于从合股公司登记官处获得的完成登记的公司信息②。

然而,不应认为博顿利清单上的公司真的实施了专利。有可能一家公司在成立之初是为了实施专利,但实际上它却从未这样做,可能原因是它无法筹集到私法案明确规定的允许转让专利的资金数量(所以公司解散了)。事实上,博顿利的清单上只有 16 家在设立后 5 年内没有解散的公司,而这 16 家公司中,有 8 家似乎与通过的私法案有关。目前不清楚其他 8 家公司是独占被许可人还是普通被许可人,有的完全不清楚它们与实施相关专利的关联性何在。

因此,实施专利的公司数量以及实施的基础专利情况仍不明确。比较明确的是,请愿人向议会寻求私法案的目的并不仅仅是注册成立公司——至少在他们看来,私法案的价值还包括允许他们转让专利。同样明确的是,议会授予这些权利并非常态。在 1836 年至 1852 年间,专利权人向议会申请并成功获得私法案的概率为 59%③。然而,很明显的是,议会愿意向那些它认为值得请愿的人授予成立公司(和转让专利)的特权④。尽管如此,保留条款依然存在。

● **保留条款的终结**

自布鲁姆勋爵法案的最初版本提出以来,没有其他任何专利立法或议案考虑终结对转让专利的限制。业界对于保留条款的态度依然如 1835 年特别委员会以及后来辛德马奇所表露出的那样。的确,1849 年,从知名专利律师托马斯·韦伯斯特(Thomas Webster)皇家大律师在向议会的一个委员会作证时的证言,可以看出仍有人支持维持限制专利转让的保留条款⑤:

> 我不倾向于删除该保留条款,原因在于,保留条款的问题很容易通过向公司颁发许可来解决……我认为保留条款在原则上是好的。很多时候,专利权除了用来作为诉讼的工具、滋扰当事人外,别无他用,因为随着资本的注入,越来越多人与专利权有利益关联,进而会引发诉讼。

仅有一位证人在 1851 年向特别委员会提出过这一问题⑥。皇家大律师马修·希尔

---

① Sean Bottomley, *The British Patent System during the Industrial Revolution 1700 – 1852* (Cambridge 2014), pp 270 – 271.
② 成立公司的依据是 1844 年《合股公司法案》。
③ 1840—1844 年期间,成立公司私法案的总体成功率为 67%,见:James Taylor, *Creating Capitalism: Joint - Stock Enterprise in British Politics and Culture*, 1800 – 1870 (Royal Historical Society 2006), p 136. 如上数据所示,这一时期实施专利公司私法案的成功率要低得多,只有 41%,而且这个数字同时包括请愿书和法案(只有 6% 是法案)。
④ James Taylor, *Creating Capitalism: Joint - Stock Enterprise in British Politics and Culture*, 1800 – 1870 (Royal Historical Society 2006), p 137.
⑤ *Report of the Committee on the Signet and Privy Seal Office: With Minutes of Evidence and Appendix* (1849 C 1099), Vol 22, p 453, Q837 (p 45);韦伯斯特还表示,他自己并不主张制定一般法来取代私法案(Q840)。作为一名议会律师,这并不奇怪,因为这样做他有可能会失去工作.
⑥ *Select Committee of House of Lords to Consider Bills for Amendment of Law Touching Letters Patent for Inventions. Report, Minutes of Evidence* (1851 HC Papers 486), Vol 18, p 223.

(Matthew Hill)建议取消专利转让限制①,他给出的理由之一是议会"已习惯于通过颁布私法案"来达到撤销限制的目的②。然而,私法案的最终版本仍然包括限制③。同年,辛德马奇和韦伯斯特在评论专利制度缺陷时,并没有把保留条款作为一个特别问题④提出来;但特纳(Turner)在他的小册子中建议去除保留条款⑤。事实上,在1852年颁布《专利法修正法案》前的大部分时间里,专利转让限制持续存在⑥,一直到下议院的特别委员会阶段的最后一刻才将其删除⑦。特别委员会审议时究竟发生了什么,没有相关的报告,所以无法解释保留条款被删除的原因,但直至法案完成通过阶段,也没有人对法案取消限制条件提出异议。删除保留条款甚至可能都没有引起关注,因为在大约三年后,雷德斯代尔勋爵(上议院议长)才在1855年《有限责任法案》(Limited Liability Act 1855)通过时表示,取消保留条款是个错误⑧。

结论

在专利史上,公司一开始扮演着介乎于监管者和垄断者之间的角色。随着时间推移,监管不再是王室私有的特权,公司成为投资和欺诈的工具。在周期性的投机高峰中,投机产生了泡沫,合股公司被宣告为非法。不久后,对专利进行拆分(由多人共有)也被取缔。合股公司在19世纪再度崛起,最终限制合股公司的法律松动,但对于专利的限制仍然存在。限制的目的转变为对竞争的管理。很多人寻求议会颁布私法案,谋求允许超过5人共同拥有专利,后又谋求允许12人共同拥有专利,但存在争议。最后,议会几乎是顺水推舟一般放宽了一般法,取消了专利转让限制。私法案显示了需求和满足需求之间路径的选择,1852年《专利法修正法案》也随之而来。

---

① *Select Committee of House of Lords to Consider Bills for Amendment of Law Touching Letters Patent for Inventions. Report*, *Minutes of Evidence*(1851 HC Papers 486),Vol 18,p 223,(Q2670 – 2673)(pp 353 – 354).

② *Select Committee of House of Lords to Consider Bills for Amendment of Law Touching Letters Patent for Inventions. Report*, *Minutes of Evidence*(1851 HC Papers 486),Vol 18,p 223,Q2673(p 354).

③ 见:See Patent Law Amendment Bill 1852(Marked Up to Show Amendments of House of Commons)(1851 HL Papers 3160,Vol 5,p 439),Schedule.

④ William Hindmarch,*Observations on the Defects of the Patent Laws of This country:With Suggestions for the Reform of Them*(London 1851);Thomas Webster,*On the Amendment of the Law and Practice of Letters Patent for Inventions*(2nd Ed, Chapman and Hall 1852)(早在1851年年底就出版了第一版)。在以下文献中也未被提及:William Spence,*Patentable Invention and Scientific Evidence:With an Introductory Preface*(London 1851)。但他的改革属于非常细致的类型,在早期的下述文献中并未被提及:Charles Drewry,*Observations on Points Relating to the Amendment of the Law of Patents*(John Richards 1839).

⑤ Thomas Turner,*Remarks on the Amendment of The Law of Patents for Inventions*(Frederic Elsworth 1851),p 22.

⑥ Patent Law Amendment Bill 1852(Brought from HL)(1852 HC Papers 299),Vol 4,p 1,Schedule.

⑦ 奇怪的是,经委员会修正的法案(见 Patent Law Amendment Bill 1852(委员会修改版本)(1(1852 HC Papers 486),Vol 4,p 33)并不包括该条款,甚至也不包括新条款 C 之后的任何条款(保留条款起初是新条款 E – 84 LJ 368(1852年6月28日))。以下文献指出,对保留条款的删减就发生在委员会阶段:Thomas Webster,*The New Patent Law:Its History, Objects and Provisions*(Elsworth 1853),p 39.

⑧ HC Deb,22 March 1855,Vol 137(3rd),col 947.

第 7 章 说明书与技术方案的保密

引言

说明书的出现是专利史上的一个标志性事件。其起缘、发展以及"第一份"说明书的识别已经在文献中得到关注和讨论。虽然人们认可私法案在这一发展过程中的角色,但多是在一般主题的研究中一笔带过①。倒不是说议会与私法案对说明书的发展至关重要,而是说应当给予这二者应有的重视。传统的专利史②都认为,1712 年首次要求提交说明书,以作为授予约翰·奈史密斯(John Nasmith)专利权的条件③,但至少一个世纪以来,这个简单想法遭到了广泛批判。

奈史密斯的专利授权之所以一直被看作是转折点,部分原因是说明书的性质以及作用在进化。事实上,"说明书"(specification)的历史一般等同于如今所说的"发明方案"(description)的发展历程。于是,产生了两类说明书④:仅用以描述发明本身的临时说明书,以及描述发明本身、最佳实施方案以及权利要求的完整说明书⑤。自 1852 年引入临时说明书这个概念以来,其作用几乎没有改变⑥。当时,完整说明书的用途主要是解释如何实施发明⑦,过了一段时间之后,议会才对说明书提出如今所称的充分披露要求⑧。

任何关于说明书的专利史,包括本研究在内,一般都将目光局限于当说明书刚从议会授权要求变成 1852 年《专利法修正法案》这一制定法上的要求时说明书应具备的要素。说明书应至少具备以下要素:①披露要求;②书面要求;③提交要求;④惩处。下面将会谈到,议会在上述多个要素形成过程中发挥着作用,并影响着实践操作。

---

① Christine Macleod, *Inventing the Industrial Revolution* (Cambridge 1988), p 49; David Seaborne Davies, "The Early History of the Patent Specification" (1934) 50 *LQR* 86 and 260 at 271 – 272.
② 似乎最早源于韦伯斯特的报告,见:Thomas Webster, *Notes on Cases on Letters Patent for Inventions* (Thomas Blenkarn 1844), p 8;另见:Sean Bottomley, *The British Patent System During the Industrial Revolution 1700 – 1852* (Cambridge 2014), p 46,而其观点是基于以下文献:Christine Macleod, *Inventing the Industrial Revolution* (Cambridge 1988), p 49. 她认为,自那时起提交说明书已成常态.
③ Patent No 387.
④ 系 1949 年《专利法案》(Patents Act 1949) 的规定(根据 1977 年《专利法案》,临时说明书提交之日为专利申请日).
⑤ Patents Act 1949, s 4.
⑥ Patent Law Amendment Act 1852, s 6.
⑦ Patent Law Amendment Act 1852, s 9.
⑧ *Report of the Committee Appointed to Inquire into the Working of the Law Relating to Patents for Inventions* (1864 C 3419), Vol 29, p 321 at p x;由于找到说明书可能需要耗费大量时间与财力,所以产生了一个新问题,见:Anon, "Article V – Publications of the Commissioners of Patents" (January 1859) 105 *Quarterly Review* 136 at 140.

● 披露要求:"学徒条款[①]"

最初的披露要求并不是让请愿人提交书面材料,而是一般要求请愿人教授技艺或科学。教授他人的好处早有先例。1552 年,亨利·史密斯(Henry Smyth)[②]将新型玻璃制造工艺带来的好处作为申请专利授权的理由之一[③]。在当时,有些专利授权里附加一个条件,即专利权人每雇佣一个外国人就必须雇佣一定数量比例的英格兰人[④]。伊丽莎白[⑤]、詹姆斯一世[⑥]、查理一世[⑦]和查理二世[⑧]授予的诸多王权专利中都包含收徒或养徒的义务。这些收养学徒条款与提交书面发明方案要求在时间上最为接近。

教授学徒是迈向披露要求的第一步。在讨论这一点之前,不妨看看专利与学徒之间的另一种联系:专利保护期,但两者之间的联系只能依据推测[⑨]。众所周知,《垄断法》设定的发明专利保护期限为 14 年[⑩],而学徒期为 7 年[⑪]。显然,爱德华·柯克爵士[⑫]关注过与专利相关的学徒问题[⑬]:

人们认为,《垄断法》规定的保护期限对私人来说过于漫长,期满后专利才能成为全体国民的共同财富。学徒或随从服务专利权人制作或加工新产品的期限为 7 年(这一期限

---

① 由大卫·西伯尔·戴维斯(David Seaborne Davies)创造的术语,见:David Seaborne Davies,"The Early History of the Patent Specification"(1934)50 *LQR* 86 and 260 at 104.

② 最早寻求英格兰专利者之一,见:David Seaborne Davies,"Further Light on the Case of Monopolies"(1932)49 *LQR* 394 at 396.

③ 专利授权写道:"这对我国臣民有好处,此外,他们中的许多人可以开始工作,找到活计,并很快学会制造所述玻璃,然后指导其他人学习并从事这一科学和壮举。":(1552)PR 6 Edw VI,Pt 5,m 26(Cal Edw VI,Vol 4,p 323).

④ 见:Roger Heuxtenbury and Bartholomew Verberick(1565)7 PR Eliz,Pt 5,m 11(Eliz Pat Cal,Vol 3,No 1199)(No XII)(National Archive:C66/1013)"每雇佣一个外来工人,就需要收一个英格兰人做学徒").

⑤ Anthony Becku and John Carre(1567)9 PR Eliz,Pt 11,m 33(Eliz Pat Cal,Vol 4,No 929)(Grant XIX)(National Archive:C66/1040)"以充分指导适当数量的英格兰学徒学习这门技艺";同样见:Edward Wyndham Hulme"On the Consideration of the Patent Grant,Past and Present"(1897)13 *LQR* 313 at 314.

⑥ Charles Thynne(1614),PR 12 Jac 1,Pt 2,No 3((National Archive:C66/2018)("自愿向我们提供教导,并面向在我们所述的地区中的任何工匠……").

⑦ Goyvarts and Le Ferrue's Patent:No 62(1633)("雇佣一名生于英格兰的学徒或随从");Bull's Patent:No 63(1633)("应雇佣并教导一名学徒或随从");Williames and Van Wolfen:Patent No 65(1633)("雇佣至少一名出生于英格兰的随从");Rotispen's Patent:No 71(1634)("雇佣一名英格兰人作为学徒或随从").

⑧ Dupin,De Cardonels and De Gruchy's Patent:249(1686)(教授合伙人);Clowdesley,Sherrard and Duclen's Patent:No 261(1688)(所述的 Peter Duclen,要"教导他现在的妻子,一位英格兰女士",并指导他的合伙人).

⑨ 麦克劳德认为,学徒期限"不是随机确定"的,并认为这与柯克自己的想法有关,见:Christine MacLeod,*Inventing the Industrial Revolution:The English Patent System 1660 – 1800*(Cambridge 1988),p 18;以下文献认为,柯克或许反对专利保护期超过 7 年,因为这会阻拦学徒出师:Stephen D White,*Sir Edward Coke and "The Grievances of the Commonwealth":1621 – 1628*(North Carolina Press 1979)(at p 140).

⑩ Statute of Monopolies,s 6.

⑪ Artificers and Apprentices Act 1562(Statute of Artificers).

⑫ Wallace Notestein,Frances Rel and Hartley Simpson,*Commons Debates 1621*(Yale 1935)('CD 1621'),Vol 2:X's Diary,p 175 – 176(7 March 1621).

⑬ Sir Edward Coke,*The Third Part of the Institutes of the Laws of England*(Flesher 1644),p 184;另见威廉·诺伊(William Noye)在法案审议过程中的评论:CD 1621,Vol 2,X's Diary,p 176(7 March 1621).

由学徒方面的法律所定)。即使在剩余的专利保护期里,他们也必须维持学徒或随从身份,原因在于他们自己不得继续实施专利。专利只有在保护期限届满后,才成为共同财富。

披露专利的难题或许可以解释1651年《巴克专利法案》(Buck's Patent Act 1651)所采取的做法。这部法案于政权空位期出台,给巴克强加了一项特别义务——只能在专利保护期的最后7年里招收学徒。

巴克应于7年后收学徒,但同时要求,在授予专利保护7年后,杰里米·巴克及其受让人应收学徒,并向学徒教授所述新发明的知识与诀窍。

与当时以及后来的私法案一样,相关议会记录较少,因此不能确定该保留条款是巴克在提交原始议案时主动提出,还是下议院修正时添加的①。当然,即使是修正时添加,或许巴克本人也是支持的。该保留条款表明,14年的保护期与学徒之间的联系或许并不像人们认为的那样直接。

但无论如何,当时并没有一个确定模式:空位期颁布的其他保护发明的私法案,如1643年《德里克斯与范考特法令》(Delicques and Fancault's Ordinance 1643)②和1650年《乔治·曼比法案》(George Manby's Act 1650),两者都没有关于学徒的条款③。前者仅授予7年的垄断权,因此不会出现阻拦学徒出师的问题;《乔治·曼比法案》于《巴克专利法案》的前一个月刚出台,规定的专利保护期与之相同,却也没有雇佣学徒的要求。产生这一区别最有可能的原因是曼比当时已有学徒,巴克则没有。显然,《巴克专利法案》通过时,他的发明并未进行有效性检验,后来也从未成功实施过。

因此,同时代人在描述巴克(失败的)专利实施情况时,提到了众多合伙人,却从未提及任何人学习这项技艺④。事实上,这一案例证实了这样一种假设:由于议会出台法案时专利权人并未实施发明,因此后续需要颁行某种强制实施措施;当然,就巴克而言,由于他从未成功实施发明,所以也就不存在雇佣学徒的问题。不过,向学徒传授技艺并非披露发明的唯一途径,提供模型也是一种选项。

这一时期,专利由议会授权。但随后有些专利⑤由护国公奥利弗·克伦威尔授权,方式

---

① 修正案见:6 CJ 543(27 February 1651).
② Delicques and Fancault's Ordinance 1643.
③ 同时期的两项苏格兰法案也没有学徒条款:Act in Favour of Colonels Ludovic Leslie and James Scott 1661[RPS:1661/1/92]、Act in Favour of James Wemyss, General of Artillery,以及 Colonels Leslie and Scott 1661[RPS:1661/1/200]. 然而,这两项专利授权相冲突,莱斯利和斯科特必须在3个月内公开发明。只要他们二人的专利与威姆斯不一样,二人就有权获得议会授予的专利.
④ Dud Dudley, *Metallum Martis* (London 1665), pp 21-25.
⑤ 在空位期/共和国时期的大部分时间里,似乎并没有专利登记册,见:Ralph B Pugh,"The Patent Rolls of the Interregnum"(1950)23 *Historical Research* 178(他认为,王政复辟后在处理积压事务时,可能一开始根本就没有考虑专利登记册的编制工作).

与王室授权类似①,不过也都不包含学徒条款。王政复辟之后,如前所述,查理二世继续授予的专利包含要求雇用某种形式学徒的条款。因此,虽然杰里米·巴克的专利表明,披露要求可能对议会来说很重要,甚至比议会可能已经意识到的14年保护期会阻碍新学徒出师问题更重要,但这并没有给实践带来任何变化。

- 披露要求:"模型"

在有关说明书的历史中,西蒙·斯特蒂文特(Simon Sturtevant)的专利及其著述《论重金属》(A Treatise of Metallica)②被广泛讨论③。其专利④所附的王室契约书⑤声明,该发明已在上述著述及附录中加以说明。虽然这像是在描述发明,但正如海德·普莱斯(Hyde Price)所言,这更像是一份商业计划书⑥,绝不像是发明。同时期有其他的专利授权要求必须提交"模型或发明方案"⑦,如:约瑟夫·厄舍(Joseph Usher)(1612年)⑧、理查德·巴斯维尔(Richard Barnswell)(1612年)⑨、艾德蒙·布伦特(Edmund Brunt)(1614年)⑩、查尔斯·席恩(Charles Thynne)等人(1614年)⑪以及艾德蒙·谢菲尔德(Edmund Sheffield)⑫等人(1614年)⑬。这里的"模型"与"发明方案"可能是同义词,因为此时的模型不一定是指立体微缩模型,而是指一套指示说明。

在要求提交模型的五个专利授权案例中,有两例可以预见新专利权人会和现存专利权人发生争议。这意味着有必要以某种方式将他们区别开来⑭,所以需要提交模型⑮。模型用于识别专利权人,而非描述发明。对于未提交模型的,当时并无明确的惩处措施。查理一世时期的专利授权中有时会有提交模型的要求,即便如此,模型也只是在授权时或授权前由请

---

① Rhys Jenkins, "The Protection of Inventions during the Commonwealth and the Protectorate" (1913) 7 *Notes and Queries* 162.
② (1612)(STC:23411);著述文本另见:William Hyde Price, *The English Patents of Monopoly* (Houghton, Mifflin & Co 1906), p 176 (Appendix S).
③ Edward Wyndham Hulme, "On the Consideration of the Patent Grant Past and Present" (1897) 13 *LQR* 313; David Seaborne Davies, "The Early History of the Patent Specification" (1934) 50 *LQR* 86 and 260 at 271–272; William Hyde Price, *The English Patents of Monopoly* (Houghton, Mifflin & Co 1906), p 108.
④ 该专利由于某种原因并未登记于专利登记册.
⑤ 王室契约书指的是国王与专利权人之间的协定,王室契约书为专利权人规定了相关义务,如收取学徒等.
⑥ William Hyde Price, *The English Patents of Monopoly* (Houghton, Mifflin & Co 1906), p 108.
⑦ 见:David Seaborne Davies, "The Early History of the Patent Specification" (1934) 50 *LQR* 86 and 260 at 268.
⑧ (1612) PR 10 Jac I, Pt 7, No 10 (National Archive:C66/1949)(详述到:"向我们的英格兰大法官提交完美的模型或发明方案").
⑨ (1612) PR 10 Jac I, Pt 23, No 9 (National Archive:C66/1965)("一如既往地要求……所述理查德·巴斯维尔提交发动机泵发明的模型……并存于财政大臣指定场所").
⑩ (1614) PR 11 Jac I, Pt 11, No 7 (National Archive:C66/1988)("所述艾德蒙·布伦特(Edmund Brunt)已经承诺……在授予这些专利证书后的一年内向总检察长提交完善的模型或发明方案").
⑪ (1614) PR 12 Jac I, Pt 2, No 3 (National Archive:C66/2018)("根据提交给总检察长弗朗西斯·培根爵士的发明方案.").
⑫ 1st Earl of Mulgrave, 3rd Baron Sheffield.
⑬ (1614) PR 12 Jac I, Pt 8, No 29 (National Archive:C66/2024)("在一年内以书面形式呈交给总检察长").
⑭ David Seaborne Davies, "The Early History of the Patent Specification" (1934) 50 *LQR* 86 and 260 at 269.
⑮ 在这一方面,对比:Act in Favour of Colonels Ludovic Leslie and James Scott 1661 [RPS:1661/1/92] 和 Act in favour of Colonel James Wemyss 1661 [RPS:1661/1/91].

愿人提交,并非获得专利授权的前提条件①。

将提交模型作为申请专利条件之一的私法案只有一个,即 1663 年《伍斯特侯爵法案》,法案授予②伍斯特侯爵发明的取水机以垄断权。就目前的讨论而言,重点在于该法案的保留条款:

> 该发明之模型应由侯爵或其受让人于 1663 年 9 月 29 日前先提交给财政部的财务大臣或财务专员,然后由财务大臣或财务专员呈交财政部保存。

议案在审议过程中进行了一些修正,在下议院重新提交委员会审议时加入了交存模型的义务③,以确保发明人在规定时间内对发明进行完善,且不会侵犯现存发明的利益④。这项义务与巴斯维尔等其他专利授权的要求相似。因此,提交模型的目的和早些时候类似,其本身与披露发明并不相关。

有人提出⑤,伍斯特从未实施过其发明,所以(如同巴克一样)他的这部私法案不过是枚哑炮罢了。不过,1663 年至 1670 年间,伦敦市沃克斯豪尔地区出现了某个样式的"取水机"⑥,彼时,蒙克利斯先生(Monsieur de Monconis)和科西莫·德·美第奇(Cosmo de Medici)二人分别于 1665 年⑦和 1669 年⑧见到过这种取水机。其他文献也描述过该机器,包括一本薄册子⑨和伍斯特所著的《世纪发明》⑩,不过这些都只是概要描述。也有人认为,伍斯特已按法案要求提交了模型⑪,但官方记录中并没有相关内容。伍斯特去世后,其遗孀试图通过

---

① Evans' Patent: No 110(1637) "要宣告和描述所述发明及其益处"。

② 此前没有相关专利,所以提交模型也不是为了确认该专利,对比:Christine MacLeod, *Inventing the Industrial Revolution: The English Patent System 1660 – 1800*(Cambridge 1988),p 49. 他早期的专利(1661 年第 131 号专利)包括许多其他内容:一种速射手枪、一种可以将马匹从马车上快速卸下的装置、一种走时长久的表和一种船只驾驶方法。

③ 该保留条款是法案终校清样追加的条款。虽然议会记录并未提及包含该保留条款的文本,但是提到在重新提交委员会审议时追加了一个条款,见:8 CJ 475(1663 年 5 月 5 日)。

④ 见重新提交委员会审议的命令:8 CJ 470(13 April 1663)。

⑤ 对于伍斯特是否在 19 世纪 20 年代制造了取水机存在争论,见:Anon, "The Steam Engine Actually Constructed and Applied to Practical Purposes"(1827)6 *Mechanics Magazine* 515.

⑥ Henry Dicks, *The Life, Times and Scientific Labours of the Second Marquis of Worcester*(London: Bernard Quaritch 1865),p 305.

⑦ Henry Dicks, *The Life, Times and Scientific Labours of the Second Marquis of Worcester*(London: Bernard Quaritch 1865),pp 263 – 264; Mons de Sorbiere, *A Voyage to England, containing many things relating to the state of learning, religion, and other curiosities*(trans J Spratt)(London 1709),p 29.

⑧ Henry Dicks, *The Life, Times and Scientific Labours of the Second Marquis of Worcester*(London: Bernard Quaritch 1865),p 302(citing Count Lorenzo Magolotti)。

⑨ 薄册子内容收于:Henry Dicks, *The Life, Times and Scientific Labours of the Second Marquis of Worcester*(London: Bernard Quaritch 1865),p 559(Appendix C)。

⑩ 《世纪发明》以多种形式再版,其中之一是:John Phin, *An Exact Reprint of the Famous Century of Invention of the Marquis of Worcester*(New York: Industrial Publication Co 1887),Ch 68. 对相关摘录的详述见:Henry Dicks, *The Life, Times and Scientific Labours of the Second Marquis of Worcester*(London: Bernard Quaritch 1865),pp 475 – 499(该书无处不偏向伍斯特,其中详述的内容或许有溢美之词)。

⑪ Henry Dicks, *The Life, Times and Scientific Labours of the Second Marquis of Worcester*(London: Bernard Quaritch 1865),p 306.

该机器获利,显示出对该法案的依赖①。但没有资料显示,如果伍斯特未提供模型将会面临什么样的惩处。当时,仅有的另一个要求请愿人提供模型的私法案是塞缪尔·莫兰德的法案②,要求他在3个月内提交原始发明的模型(但对提交改进发明的模型没有时间限制)③。由于法案文本遗失,所以不清楚莫兰德是否曾因未提交模型而受到惩处。

● 惩处

菲利普·霍华德爵士和弗朗西斯·华生(Francis Watson)两人拉开了说明书与私法案下一篇章的大幕。1668年④,二人获得了船体涂刷用铅的专利授权⑤。油漆匠公司(Company of Painters)就此专利向枢密院提出质疑⑥,随后霍华德和华生请求议会通过私法案。该法案并未延长原始专利的保护期限(实际上只字未提原始专利),而是授予所述发明25年的保护期⑦。在下议院通过法案期间记录的反对意见体现了这部私法案的重要意义:

看不出发明到底是什么,可以说,如果此后任何人就装饰船体外壳作出了新的发明,那都是菲利普·霍华德爵士的发明⑧。

于是,下议院对霍华德是否充分披露其发明的问题产生了特别关切,结果是1670年《霍华德与华生法案》(Howard and Watson's Act 1670)加入了这样一条保留条款⑨:

但要求并规定,法案经批准后,所述菲利普·霍华德爵士和弗朗西斯·华生应于自1670年2月1日起3个月之内,为前述目的,将所述制品、技艺或发明提交或安排提交至财税法庭⑩。未按上述要求提交的,本技艺及法案所授予一切之权利将彻底无效。

---

① Henry Dicks, *The Life, Times and Scientific Labours of the Second Marquis of Worcester*(London:Bernard Quaritch 1865), p 306.
② Moreland's Pump Bill 1677(无印制本留存).
③ 从以下文献可以判断此项义务的存在:Anon[James Ward], *Reasons Offered against Passing Sir Samuel Moreland's Bill*(1677)(Wing R576), paragraph 5.
④ 专利号:1668年第58号.
⑤ 显然,这项技术在皇家海军那里应用广泛,见:John Bulteel, "A Letter Written to the Publisher Concerning a New Way, by an English Manfacture to Preserve the Hull of Ships from the Worm &c"(1673)8 *Philosophical Transactions* 6192.
⑥ 见:Privy Council Register(National Archive:PC2/61, ff 126, 138 and 160 - 161);在以下文献中被提及:*Samuel Pepys' Diary*, 23 April 1669;见:Howard and Watson's Patent(1667)11 HPC App. 该报道是基于以下文献:Edward Wyndham Hulme, "Privy Council Law and Practice of Letters Patent for Inventions from the Restoration to 1794"(1917)33 *LQR* 63 at 68.
⑦ 有时被误传为31年,见:Basil Henning(Ed), *History of Parliament:The House of Commons 1660 - 1690*(Secker and Warburg 1983), Vol 2, Entry Philip Howard(1631 - 1686), p 592 at 593.
⑧ Basil Henning(Ed), *Parliamentary Diary of Sir Edward Dering Diary* 1670 - 1673(Yale 1940), pp 12 - 13(该记录同样表明,披露才是解决问题之道).
⑨ 注意:以下文献第51页错误地认为他们有6周时间来提交书面发明方案:Christine MacLeod, *Inventing the Industrial Revolution:The English Patent System 1660 - 1800*(Cambridge 1988). 由于王室御准时间是1671年3月6日,所以在此日期后留有55天的提交期限,因此6周(即42天)时间从何算起尚不清楚.
⑩ 此为旧历日期,按照新的历法应为1671年2月1日;见本书第29 - 30页.

法案还要求霍华德和华生提交一份发明方案(提交至财政部,而非后来要求的提交至大法官庭),否则将会面临惩处①。这体现了后来说明书须具备的两个要素。当然,和后来的发明方案相比,这份发明方案可以说相当简短,不过仍然要比30多年后奈史密斯提交的发明方案长②。奈史密斯发明方案和霍华德与华生发明方案对比如表7.1所示。

表7.1 奈史密斯发明方案和霍华德与华生发明方案对比

奈史密斯	霍华德与华生
一直以来,从糖料作物、糖浆或谷物中发酵麦芽汁,使用的是麦芽酒或啤酒酿造商提供的酵母,而所述约翰·奈史密斯以极低成本从发酵后的麦芽汁本身得到酵母或等同物,再用这些物质从糖料作物、糖浆或谷物中得到新的麦芽汁。该新方法与传统方法相比,只会更好	他们从国王陛下领土上种植的任何能够提取化精的谷物或蔬菜中提取汁液,溶入蜂蜡、乳香、松节油和虫胶,称之为瓷漆,再配上亚麻籽油、化铅丹、化铅白和白垩粉混合物,制备好并涂在船体的接缝和木板上,以达到更好的防火效果。使用黄铜、铜或锡制成的钉子,将在国王陛下领土上使用尚未使用过的特定机器设备或滚轧机生产的铅制或其他金属质地的薄片或金属板固定到船体上,再用前述瓷漆填补铅板或其他金属板的接缝,可以保护船体侧身不会像其他船只那样腐烂

从许多方面来说,1670年《霍华德与华生法案》是第一个在保留条款中规定了递交发明方案、违者承担不利后果的案例。尽管该发明方案中的信息仍然非常不充分,没有恰当披露发明(尤其是"特定机器设备"是什么?),但也不逊色于随后18世纪上半叶其他发明的发明方案。相较于此前五例要求提交模型的专利法案,以及前述1663年《伍斯特侯爵法案》,《霍华德与华生法案》的特殊之处在于规定了惩处内容——不提交发明方案的,将导致专利授权无效。奈史密斯的1711年专利并没有这种惩处,在接下来的12年里也没有出现类似的惩处规定③。虽然很难说《霍华德与华生法案》所要求提交的是不是"原始"说明书——毕竟关于这一点仍存有争议,而且这显然不是授权的条件要求——但该发明方案囊括了比许久之后奈史密斯发明说明书更多的要素,或许为后来将说明书作为一常态化要求"铺平了道路"④。

---

① 与之形成对比的是克劳斯戴尔(Clowdesly)、谢拉德(Sherard)和杜克莱恩(Duclen)的专利(1688年第261号专利)。该专利中规定的一项义务是"提交给我们一份书面材料,说明对所述清洁或修补丝绸的全部诀窍,以便织工师傅可以根据上述说明有效地修补和清洁任何所述丝绸,但织工师傅在本授权有效期间不得使用同样方法,否则将会与本授权的目的或效果相悖"(第5页),即使未提交专利说明书,专利也依然有效(第8页)(也就是说,只有未按时提交说明书不会造成损害的情况下,才允许事后提交说明书)。

② 弄清楚这项义务所面临的另一个难题在于,这一时期越来越多的专利尽管没有说明书,但却附有某种形式的发明方案。贝内特·伍德克夫特(Bennet Woodcroft)在他的以下著述中记录了1617年到1745年(即最后一个此类专利授权时间)间附有某种形式发明法案的专利的概要:Appendix to the Reference Index of Patents of Invention(London 1855)。这些发明方案的质量参差不齐,有些要比奈史密斯的发明方案更好,有些更差。具体可分为下述几个时段:1617年到1667年间,从第一个要求包含发明方案的专利到霍华德与华生的第154号专利(154项中有36项附有某种形式的发明方案);1667年至1711年奈史密斯的第387号专利(233项中有35项);从奈史密斯专利到1733年的第543号专利(156项中有55项);以及从1733年到1745年最后一项——第613号专利(70项中有6项)。在后两个时段,提交说明书的要求开始出现在专利授权中.

③ No 454(1723). 实际上,不提交发明方案将会导致专利无效的惩处效果直到库普思专利案才得以确认,见:1 HPC 423;6 Ves J 598(31 ER 1215);1 Ves J Supp 630(34 ER 954).

④ 在某种程度上,1664年加里(Garill)的争议也推动了提交说明书要求的常态化,见:David Seaborne Davies, "The Early History of the Patent Specification"(1934)50 *LQR* 86 and 260 at 274.

或许更出人意料的是，后续的私法案并没有要求专利权人继续提交详细的发明方案。威廉·沃尔科特（William Walcot）和托马斯·萨弗里（Thomas Savery）都获得了延长专利保护的私法案①，但二者都没有被要求提交发明方案②，尽管据称萨弗里"极大地改进了所述发明"③，并且沃尔科特的私法案授予沃尔科特对"改进"发明④和原始专利的独占权⑤。

• 1731年《罗姆丝绸机器法案》

托马斯·罗姆爵士的法案标志着提交说明书的要求有了长足进展⑥。1732年，罗姆请求议会授予其发明专利额外14年的保护，原因是专利在获得完善后，保护期已过大半⑦。不同寻常的是，这次请愿引发了激烈争论⑧，请愿提交至委员会⑨。委员会同意延长专利保护期限⑩。该法案⑪后又招致丝绸织造商的反对⑫，以至于国王建议将该法案内容由延长保护期改为提供奖励⑬。于是，罗姆并未如愿以偿延长了保护期限，而是得到了一笔奖金，而且"为了国家利益，确保制造此等机器的技艺得以延续"，还要求两人制作出该机器的完善模型⑭。向议会指定人员披露发明的提议⑮出现在原始议案中⑯，因此有理由推断这一提议系申请人主动提出，而非议会添加。

可见，到了这一阶段，专利权人似乎已意识到需要以某种形式披露发明。罗姆披露发明

---

① Walcot's Patent Act 1694；Thomas Savery's Act 1698. 一些苏格兰法案延长了专利保护期限，但并未提及改进发明，如：Act in Favour of Mr Thomas Rome and Partners 1701［RPS；A1700/10/56］；其他法案仅是在没有现存专利的情况下授予了独占权，如：Act in Favour of Mr George Campbell 1705［RPS；A1705/6/48］.

② 不过托马斯·萨弗里的确印制了发明方案，见：Thomas Savery, "An Account of Mr. Tho. Savery's Engine for Raising Water by the Help of Fire"（1699）21 *Philosophical Transactions* 228.

③ Thomas Savery's Act 1698；在苏格兰私法案中，发明人更明确地主张了改进发明的权利，见：Act in Favour of Mr. James Smith 1700［RPS；A1700/10/218］.

④ Walcot's Patent Act 1694.

⑤ 有关改进发明，见第57 – 62页.

⑥ Christine MacLeod, *Inventing the Industrial Revolution：The English Patent System 1660 – 1800*（Cambridge 1988）. 该文献在第49页认为，规范提交说明书要求的"直接先例……或许"是1731年《罗姆丝绸机器法案》.

⑦ 对该请愿的总结见：11 February 1732（21 CJ 782）and John Torbuck, *Collection of Parliamentary Debates*（London 1741）, Vol 10, pp 101 – 102. *A Brief Statement of the Case of the Machine Erected at Derby*（即支撑案例）收录于：*Harper Collection of Private Bills*, Vol 9, Bill No 31.

⑧ John Torbuck, *Collection of Parliamentary Debates*（London 1741）, Vol 10, pp 101 – 109.

⑨ 在委员会上进行了证人听证：21 CJ 795（11 February 1732）（总结了证人的证据）.

⑩ 21 CJ 798（14 February 1732）.

⑪ 原法案（旨在延长专利保护）见：*Harper's Collection of Private Bills*, Vol 9, Bill No 31.

⑫ 21 CJ 840（9 March 1732）and 21 CJ 842（10 March 1732）. *The Case of the Silk Throwers* 和 *The Case of the Manufacturers of Woollen, Linnen, Mohair and Cotton Yarn* 皆收录于：*Harper's Collection of Private Bills*, Vol 9, Bill No 31.

⑬ 21 CJ 846（14 March 1732）.

⑭ Thomas Lombe's Act 1731, s 2.

⑮ 虽然披露的是原始形态，但要等到延长期限届满后才披露.

⑯ *Harper's Collection of Private Bills*, Vol 9, Bill No 31.

的提议与过去十年间王权专利所采用的提议(尽管并不常见)有很大不同①。罗姆提出,由督察员对机器进行检查并制作模型②,而不是由准专利权人提交一份发明方案。尽管如此,这份议案仍然充满争议,致使国王出面解决问题。或许对该议案持反对意见者同司法官员讨论了以某种形式披露发明的必要性,但没有任何记录支持这一推断。在这一案例中,披露时间的改变源于垄断权变成了奖金,毕竟奖金是提前到账,而不是在专利保护期内到账。因此,很难说该法案中的披露要求何以成为提交说明书义务的转折点③。罗姆法案中的义务和司法官员的要求并不相同——它仍保留了某种形式的秘密性,这或许仅仅是为了提醒人们关注议会关切的内容。

整个18世纪,披露的整体质量都非常差,尽管越是接近利亚尔代特诉约翰逊案,披露发明的目的也就越明确④。对于本书而言,重要的一点是,利亚尔代特的专利经议会法案批准,延长了保护期限(即1776年利亚尔代特《水泥专利法案》)。法案中包含了提交说明书要求⑤,这同其他包含改进发明的法案一样⑥。但奇怪的是,虽然法案中有这一条款,但下议院对是否需要披露发明的态度仍然含糊不清。当亨利·菲利普(Henry Phillips)1781年为自己的杀虫粉发明寻求奖励时,不同寻常之处在于这笔奖金是作为单独议案提出的,而不是一般拨款的一部分⑦。该议案将给他带来500英镑的进账,并且无须披露发明。如果他披露了发明,在确认发明的有效性后,他还可以再获得3,000英镑⑧。但该议案被上议院否决,而且4年后第二次提出的议案⑨规定,在经确认有效后将仅提供1,000英镑的奖金⑩,但还是被上议院否决了。第一部议案有限的记录并未显示出向未披露的发明奖励500英镑会

---

① 令人惊讶的是,人们对要求提交说明书的法案数量有不同认识。以下文献认为,共有24项专利中有提交说明书的要求(专利号分别为:387、393、404、408、409、411、416、417、418、454、484、488、490、495、497、503、505、513、514、517、518、526、528、539(156项专利(从第387号到第543号)中有24项);David Seaborne Davies,"The Early History of the Patent Specification"(1934)50 *LQR* 86 and 260,89 n 10 and 11. 以下文献给出了不同数据:Sean Bottomley,*The British Patent System During the Industrial Revolution 1700 – 1852*(Cambridge 2014),p 46(156项专利中有27项;区别在于,该文献认为第401、422、531和543号专利中有提交说明书的要求,但不包括第454号专利)。他的数据源于以下文献所提及的第387号到第543号专利(止于1733年最后一项专利)中需要提交某种材料的专利:Bennett Woodcroft,*Reference Index of Patents of Invention 1617 – 1852*(London 1862),p 3 and 4. 但是,情况可能更为复杂,因为在这一时期,有55项专利所附的发明方案往往非常不充分,不过有些比奈史密斯的发明方案(收录于Bennett Woodcroft,*Appendix to the Reference Index of Patents of Invention*(London:Great Seal Patent Office 1855))更好。因此,这一时期的156项专利中,有82项附有某种形式的发明方案.

② 该模型依然存在,不过已经从伦敦塔移走,目前收藏于伦敦科学博物馆:Science Museum,SCM – Textiles Machinery Ob No:1857 – 290/3.

③ 事实上,在接下来的10年里,51项专利中有37项要求提交说明书,见:Sean Bottomley,*The British Patent System during the Industrial Revolution 1700 – 1852*(Cambridge 2014),p 46.

④ (1778)1 HPC 195;Carp PC 35,1 WPC 52;(1780)1 Y&C 527(62 ER 1000);即使这起案件不是真正的转折点,它也曾经被看作是,见:Sean Bottomley,*The British Patent System During the Industrial Revolution 1700 – 1852*(Cambridge 2014),pp 89 – 92;John Adams and Gwen Averley,"The Patent Specification:The Role of Liardet v Johnson"(1986)7 *J Legal History* 156;同样见:Frank Kelsall,"Liardet versus Adam"(1984)27 *Architectural History* 118.

⑤ Liardet's Cement Patent Act 1776,s 6.

⑥ 见第59 – 62页.

⑦ 见第8章.

⑧ 终校清样:HL/PO/JO/10/2/56.

⑨ 终校清样:HL/PO/JO/10/2/59B.

⑩ 到这一阶段,已向议会披露试验情况:HL/PO/JO/10/7/660.

引起什么问题。虽然第二次议案中的奖励明确要求披露发明,但这笔奖励本身是为了证实发明的可实施性,即实用性。这一要求在专利法中有着曲折的历史①。

王权专利在授权后明确了专利权人有提交说明书的义务,尽管有法院在阿克赖特诉莫当特案(Arkwright v Mordaunt)、阿克赖特诉南丁格尔案(Arkwright v Nightingale)②、博尔顿、瓦特诉布尔察③以及特纳诉温特案(Turner v Winter)④中的裁决,但说明书中披露义务的范围多年来一直未能确定。虽然19世纪或许提出了有关说明书的标准,但标准的具体应用却远未明了⑤。后来的一些私法案试图从一开始就免除某些专利权人提交说明书的义务,由此可以更清楚地窥测出披露标准何以改进并成为授权条件——因为只有隐匿有用的发明信息才有意义。

• **专利说明书并非看起来那样**

出于国家安全考虑,英国专利法⑥现在仍然允许对某些发明保密,这一做法可以追溯到19世纪⑦,但实际上还有更早的案例。苏格兰议会颁布了1648年《詹姆斯·威姆斯法案》(James Wemyss' Act 1648),以保护其军事发明并将发明内容保密⑧。目前的讨论与军事发明无关,而是要关注利用专利保护体系保护工业秘密不被外国人知晓。在早期,有一些专利法案⑨中包含禁止向外国人披露发明的保留条款;皇家丝织品公司的原始专利规定,只有在专利到期后才能披露专利⑩。然而,直到18世纪后期提交说明书成为惯例时,议会才介入。

约瑟夫·布思(Joseph Booth)似乎是尝试通过限制向外国人披露信息来保护自己发明的第一人。他发明了一种机器和一种织布过程中使用的化学合成物⑪,并向议会请愿,称如果他按照专利的要求提交说明书,则外国人就能获取到专利信息,这意味着他将不能向这些

---

① 法院多次明确提到实用性要求,但有些则未作要求,见:*Lewis v Marling*(1829)2 HPC 81;4 C & P 52(172 ER 604)(帕克法官称:"[专利的]实用性问题有时留给陪审团裁定,我认为,只要发明是新颖的,那么制定法所规定的实用性要求就已经得到满足.").

② *Arkwright v Mordaunt*(1781)1 HPC 215;1 WPC 59 and *Arkwright v Nightingale*(1785)1 HPC 221;1 WPC 60.

③ (1795)1 HPC 369;2 Blackstone(H)488(126 ER 664;3 Ves J 140(30 ER 937).

④ (1787)1 HPC 321;1 TR 602.

⑤ William Carpmael,*The Law of Patents for Inventions familiarly explained for the use of inventors and Patentees*(London:J Wrightman 1832),p 23;John Adams and Gwen Averley,"The Patent Specification:*The Role of Liardet v Johnson*"(1986)7 *J Legal History* 156,167 – 171. 1829届委员会甚至询问了许多证人,问及起草说明书是否考虑过隐匿发明,见:*Report from the Select Committee on the Law Relative to Patents for Invention*(1829 HC Papers 332),Vol 3,p 415,具体例子见:evidence of John Taylor(p 9)and John Farey(p 28).

⑥ Patents Act 1977,ss 22 and 23.

⑦ Patents for Inventions Act 1859;更多内容参见:Thomas O' Dell,*Inventions and Secrecy:A History of Secret Patents in the United Kingdom*(Clarendon 1994).

⑧ Act in Favour of Colonel James Wemyss 1661[RPS:1661/1/91].

⑨ Beale's Patent:No 32(1625);另见:David Seaborne Davies,"The Early History of the Patent Specification"(1934)50 *LQR* 86 and 260 at 105.

⑩ 见本书第105页脚注①.

⑪ Patent No 1,888(1792).

外国市场销售产品,这也对进入王国的贸易不利①。委员会审议请愿书时,证人解释了专利说明书是如何被复制并被带到国外进而实施发明的。一位证人说,大多数专利说明书被外国人抄袭了②。这意味着序言中的陈述以及发明方案一经备案登记,就会被"外国代理人和间谍"获取并传输到"外国"。这样一来,外国人就可以在英国人证明发明的有效性前实施该发明③。因此,他的私法案——1792年《布思专利法案》(Booth's Patent Act)——允许其提交说明书,但又禁止对外将其公开,只有经大法官许可后方能查看④。虽然专利说明书一经备案登记就很容易为外国人所获取,但似乎约瑟夫·布思的发明并无特别之处使得它更容易被"外国代理人"盯上。类似的评论和关切也同样适于任何其他发明。

● 一般法的首次尝试

在布思的法案收录入《法令全书》后不久,议员斯歌普·伯纳德(Scope Bernard)⑤提出了一项公法案议案⑥。上一年布思的私法案就是通过他转呈议会的⑦。1793年《专利权人法案》允许任何人在请愿书中提出专利保护期限届满前不公开说明书的请求,前提是请愿人能证明备案登记说明书会给专利权人和王国贸易带来损失。虽然议案最终失败了,但它并没有(不像后来的1820年法案)偏离议会的主流思潮。它之所以失败,并不是因为它违背了"英国专利制度的整体法理基础"⑧。该议案在下议院通过,并在上议院通过二读,只是在委员会审议阶段被驳回⑨。由于没有相关的辩论记录,议案被驳回可能不过是处理议会事务的一种方式⑩,因为议会在议案被委员会驳回后两周内就要闭会⑪。如果议案是因为政策原因遭到委员会反对而被驳回,那将会是很奇怪的事情,当然这也不是没有先例。不过果真如此的话,在二读时将其驳回或等到三读时再提出质疑会更恰当⑫。简而言之,议会很可能只是认为法案不够重要,不足以让议会在会期最后日子里在它上面花费时间,仅此而已。

此外,即便法案通过了,也不会改变专利法的基本性质,而只是会改变其侧重点。提交说明书仍是必需的,改变的不过是披露专利的时间而已。也就是说,改为在专利期限届满时披露发明,而不是从一开始就披露。在专利期限届满时披露发明是皇家丝织品公司通过专利法案获得的特权,也是罗姆在其法案中想要获得的。事实上,如果布思私法案中的提议在

---

① 请愿书概要见:47 CJ 499(5 March 1792).
② 证据概要见:47 CJ 559(16 March 1792).
③ Booth's Patent Act 1792,recital(2);证据的确认见:Committee Report:47 CJ 721(23 April 1792).
④ Booth's Patent Act 1792,ss 1 and 2.
⑤ Rights of Patentees Bill 1793(House of Lords Sessional Papers,Vol 1).
⑥ 和约翰·皮特(John Pitt)、约翰·英吉尔比爵士(Sir John Ingilby)一道.
⑦ 关于要求议员呈交私法案,见第12至13页.
⑧ 见以下文献的意见:Sean Bottomley,*The British Patent System during the Industrial Revolution 1700-1852*(Cambridge 2014),p 187.
⑨ 39 LJ 739(10 June 1793);委员会延迟运行了3个月(在既定的闭会时间之后).
⑩ 在18世纪,将二读或委员会审议时间安排推迟至闭会后,是驳回法案的常用手段,见:Thomas Erskine May,*A Treatise upon the Law Privileges*,*Proceedings and Usage of Parliament*(1st Ed,Charles Knight & Co 1844),pp 277-278.
⑪ 于1793年6月21日闭会.
⑫ 见本书第14页.

那个时期被普遍采纳,那么许多发明很可能要延迟一代人的时间才会出现。这是因为,改进发明以及后续发明都不得不等待,这种延迟的影响甚至可能会持续到今天。

• 库普思的请愿

当马提亚·库普思于1801年向议会请愿时①,他使用了与布思非常相似的言语,指出提交说明书会使得外国人能够利用这项发明,而英国臣民(除了他自己)却不能。他特别提到,正同英国交战的法国在向美国出口他发明的产品。他的请愿书提交至一个委员会,委员会的报告印制出来②,许多证人再次解释登记备案说明书是如何导致专利被复制以及在国外被利用、实施进而损害英国工业的。证人特别提到了《技艺和产品大全》(Repertory of Arts and Manufactures)。《技艺和产品大全》自1784年起就开始公开说明书③。委员会报告支持了请愿人,提议通过一项包括保密条款的私法案④。该法案在委员会审议时进行了修正⑤。然而,关于保密的保留条款是此时被移除,还是当初议案提交议会时根本就没有保密条款,这一点尚不清楚⑥。在 ex parte Koops 案中⑦,当库普思随后试图说服法院放弃提交说明书的要求时,大法官艾尔登勋爵提到议会一年前曾拒绝批准该请求⑧。

• 保密

过了差不多10年才有下一批专利权人向议会请愿,请求对外国人保密说明书⑨。在1812年至1813年的议会会期中,又有人提出两项同样目的的请愿。第一个由詹姆斯·李提出,他表达了与库普思类似的担忧。他说,如果他必须登记备案请愿书,就会让外国制造商更加具有优势,同时损害英国臣民的利益。呈交给委员会的证据再一次关注到《技艺和产品大全》。詹姆斯·普尔(James Poole)在专利局为总检察长工作,他认为,《技艺和产品

---

① 请愿书概要见:56 CJ 173(16 March 1801);另见:*Parliamentary Register*,16 March 1801,Vol 14,pp 394 – 395;几天后,库普思提出了设立公司的请愿:56 CJ 204 – 205(1801年3月20日);库普思在早些时候也提交了类似的设立公司请愿:55 CJ 635 – 636(11 June 1800);Favourable Report 55 CJ 647(13 June 1800);以下法案进行了一读:Koops Papermaking Patent Bill 1800.

② *Report on Mr Koops' Petition*:*Respecting His Invention for Making Paper from Various Refuse Materials*(1801 HC Papers 55)Vol 3,p 127.

③ *Report on Mr Koops' Petition*:*Respecting His Invention for Making Paper from Various Refuse Materials*(1801 HC Papers 55)Vol 3,p 127 at p 1.

④ *Parliamentary Register*,12 May 1801,Vol 14,p 260;56 CJ 347(4 May 1801).

⑤ 56 CJ 482(1 June 1801).

⑥ 下议院委员会报告中有一些修正:56 CJ 482(1 June 1801),但在上议院没有修正:Committee,Counsel Heard and Reported without Amendment:43 LJ 338(23 June 1801).

⑦ (1802)6 Ves J 599(31 ER 1215).

⑧ 以下文献认为,这里的请求指的是《叛国赔偿法案》(Treason Indemnity Bill):Barbara Henry,*The Development of the Patent System in Britain*,1829 – 51(女王大学2012年未发表的博士论文),p 74 n 26. 她所引述的是1801年6月19日一场辩论中的评论(*Parliamentary Register*,19 June 1801,Vol 15,p 680(comment of Lord Thurlow)). 从《上议院议事录》(43 LJ 302)可以清楚地看出,辩论针对的法案应是1801年《赔偿法案》(Indemnity Bill 1801)(1801HC Papers 87),Vol,p 231. 该法案与释放叛徒有关,但与专利说明书无关,因此这里一定是指库普思自己的法案.

⑨ Petition of James Browell,James Jack and Thomas Lermitte:64 CJ 15(31 January 1809).

大全》这一出版物"使得国外很早就能全面了解我们的发明"①;约翰·皮山姆(John Pensam)从事产权转让事务,他提供的证据证明了该出版物在欧洲大陆"广为流传",用来向外国人提供关于发明②的早期信息。最后,委员会提到约瑟夫·布思早期的请愿书(但并未提及库普思的请愿书)③。议案在二读时受到了包括罗伯特·皮尔爵士(Sir Robert Peel)等人的批评④,但它仍在下议院通过了。这再次表明,议会并不认为公布说明书对社会有利;恰恰相反,议会认为,这是一种将知识从英国传递给外国人(最糟糕的是传递给正与英国交战的法国人)的方式。

议案在上议院二读时,遭到劳德代尔勋爵的抵制,他在原则上反对不披露说明书⑤。然而,两位顶级律师——雷德斯代尔勋爵⑥和大法官艾尔登勋爵——认为,虽然该议案存在一些问题,但惩罚一个如此努力工作的人是错误的。该议案通过二读,虽然在上议院被大幅修正⑦,但最重要的修正之处是设定了仅7年的说明书保密期限(而不是整个专利保护期限的14年)。詹姆斯·李的议案最终获得通过,要求他向大法官提交说明书,并在法案通过后将说明书保密7年⑧。第二位请愿人是约翰·温哥华(John Vancouver),他在请愿书⑨中对说明书被不当利用表达了类似的关切。不幸的是,没有其他资料记录他当时提出了哪些具体主张。尽管如此,他的议案还是在下议院通过了⑩,但议案在上议院没有通过⑪,或许是议会剩余会期时间不足。

还有另外两项私法案也试图请愿对发明进行保密。1816年,詹姆斯·李请求议会通过法案,允许自己设立公司并对一项说明书保密⑫。该议案再次出现了在下议院通过但在上议院三读时折戟的局面。劳德代尔勋爵再次反对该议案,但这一次反对的理由既包括对说明书保密,也包括议案违反了《泡沫法案》⑬,他的意见在分组表决中占据上风⑭。但尽管如此,大法官艾尔登勋爵再次支持该议案⑮。奇怪的是,大法官的政治支持似乎与他在庭上

---

① *Report in Petition of James Lee*(1813 HC Paper 67),Vol 3,p 393 at p.7.
② *Report in Petition of James Lee*(1813 HC Paper 67),Vol 3,p 393 at p.7.
③ *Report in Petition of James Lee*(1813 HC Paper 67),Vol 3,p 393 at p.7.
④ *Morning Post*,23 March 1813,p 2(报纸报道了谁反对该法案,但没有说明反对原因).
⑤ *The Times*,16 May 1813,p 3.
⑥ 雷德斯代尔勋爵曾在1802年至1806年间担任爱尔兰大法官(他是后来的上议院议长的父亲).
⑦ 修正内容见:49 LJ 471-472(2 June 1813);68 CJ 614-615(28 June 1813).
⑧ Lee's Hemp and Flax Preparation Act 1813,ss 1 and 5.
⑨ Petition:68 CJ 308(26 May 1814);见终校清样:HL/PO/JO/10/2/88C.
⑩ 69 CJ 405(29 June 1814).
⑪ 一读:49 LJ 1023(29 June 1814);议会于1816年7月30日闭会.
⑫ Lee's Patent Bill 1816(终校清样:HL/PO/JO/10/2/90B).
⑬ 见《泰晤士报》1816年6月29日,第2版;分组表决的结果并未出现在《上议院议事录》中。然而,《泰晤士报》报道称,有4人赞成,4人反对。
⑭ 但只是因为正反两方人数对等,依据推定必有利于否定者这一古老规则,通过了动议,见:51 LJ 798(28 June 1816);也见:Thomas Erskine May,*A Treatise upon the Law Privileges*,*Proceedings and Usage of Parliament*(1st Ed,Charles Knight & Co 1844),p 215.
⑮ *The Times*,29 June 1816,p 2.

的表态并不一致①。在1816年关于莱西专利案(Re Lacy's Patent)中,大法官艾尔登勋爵称②:

詹姆斯·李的案例非常特殊,因为它是为了在战争时期确保国家能够从重要发明中获益。正如詹姆斯·李案例中制备大麻和亚麻,如果莱西先生能够解释清楚国家如何从他的发明中受益,会否允许他对说明书保密可能就是另一回事了。但大法官认为,在未来议会如果要通过这样一个法案,也会踌躇许久。他觉得自己可以大胆地说,如果莱西先生请愿颁布这样的法案,也不会成功。

看来,大法官艾尔登勋爵坚定地认为,授予保密特权并非法院职责,议会也不愿意这样做。最后一次尝试通过私法案来对说明书保密的是1818年约翰·布拉德伯里(John Bradbury)的请愿。他发明了一种防伪装置,谋求对说明书保密、防止被破解也是顺理成章的③。但议案在下议院通过后,劳德代尔勋爵再次在上议院二读时发难,在原则上反对议案④,致使议案没能通过⑤。

可见,下议院似乎比较能接受对说明书保密的做法。尽管有一些异议,温哥华、李和布拉德伯里的议案都在下议院获得通过。然而,上议院的劳德代尔勋爵是反对任何此类法案的核心人物。除了1813年詹姆斯·李的《大麻和亚麻制备法案》外,他成功地拦截了其他所有法案。显而易见,议会还远未普遍接受披露发明是专利法核心的观点,只是认为这不过是一个允许例外存在的一般规则。

• **秘密走向公开**

不管怎样,对说明书保密的想法已经从单个私法案转移到一般的公法案中。1820年6月,出现了两项改革专利制度的议案:第一项由约翰·柯温(John Curwen)和托马斯·克里维(Thomas Creevy)提出⑥,第二项由亨利·罗特斯勒(Henry Wrottesley)提出⑦。《柯温和克里维法案》(Curwen and Creevy Bill)旨在设计一个技术人员审查制度,这些技术人员被称为"专员"(Commissioner),他们会向发明人提供授权令,便于他们在申请专利前完善发明(一种优先权制度)。虽然该法案仍然要求登记备案说明书,但法案中有一项严格的规

---

① 很明显,虽然经常会有人提出对说明书保密的申请,但多以失败告终,见:Thomas Webster, *Notes on Cases on Letters Patent for Inventions*(Thomas Blenkarn 1844),p 27.
② (1816)1 HPC 681;29 *Repertory of Arts & Manufactures*(2d)250;(1843)Carpmael's PC 353;在同一份判决书中,他指出,大约有20,000项专利已经被授权,其中,申请专利耗时在18个月的案例只出现了两次。这过于夸张了。在乔治三世统治期间(始于1761年)直至其判决作出之日(1816年),只有3000多项专利被授权,申请专利耗时在18个月的案例已经出现过两次(约瑟夫·布思的1792年《专利法案》和詹姆斯·李的1813年《大麻和亚麻制备法案》)。
③ 这项发明的实用性在下议院受到质疑,但对说明书保密的想法没有受到质疑;《泰晤士报》1818年5月27日,第2版;此外,摆在委员会面前的证据主要是关于发明的实用性;*Report from the Committee on Mr. Bradbury's Petition Relative to Machinery for Engraving and Etching*(1818 HC Papers 328),Vol 3,p 361.
④ 《泰晤士报》1818年6月6日,第2版.
⑤ 然而议案被印制出来:John Bradbury's Bill 1818(1818 HL Papers 100),Vol 188,p 485.
⑥ Patents Bill 1820(1820 HC Papers 181),Vol 1,p 277.
⑦ Letters Patent Specification Bill 1820(1820 HC Papers 184),Vol 1,p. 285.

定,明确禁止复制专利说明书。要复制专利说明书,就必须先获得裁决令。《罗特斯勒法案》(Wrottesley Bill)则更加直接,它似乎遵从了 1813 年詹姆斯·李《大麻和亚麻制备法案》及其后续私法案的模式,要求在高等法院登记备案说明书,且只有在专利保护期限届满后才允许查阅。法案允许少数例外情况,如根据裁决令或在有人指控侵权时经由司法官员授权后方能查阅说明书。

由此可见,这些都是由詹姆斯·李私法案的思路发展而来,目的是预防剽窃专利,特别是外国人剽窃专利。议案遭到了专利从业人员①的强烈反对,理由是此举会阻碍科学进步,毕竟他人可能要花时间重复专利权人(保密封存的)工作②。这些关切足以让柯温和克里维在下一届议会会议上提出类似议案时移除了对复制说明书的限制③。尽管专利权人仍然考虑寻求私法案来对说明书保密④,但所有人都止步于向议会⑤提出请愿阶段⑥。尽管如此,仿效私法案⑦,允许专利权人在某些情况下于专利有效期内对说明书保密的想法,多次由证人在 1829 年向特别委员会提出⑧,但特别委员会对此反应不一。这个想法在 19 世纪 30 年代的任何法案中都没有再被提及。

制定私法案似乎满足了在专利保护期结束而不是专利保护期开始时披露发明的要求。如果当初劳德代尔勋爵未能成功拦截此类私法案,那么议会可能会同意授予更多的私法案(也会激励其他专利权人申请私法案)。这或许会进一步推动 1820 年两项公法案的进展,致使说明书的保密变得更加常见,直到专利到期后才披露说明书。事实上,它可能会改变披露发明的本质。虽然这些在现在看起来有些异想天开,但这类私法案在原则上还是得到了那个时代两位司法界大腕——雷德斯代尔勋爵和艾尔登勋爵的支持。反倒是经济学家劳德代尔勋爵在向淡漠的上议院陈述利弊⑨。一旦确认了说明书的性质及其公共属性,那么私法案的最后一个作用就成了拯救错过最后期限的专利权人。

---

① 见:Anon,"On the Proposed Alteration in the Laws Relative to Patents"(1820)1 *London Journal of Arts and Science* 358;专利从业人员似乎继续持有这种观点,见:Anon,"Should Specifications be Concealed?"(1840)2 *Inventors' Advocate*(No 22)1.

② 见:"On the Proposed Alteration in the Laws Relative to Patents"(1820)1 *London Journal of Arts and Science* 358 at 363 and 365.

③ Patentees Protection Bill 1821(1821 HC Papers 17),Vol 1,p 21.

④ 见:John Badams' Notice 1825:*London Gazette*,6 September 1825(Issue 18173,p 1635).

⑤ 一些请求法律改革的请愿书内容还包括建议制定限制披露说明书的条款,见:Thomas Morton:81 CJ 309(1 May 1826)and Appendix to Votes and Proceedings,1826,pp 498 – 499(No 761);John Birkinshaw:84 CJ 187(31 March 1829);Appendix to Votes and Proceedings,1829,pp 1213 – 1214(No 2,839).

⑥ 最终,1859 年《发明专利法案》(Patents for Inventions Act 1859)允许对与军火相关专利的说明书保密备案登记,但需应国务大臣的要求进行.

⑦ Law Relative to Useful Discoveries,and to the Means of Ensuring the Property Thereof,to Those Who Are Acknowledged to Be Authors of the Same(Law of 7 January 1791,No 308)),art 11(以下报告收录了译文:*Report from the Select Committee on the Law Relative to Patents for Invention*(1829 HC Papers 332),Vol 3,p 415 at p 223).

⑧ 见:*Report from the Select Committee on the Law Relative to Patents for Invention*(1829 HC Papers 332),Vol 3,p 415,evidence of Mark Brunel(p 40);John Taylor(p 10);Arthur Aikin(p 44);Francis Abbott(p 65);William Newton(p 69);Samuel Morton(p 91);Samuel Clegg(p 96);John Millington(p 99);Holdsworth(p 124 and 125);Hawkins(p 130).

⑨ 基于只有 8 位上议院议员投票支持李的 1816 年《专利法案》(Lee's Patent Bill 1816)(他的第二个法案)这一事实判断.

- **迟交说明书**

从 18 世纪 30 年代开始,提交说明书成为一项常规义务,从 18 世纪 40 年代开始普遍施行。*Ex parte* Koops 案①确认了提交说明书的时间不得延长的规则。如果需要更长时间,则应当在专利授权之前征得司法官员的同意。这一硬性规定意味着,如果没有按时提交说明书,则专利将无效。因此,专利权人一旦迟交了说明书,唯一的补救办法是寻求议会帮助。有两个利用私法案来延长提交说明书时间的案例。第一个案例发生在 1849 年,当时,约书亚·威斯赫德(Joshua Westhead)由于"疏忽和信息错误"导致其晚于截止日期 5 天才登记备案专利说明书②。第二个案例发生在 1851 年,约翰·莱尔德(John Laird)因为雇员疏忽,专利说明书迟交了一天③。在这两起案例中,议会似乎都同情他们的遭遇,同意授予他们私法案,允许迟交说明书并维持专利的有效性。事实上,这是议会在发现问题后迅速响应的一个示例。1852 年《专利法修正法案》将提交完整说明书的期限确定为 6 个月④,但与早期做法相反的是,法院认为延期提交也是可以的⑤。此后不久,1853 年《专利法法案》(Patent Law Act 1853)再次对一般法进行修正⑥,规定在期限内"由事故引起、非因专利权人疏忽或故意拖延"的情况下,大法官可以同意给予一个月的延期。议会用了不到四年时间,解决了私法案反映出来的问题⑦。

- **披露的作用**

认为在授予某些专利时应教授发明的想法并不新鲜。议会在普及教授发明这一要求的过程中发挥了作用。在 17 世纪(及以后)授予私法案时,议会要求专利权人描述自己的发明方案。事实上,议会第一次要求提交发明方案时,所披露内容比后来司法官员要求披露的内容更加丰富⑧。然而,可以看出,即使到了 19 世纪 30 年代,对披露发明的要求很集中⑨,但议会中并没有集中推动要求披露发明的运动⑩。现实远不是辉格主义那般,因为很明显,议会或至少下议院,似乎非常愿意完全限制披露或推迟披露说明书。议会在说明书的历史中扮演的角色比较复杂,应得到比现如今更多的关注。

---

① (1802)6 Ves J 599(31 ER 1215).
② Westhead's Patent Act 1849,recital(3).
③ Laird's Patent Act 1851,recital(2).
④ Patent Law Amendment Act 1852,s 9.
⑤ *Simpson and Isaac's Patent*(1853)6 HPC 899;21 LT 81.
⑥ Patent Law Act 1853(c.115),s 6.
⑦ 在专利权人缴纳续展费时,允许延期提交说明书就变得相关.
⑧ 然而披露得依然不够充分.
⑨ 正如以下文献所述:Robert Burrell and Catherine Kelly,"Parliamentary Rewards and the Evolution of the Patent System"(2015)74 *Cam LJ* 423 at 445.
⑩ 与以下文献中的假设相反:Robert Burrell and Catherine Kelly,"Parliamentary Rewards and the Evolution of the Patent System"(2015)74 *Cam LJ* 423 at 432–435.

第8章 专利保护期限的延长

引言

早期的专利体系并未设置固定的保护期限。在 16 世纪,伊丽莎白女王经常为发明或技术颁发有效期为 20 年或更久的特许状或专利[①],有时候还允许续期,甚至将专利重新颁发给其他人。典型案例是对纸牌的垄断,它是"纸牌垄断案"(Case of Monopolies)(达西诉阿林案)的起因[②]。此项专利先是在 1576 年 7 月授予拉尔夫·鲍斯(Ralph Bowes)和托马斯·贝丁菲尔德(Thomas Bedingfield)[③],并于 1578 年再次授予他们[④],到了 1588 年仅授予拉尔夫·鲍斯一人[⑤]。鲍斯在专利到期前就已去世,于是伊丽莎白女王又将专利授予了爱德华·达西,期限为 21 年,以感谢其对王室的侍奉[⑥]。因此,如果任其发展下去,纸牌垄断的期限可能会超过 40 年。到了 17 世纪,斯图亚特王室继续颁发有效期为 20 年甚至更久的专利[⑦]。到《垄断法》颁布之时,这似乎成了常态。当时的看法是,王室可以确定任何合理的保护期限[⑧],而非固定的期限。

《垄断法》

《垄断法》保留了当时已授予的发明专利,并将所有此类专利的保护期限上限设置为 21 年[⑨]。

---

① 见:William Kendall for twenty years(1562)PR 5 Eliz,Pt 1,m 8(No IV)(Eliz Pat Cal,Vol 2 p 465)(National Archive:C66/987);Cornelius de Vos for 21 years(1564)PR 6 Eliz,Pt 8,m 38(No VIII)(Eliz Pat Cal,Vol 3,No 486)(National Archive:C66/1003);William Waade and Henry Mekyns for 30 years(1577)PR 19 Eliz,Pt 8,m 6(No XXXIV)(Eliz Pat Cal,Vol 7,No 2,257)(National Archive:C66/1058).

② (1601)1 HPC 1;11 Co Rep 84(77 ER 1260);Noy 173(74 ER 1131);Moore 671(72 ER 830);1 WPC 1;另见:Jacob Corré,"The Argument,Decision,and Reports of Darcy v. Allen"(1996)45 *Emory Law Journal* 1261;David Seaborne Davies,"Further Light on the Case of Monopolies"(1932)48 *LQR* 394;Matthew Fisher,"The Case That Launched a Thousand writs,or All That is Dross? Re‑conceiving Darcy v Allen:the Case of Monopolies"[2010]*IPQ* 356.

③ Ralph Bowes and Thomas Bedingfield(1576)PR 18 Eliz,Pt 1,m 32(Eliz Pat Cal,Vol 7,No 60)(National Archive:C66/1137).

④ Ralph Bowes and Thomas Bedingfield(1578)PR 20 Eliz,Pt 7,m 33(Eliz Pat Cal,Vol 7,No 3,409)(National Archive:C66/1170).

⑤ Ralph Bowes(1588)PR 30 Eliz,Pt 12,m 17(Eliz Pat Cal No 718)(National Archive:C66/1315).

⑥ Edward Darcy(1598)PR 40 Eliz,Pt 9,m 37(No LIV)(Eliz Pat Cal,No 735)(National Archive:C66/15485).

⑦ 事实上,专利有效期通常为 21 年,直到 1623 年,所授予专利的有效期都是这么久,例如:Jones and Palmer's Patent:No 23(1623);这对应《垄断法》第五条.

⑧ Sir Edward Coke,*The third part of the Institutes of the laws of England*(Flesher 1644),p 184("合理的"时间);Matthew Bacon,*A New Abridgement of the Law*(Ed Henry Gwillim)(5th Ed,Strahan 1798),Prerogative(F4)(p 591);William Hawkins,*A Treatise of the Pleas of the Crown*(Elizabeth Nutt 1716),Chapter 79,s 6.(P 231).

⑨ Statute of Monopolies,s 5.

法案还规定,任何在法案颁布之后授予的新发明专利有效期皆为 14 年①。该期限限制不适用于授予公司的垄断权(见第 6 章),除此之外,任何超过 14 年的专利权期限部分都自动失效。由于基础的普通法规则仍旧存在,根据普通法规则,专利授权时应确立"合理"的期限。但若某项专利有效期超过 14 年且有其合理性,那么保护期就应设置为这一合理期限②。然而实际上,1624 年之后授予的专利有效期限都是 14 年③。因此,最终会出现这样一个问题:专利权人是否可以以及如何获得超过 14 年的保护?特别是若一项发明的收益或实施成本在最初的 14 年有效期内无法完全收回该怎么办?专利延期在这种情况下出现了,但首先需要研究一下议会(包括英格兰和苏格兰)授权的专利期限情况。

17 世纪的议会授权

与王室特许授权不同,议会授权的专利保护期限差别很大,至少在英格兰是如此。德里克斯和范考特根据 1643 年法令获得的专有权期限仅为 7 年,而乔治·曼比的 1650 年法案和杰里米·巴克的 1651 年法案则提供了标准的 14 年保护。更不同寻常的是,《1663 年伍斯特侯爵法案》授权期限长达 99 年,不过背后的条件是 1/10 的利润归王室所有。这次授权期限超长的原因是为了帮助侯爵偿还在内战期间所欠的债务④。17 世纪后半叶,又一且唯一一次成功的议会授权是 1680 年授予霍华德与华生的专利,有效期 20 年。它并不像有些文献所记载的那样,是对二人 1678 年所获早期专利的延期,但它显然与早期专利授权关注的基本是同一发明主题。

苏格兰由于未施行《垄断法》,情况并不相同。直到 1648 年,苏格兰议会仍旧同意连续授予威姆斯上校 3 期、每期 19 年的垄断权⑤,当他由于灾难因素⑥(即内战)失去部分授权时,他在 1661 年又被授予了 3 期、每期 19 年的垄断权⑦。同年,议会就一项矿井排水发明授予他和另外两人 19 年的专利保护⑧。苏格兰议会的这一做法持续了整个 17 世纪,哈德逊·马默杜克(Marmaduke Hudson)1693 年⑨获得了有效期 19 年的专利权,托马斯·罗马(Thomas Rome)1701 年获得了 21 年的专利权⑩。苏格兰的局势及其经济政策存在的问题本书第 4 章已经进行了讨论,本章接着讲述英格兰议会。

---

① Statute of Monopolies, s 6;见以下辩论:Wallace Notestein, Frances Relf and Hartley Simpson, *Commons Debates 1621* (Yale 1935) ('CD 1621'), Vol 2:X's Diary, pp 175 – 176(7 March 1621).
② Sir Edward Coke, The Third Part of the Institutes of the laws of England(Flesher 1644), p 184.
③ 尽管发明受议会法案保护,但授权期限可能有所不同.
④ 见第 4 章.
⑤ Act in Favour of Colonel James Wemyss 1648[RPS:1648/3/48];加上了保密条件.
⑥ Report by the Commissioners for Bills and Trade Concerning James Wemyss[RPS:A1661/1/29].
⑦ Act in Favour of James Wemyss, General of Artillery, and Colonels Leslie and Scott 1661[RPS:1661/1/200].
⑧ Act in favour of James Wemyss, General of Artillery, and Colonels Leslie and Scott 1661[RPS:1661/1/200].
⑨ 此法案虽然被列入名录,但文本并未保存下来.有关延期请愿的记录仍然存在:RPS A1693/4/19.
⑩ Draft Act in Favour of Mr Thomas Rome and Partners 1701[RPS:A1700/10/56].

专利延期的初期尝试

在专利史文献中，一般会提到寻求私法案最常见的目的之一是延长专利保护期限①。但正如后面会详细说明的那样，专利权人请求议会延长专利保护期限的情况其实极为罕见，议会批准延期请求的概率就更低了。塞缪尔·莫兰德爵士可能是首个尝试通过私法案②来延长专利保护期限的专利权人。但由于该议案文本和相关文件残缺不全，事实已不得而知。首个延期请求获得议会批准的专利权人是威廉·沃尔科特，他发明的蒸馏饮用水的方法于1675年③获得专利。在此后不久的1678年，他请求议会通过私法案来延长其专利期限④。这一请求并没有继续走下去，因为当他被要求证明其发明处理海水⑤同样有效时他无法做到。但新的问题很快到来：罗伯特·菲茨杰拉德（Robert Fitzgerald）于1683年就一种海水淡化方法⑥获得了一项相竞争的专利⑦。罗伯特·菲茨杰拉德还设法说服枢密院撤销了1685年授予沃尔科特的专利，理由是沃尔科特并没有实施其专利（即未实施）⑧。菲茨杰拉德于当年随后⑨向议会递交一项请愿，请求延长专利保护期限。但当事实证明是沃尔科特而非菲茨杰拉德的发明具有可实施性时，这项请愿夭折了。于是，主动权又重新回到了沃尔科特手中。于是沃尔科特分别于1690年、1692年、1694年和1695年向下议院请愿，请求恢复并延长专利权（该专利已于1689年失效）⑩。1692年提交的议案⑪甚至到达上议院进行了三读（议案先在下议院提出），但在辩论后遭到否决⑫，这很可能是由于菲茨杰拉德公开了实施例所造成的⑬。

---

① 见本书第4页.
② Moreland's Pump Bill 1674.
③ Patent No. 184(1675)（它也可能从未得到授权，因为这属于印章提案）.
④ Walcot's Salt - Water Patent Bill 1678(HL/PO/JO/10/1/375).
⑤ 见：*The Case of Mr Walcot, Concerning the Making of His Sea Water, Fresh, Clear and Wholesome*(1694)(Wing W285A and W285B).
⑥ 他出版了多种小册子来宣传其专利，见：Robert Fitzgerald, *Salt - water sweetned, or, A True Account of the Great Advantages of the Invention Both by Sea and by Land*(1684)(Wing F1087)，他还出版了补充内容的刊物(Wing F1082)及附录(Wing F1090)（均于1684年出版）.
⑦ 两人之间的纠纷见：Stephen Hales, *Philosophical Experiments*(Innys and Manby: London 1739), 1 - 66; Robert Forbes, *A Short History of the Art of Distillation*(Brill 1942), Chapter 6; HumphreyWalcot, *Sea Water Made Fresh and Wholesome*(London: Parker 1702); Robert Maddison, "Studies in the Life ofR Boyle, FRS: Part II Salt Water Freshened"(1952) *Notes and Records of Royal Society* 196.
⑧ Walcot's Patent (1683) 11 HPC App; Privy Council Register (National Archive: PC 2/70, f 56; Edward Wyndham Hulme, "Privy Council Law and Practice of Letters Patent for Inventions from the Restoration to 1794"(1917)33 *LQR* 63, 70 - 71.
⑨ Fitzgerald's Salt - Water Patent Bill 1685；有关这次请愿的资料非常有限.
⑩ Walcot's Salt - Water Bill 1690; [Walcot's] Salt - Water Bill 1692; [Walcot's] Salt Water, Making into Fresh Bill 1694.
⑪ *The Case of Mr Walcot, Concerning the Making of His Sea Water, Fresh, Clear and Wholesome*(1694)(Wing W285B).
⑫ 15 LJ 284(10 March 1693).
⑬ 以下文献中包含了法案的印本：Walcot's *An Answer to Mr Fitz - gerald's State of the Case Concerning the Patent of Making Salt Water Fresh*(1695年1月)(Wing W285A). 虽然上面没有标注日期，但一定是1692年，因为内容提到菲茨杰拉德的专利还有5年就到期（他的专利于1683年6月9日获得授权（第226号））.

由于法案在最后阶段未能通过,沃尔科特于1695年再次寻求私法案①,当时他公布了对菲茨杰拉德实施例作出的详细回应②。这一回应很有效,一项另授其31年专利保护的法案得以通过。这可能是③第一次以议会私法案的形式来延长专利保护期限,它是一个基于不寻常案情的先例。

　　不过,下一个成功延期专利④的案情则较为传统。托马斯·萨弗里是取水用蒸汽动力发动机的早期发明家之一,于1698年就此获得了专利⑤。第二年,他力争获得了一项私法案⑥,该法案的通过过程波澜不惊。萨弗里将该发明在苏格兰的实施权授予詹姆斯·史密斯(James Smith)后,史密斯在苏格兰⑦获得了同样延长期限的相似专有权。在沃尔科特和萨弗里案例中,获取私法案的理由之一是自最初授予(或转让)专利权后,发明人对技术进行了改进。

　　在之后几年里,因专利技术改进而请求延长专利保护的操作持续存在。1702年,托马斯·费勒斯(Thomas Ferrers)请求延长专利保护⑧,理由是他对专利技术作了一些改进,需要额外时间才能产生收益⑨。这项请求在下议院遭到了强烈反对⑩,未能走出法律委员会。同样,在1704年,尼古拉斯·法西奥和他的合伙人向议会请愿⑪,请求延期其在一年前获得的将宝石应用于钟表制造的专利。请愿书的理由是他们对此技术作了改进,若不重启或延长保护期,实施这些技术改进的成本太高。这项请愿遭到了钟表制造商和珠宝商⑫的强烈反对,理由是这项专利不具有新颖性。由此可见,他们反对的是专利本身而非专利延期⑬。钟表制造商还指控这项专利被用于股票投机,不过将专利用以股票投机的做法在17世纪90年代⑭流行过后,至少暂时不为人们所喜好了。反对者对法西奥法案的挑战成功了,在委员会审议期间,反对方的议会顾问设法促成对法案进行大幅修改,删除了所有正文条款,继续推动法案成为徒劳之举⑮。尼古拉斯·法西奥的法案被否决后大约30年内,再无人尝试延

---

① 1694年法案是在议会解散前几周提出,因此它没有取得多大进展.

② Walcot's An Answer to Mr Fitz-gerald's State of the Case Concerning the Patent of Making Salt Water Fresh(January 1695)(Wing W285A).

③ 也可以说,1670年《霍华德与华生法案》是专利延期法案(伍德克夫特也将其视为延期法案,因为该法案被收录在标记星号的专利索引中)。然而,法案并没有在序言里提到专利本身.

④ 罗伯特·莱吉纳姆(Robert Ledginham)曾两次尝试通过法案:一次是在1698年(Robert Ledgingham's Invention for Ship Pumps Bill 1698);另一次是1699年(Robert Ledgingham's Fire Engine Petition 1699)。尚不清楚这两次尝试是否都是关于同一项发明,但似乎如此。第一个议案止步于法案委员会,第二个未能走出请愿委员会.

⑤ Thomas Savery, The Miner's Friend; Or, an Engine to Raise Water by Fire(1702)(Reprinted 1827, ed S. Crouch).

⑥ Walcot's Patent Act 1694.

⑦ Act in Favour of Mr James Smith 1700[RPS:A1700/10/218].

⑧ No 346(1704).

⑨ 13 CJ 756(23 February 1702);the Damasking Stuffs Bill 1702.

⑩ 有四项反对费勒斯请求的请愿:Woollen Drapers(13 CJ 780;7 March 1702);Robert Parker(13 CJ 785;10 March 1702);Thomas Freeman(13 CJ 817;23 March 1702);Levant Company(13 CJ 821;27 March 1702).

⑪ 14 CJ 445(6 December 1704);Watches, Inventions and Extension of Patent Bill 1704.

⑫ Reasons of the English Watch and Clockmakers against the Bill to Confirm the Pretended New Invention of Using Precious and Common Stones about Watches, Clocks, and Other Engines(1704)(ETSC T046472);Reasons Humbly Offer'd by the Jewellers, Diamond-cutters, Lapidaries, Engravers in Stone, &c. against the Bill for Jewel-Watches(1704)(EEBO).

⑬ 17 CJ 233(22 May 1712).

⑭ Christine MacLeod, "The 1690s Patents Boom: Invention or Stock-Jobbing?"(1986)39 Economic History Review 549.

⑮ Edward Wood, Curiosities of Clocks and Watches: From the Earliest Times(Richard Bently 1866), pp 307-308.

长专利保护。

目前尚不清楚为何专利延期申请的空白期持续如此之久。沃尔科特和萨弗里开创的先例表明,议会显然是有可能批准专利延期申请的。那为何其他专利权人不去尝试呢?向议会请愿的确用资不菲,但专利权人已经在专利上投入巨资,故而很难想象费用是让所有专利权人放弃申请延期的唯一原因。原因之一可能是,在当时大的经济背景下专利前景灰暗,经济价值也遭受质疑①。此外,当时专利授权数量较少(1700年至1730年间仅有149件专利获授权②)。这意味着,在此期间数量本就不多的专利拥有者中满足以下延长保护期限条件者更少:成功的发明,未充分利用专利的事实,请求私法案所需的资金,以及确保法案能真正在议会通过的巨大影响力。

● 托马斯·罗姆

1731年,托马斯·罗姆爵士拾起接力棒,请求议会延长其即将到期的专利③。他最初的议案④是为了延长保护,但延长期限这一栏是空白的⑤。有议员在就该请愿进行辩论时原则上反对该法案,称延长专利保护对议会来说将是个危险的先例,而且罗姆已经赚足了钱⑥。另有一些人则认为,专利保护期限被定为14年是为了防止出现专利泡沫,而罗姆的专利并非此类泡沫⑦。不过,罗姆获取的议会支持足以使其请愿递交到委员会⑧。在那里,他仍旧面临着强烈的反对意见⑨。最终,法案陷入僵局,迫使国王介入,建议以大额奖励代替延期⑩。这样的结果无疑向专利权人表明,专利延期不太可能实现。于是,又经过了10年才出现下一个吃螃蟹者。

● 专利延期的短跑冲刺

18世纪40年代,延长专利保护的成功案例接踵而至。1742年有两项延期请愿被提出,二者都源于约翰·图特(John Tuite)的发明,一个是取水机专利⑪,另一个是由其受让人约

---

① Christine MacLeod,"The 1690s Patents Boom:Invention or Stock – Jobbing?"(1986)39 *Economic History Review* 549 at 569.
② 数据来自以下文献:Based on Bennet Woodcroft,*Title of Patents of Invention*:*Chronologically Arranged* 1617 – 1852(Eyre and Spottiswoode 1854),因为1700年授予的第一项专利是第365号,1730年授予的第一项是第514号.
③ No 422(1718).
④ 最初法案由罗伯特·哈珀起草,也似乎是罗伯特·哈珀起草的唯一一部与专利有关的法案,见:Sheila Lambert,*Bills and Acts*:*Legislative Procedure in Eighteenth – Century England*(Cambridge 1971),p 201.
⑤ 见由罗伯特·哈珀起草的罗姆的法案,以及:*A Brief Statement of the Case of the Machine Erected at Derby*(也即支撑案例)(1731)(即罗姆的案例):*Harper's Collection of Private Bills*,Vol 9,Bill No 31.
⑥ Sir Thomas Aston,*Collection of Parliamentary Debates from the Year MDC XVIII to the Present Time*(John Torbuck 1741),Vol 10,pp 102 – 103.
⑦ James Oglethorpe,*Collection of Parliamentary Debates from the Year MDC XVIII to the Present Time*(John Torbuck 1741),Vol 10,p 107.
⑧ *Collection of Parliamentary Debates from the Year MDC XVIII to the Present Time*(John Torbuck 1741),Vol 10,p 109.
⑨ *The Case of the Silk Throwers Company*(1732);*Case of the Manfacturers of Woollen*,*Linnen*,*Mohair and Cotton Yarn in Manchester & c*(1732):*Harper's Collection of Private Bills*,Vol 9. Bill No 31.
⑩ 21 CJ 846(14 March 1732).
⑪ No. 585(1742).

翰·埃尔维克(John Elwick)持有的石材管道专利①。图特甚至在还未获得专利授权时②就提出了延期申请,申请在下议院迅速通过,获得了延期20年的保护③。但在上议院委员会审议阶段,请愿被驳回,原因不明,可能是由于该专利直到议会会期结束后才授权给图特。图特在下一届议会开会时④再次向下议院请愿,但没有取得进展。具有讽刺意味的是⑤,他的受让人约翰·埃尔维克获得了私法案,才使得这项专利权保护得以延长14年⑥。

这一请愿成功后的30年里,很多人尝试提出请愿。伊萨克·波诺尔(Issac Pownoll)的专利⑦被恢复保护,其子女获得了14年额外的保护期,理由是发明人在有生之年⑧一直未能实施发明,且没有其他办法可以收回完成发明所支出的费用⑨。迈克尔·梅兹在专利授权后的几个月内就得到了14年的延期保护⑩,获准原因是他为发明投入了巨额资金,原专利保护期限不足以收回成本⑪。这清楚地表明,只要没有反对意见,议会可能会相当宽松。说得简单一点,梅兹如何能在专利授权后的几个月内就知道未来从专利中的获利情况呢?同样,议会如何知晓14年保护不足以收回投资呢?如此一来,众多早期专利延期法案的失败,是由于人们单纯地反对而非因为反垄断情绪⑫。

威廉·钱皮恩(William Champion)⑬1751年⑭提出延期请愿后又撤回了请愿,原因是他的请愿在报告和议会一读期间有人提出了反对请愿书⑮。同样,理查德·莱德尔(Richard Lydell)1755年提出的延期请愿⑯遭到了强烈反对,反对请愿书多达10份,因此委员会不赞成通过请愿⑰。委员会的结论是,莱德尔未能提出强有力的陈词来支持延期主张,而且其方法发明可能会对一些港口构成威胁,甚至会导致欺诈。而爱德华·考克斯(Edward Cox)的请愿在报告阶段获得正面评价时,也从未提出延长专利保护⑱的法案,原因已无法得知⑲。由于任何成熟的行业都会反对一项有用的专利,很显然,延期申请不可避免会遭遇反对意见。

---

① No. 549(1734).
② Petition:24 CJ 123(14 March 1742);Grant:30 July 1742.
③ 见:Tuite's Water Engine Bill 1742,Cl 1(Ingrossment:HL/PO/JO/10/2/41).
④ 24 CJ 374(11 January 1743).
⑤ 因为后来作为受让人他无法提出申请.
⑥ Elwick's Patent Act 1742.
⑦ 该专利1729年失效.
⑧ 见:Report on the Petition,25 CJ 970(31 January 1750);另见:Pownoll's Patent Act 1749,recital(2)and(3).
⑨ 见:Petition,25 CJ 938(18 January 1749).
⑩ Meinzies' Patent Act 1750.
⑪ Meinzies' Patent Act 1750,recital(2).
⑫ 以下文献持这种观点:Christine MacLeod,Inventing the Industrial Revolution:The English Patent System 1660 – 1800(Cambridge 1988),p 73.
⑬ 理查德·钱皮恩(Richard Champion,该人获得了1775年《瓷器专利法案》)的父亲.
⑭ William Champion's Petition:26 CJ 54(21 February 1751).
⑮ 事实上,下一个成功获得批准的专利延期法案是由钱皮恩之子在1775年获得.
⑯ No 682(1753).
⑰ 在下议院议事日志中,对有关证据进行了长达7页的总结:27 CJ 235 – 242(17 March 1755).
⑱ Patent No. 712(1757);见 report:27 CJ 859(28 April 1757).
⑲ Cox's Unloading Machine Petition 1757;27 CJ 693(10 February 1757);Report(27 CJ 859;28 April 1757).

专利延期法案光荣归来

直到25年后的1775年,又一项专利延期法案才获准通过,并在接下来的几年时间里先后通过了5部私法案。第一份请愿是由布里斯托尔辉格党重要人物①理查德·莱德尔提出。几天后,詹姆斯·瓦特提出了第二份请愿,请求延期蒸汽机专利权②。钱皮恩的法案遭遇了许多反对请愿,并经历了三次分组表决③。议会辩论有限的记录④表明,议员们普遍存在反对延长专利权(或垄断权)的情绪。克莱尔勋爵(Lord Clare)在瓦特议案的辩论中警告称,在缺乏有力证据⑤时,不宜随意延长垄断权。其他议员则认为,延长保护期限法案是鼓励发明创造的必要之举⑥。下文将会谈到,这类评论在上议院更为常见。

法案形式

专利延期的形式有两种,分别体现在这一时期率先提出延期申请的两项专利中:詹姆斯·瓦特的消防车专利和理查德·钱皮恩的瓷器专利⑦。钱皮恩的私法案本身要求钱皮恩登记备案更详细的说明书⑧,还有一个奇怪的条款称法案不得阻止其他陶工按照不同于钱皮恩专利的比例混合原料⑨。后一条内容虽尤为奇怪,但却是专利延期法案内容共有的特点。从本质上讲,专利被认为是保护(说明书中所描述的)特定对象,不包括特定对象之外的内容,而后一条内容确认了这一立场。因此,这一条立法既包含了积极性内容(只有被保护内容是禁止侵犯的)和消极性内容(除被保护内容外都不会引发侵权)。这种奇怪的双重性质法条可能是源于人们对可感知到的专利保护范围具有不确定性的不满。这一条款的变体出现在1775年的《詹姆斯·瓦特消防车专利法案》中,与其一同现身的还有先用权人保护⑩,并再次声明称,任何可以用来质疑专利本身的东西,都可以用来反对该法案⑪。

奇怪的是,瓦特法案中有一条明确了对该发明可以按照之前相同的理由进行质疑,但钱皮恩的法案中却没有类似条款。两人皆因发明缺乏新颖性而遭到反对。这一差异可能与以

---

① 见:Peter T Underdown, "Burke's Bristol Friends" (1958) 77 *Transactions of the Bristol and Gloucestershire Archaeological Society* 127 at 128 – 135.

② 桑普森·斯温(Sampson Swain)为他的熔炉发明申请延长保护,但除了给下议院递交过请愿外,再没有其他动作。35 CJ 155(27 February 1775).

③ 分组表决的情况比较少见,尤其是在私法案制定过程中.

④ 报纸上刊登的这些辩论的记录对于私法案来说实际上是最好的记录,但能检索到的仍然很少.

⑤ *Middlesex Journal and Evening Advertiser*, 6 – 8 April 1775.

⑥ 见威廉·巴格特爵士(Sir William Bagot)和杰纳勒尔·康威(General Conway)(寻求平衡)的评论:*Middlesex Journal and Evening Advertiser*, 6 – 8 April 1775.

⑦ 有关这两项法案更详细的历史,见:Phillip Johnson, "The Myth of Mr Burke and Mr Watt: For Want of a Champion!" (2016) 6 *Queen Mary Journal of Intellectual Property* 370.

⑧ Porcelain Patent Act 1775, s 2.

⑨ Porcelain Patent Act 1775, s 3.

⑩ James Watt's Fire Engine Patent Act 1775, s 2.

⑪ James Watt's Fire Engine Patent Act 1775, s 3(还禁止将专利转让给5人以上:第四条).

下事实有关:钱皮恩的法案寻求无限延长专利保护期限①,而瓦特的法案则寄希望于以私法案的形式将专利保护延长 25 年(即替换原专利)②。韦奇伍德(Wedgwood)称钱皮恩的发明并不新颖③,但是总检察长亚历山大·韦德伯恩在议会的一次辩论中称,已获延期的专利如果缺乏新颖性,可以像以前一样质疑。因此,他建议称,议会没有必要考虑申请延期的专利的有效性④。然而,瓦特并不是要将专利本身延期,而是申请一项法案来保护其发明。因此,法案被重新提交,该发明的新颖性也被细细研究了一番⑤。这意味着法案需要附加一项条款规定,如若发明缺乏新颖性,法案将无效。在随后提交的法案中⑥,瓦特法案中的延期方式屡次占据上风,此类法案保护了发明本身,并非简单地延长了专利保护期限。若发明是无效的,就有必要加入一个条款来明确该法案无效⑦。

成功之后,又是失败

在钱皮恩和瓦特获得成功之后的一年里,又有两项私法案获准通过。第一项是延长授予沃尔特·泰勒的专利权,之后该项专利权又授予其遗孀伊丽莎白⑧。这项专利延长法案在议会仅用时 6 周就直接通过。如此迅速的原因之一可能是委员会审议阶段进行了一个修正,该修正案包含了一项强制许可⑨:泰勒在与海军打交道时,最高只能收取 3% 的专利税⑩。该法案通过后不久,利亚尔代特 1776 年《水泥专利法案》获得通过,该法案也包含一项类似的强制许可,设定了水泥的最高销售限价⑪,该法案还包含了类似于 1775 年的《詹姆斯·瓦特消防车专利法案》中的双重属性立法规定⑫。法案虽然通过了,但上议院仍对法案原则存有顾虑。钱多斯公爵(Duke of Chandos)认为,只有在发明人"以最令人满意的方式证明普通专利的收益不足以回本、不足以体现其发明的创造性和价值的情况下"⑬,才应通过这项法案。

卡斯卡特伯爵也作了类似的评论,他大体上支持这项法案。他强调,法案中的权利要求与最初的法案一样,应立足于改进之处是否具备新颖性⑭。

继这些成功之后,大卫·哈特利通过 1776 年《哈特利专利(防火)法案》获得了专利延

---

① Porcelain Patent Act 1775, s 1.
② James Watt's Fire Engine Patent Act 1775, s 1.
③ 各种文件和案例均在以下文献中再现:Llewellynn Jewitt, *The Wedgwoods: Being a Life of Josiah Wedgwood* (London: Virtue Bros 1865), Ch 13; Petitions lodged in Commons (35 CJ 364; 10 May 1775) and Lords (34 LJ 464; 19 May 1775).
④ 见:*Morning Post*, 12 May 1775.
⑤ 新颖性审查内容纪要见:Eric Robinson and Albert Musson (ed), *James Watt and the Steam Revolution* (A Documentary History) (Adam & Dart 1969), pp 69 – 76 (Document 16).
⑥ 除了以下法案:Elizabeth Taylor's Patent Act 1776.
⑦ 见大法官巴瑟斯特伯爵(Earl of Bathurst)的评论:*Middlesex Journal and Evening Advertiser*, 30 March to 2 April 1776; *Morning Post and Daily Advertiser*, 2 April 1776.
⑧ Patent No. 782 (1762).
⑨ Elizabeth Taylor's Patent Act 1775, s 3;此外,还要求提交一份说明书,详细说明所有的技术改进.
⑩ "每盈利 100 英镑,交 3 英镑".
⑪ Liardet's Cement Patent Act 1776, s 2;修正内容由上议院委员会添加.
⑫ Liardet's Cement Patent Act 1776, s 3.
⑬ *Middlesex Journal and Evening Advertiser*, 30 March to 2 April 1776; *Morning Post and Daily Advertiser*, 2 April 1776.
⑭ *Middlesex Journal and Evening Advertiser*, 30 March to 2 April 1776; *Morning Post and Daily Advertiser*, 2 April 1776.

期,尽管事实上他已经因其航运防火发明而获得议会奖励①。鉴于他本人是议员②,能够让议会两次审议其发明的原因也就不言而喻了。然而,他的专利延期极不寻常,原因在于只延长了专利中与建筑防火③有关的权利(因为议会奖励已经覆盖了航运防火方面的权利)。该延期内容还包括了④女王陛下码头区使用的例外,前提是此类实施得到海军方面的批准⑤。同时,涉及在建筑物中使用该发明情形时,也有类似的强制许可⑥。

有两项私法案还规定,对专利本身的任何异议都可以针对私法案提出⑦。这意味着,在随后对利亚尔代特的发明进行评判时,可以对其技术的新颖性提出质疑⑧。在同一案件中,还提出了有关说明书内容是否足够详细的问题,这里的说明书并非指专利授权时提交的原始说明书,而是指法案中所附的说明书。

成功之后,是一系列失败的案例。1782 年,安妮·华拉姆(Anne Wharam)请求延长其马镫的专利权。请愿在下议院⑨获得顺利通过,但在上议院却连一读都未进行⑩。理查德·阿克赖特(Richard Arkwright)在因专利披露不充分⑪而在专利侵权案败诉后,他晚于华拉姆⑫几天向议会请愿,请求延长其两项专利的有效期(以便于其 1769 年专利⑬可以延期到与其 1775 年专利⑭同时到期),结果遭到了强烈反对,理由是他已经获利颇丰,延长保护对行业有害⑮。他没有能将法案程序继续走下去,并且在下一届议会会议上提交的请愿⑯也遭遇反对意见,没有进行下去⑰。其专利权于 1785 年被撤销⑱。

---

① 见本书第 146 页和第 153 页.
② 他是代表赫尔河畔金斯顿的议员,任期为从 1774 年到 1780 年以及从 1782 年到 1784 年.
③ Hartley's Patent(Fire Prevention) Act 1776,s 1("大不列颠帝国境内的船只以及国王陛下在海外的殖民地和种植园除外").
④ 法案还包含了一条保留条款,禁止将专利转让给五人以上:Hartley's Patent(Fire Prevention) Act 1776,s 3.
⑤ Hartley's Patent(Fire Prevention) Act 1776,s 2.
⑥ Hartley's Patent(Fire Prevention) Act 1776,s 5.
⑦ Liardet's Cement Patent Act 1776,s 4;Hartley's Patent(Fire Prevention) Act 1776,s 4.
⑧ 关于案件各阶段的报告,见:John Adams and Gwen Averley,"The Patent Specification:The Role of *Liadert v Johnson*"(1986)7 *J Legal History* 156;Sean Bottomley,*The British PatentSystem during the Industrial Revolution 1700 – 1852*(Cambridge 2014),pp 88 – 91. 关于它们的是是非非,见以下引文:*Liardet v Johnson*(1778) Carp PC 35,1 WPC 52;实际结果可见于:*iardet v Johnson*(1780)1 Y & CC 527(62 ER 1000);同样可见于:James Oldham,*The Mansfield Manuscripts and the Growth of English Law in the Eighteenth Century*(North Carolina Press 1992),Vol 1,pp 749 – 750.
⑨ 法案终稿清样及提要存于:HL/PO/JO/10/2/57.
⑩ 她在下个议会会期上向议会请愿,但其请愿在呈交给委员会后就再无下文:39 CJ 151(5 February 1783).
⑪ *Arkwright v Mordaunt*(1781)1 HPC 215;1 WPC 59.
⑫ 38 CJ 687(6 February 1782);理查德·阿克赖特公布了一个案例:*Mr Richard Arkwright & Co,in Relation to Mr Arkwright's Invention of an Engine for Spinning Yarn*(1782)(ESTC:T188828),但不清楚案例是否呈交给议会.
⑬ Patent No. 931(1769).
⑭ Patent No. 1,111(1775).
⑮ 有 8 项反对该议案的请愿:38 CJ 865(4 项请愿)(4 March 1782);38 CJ 882 – 883(两项请愿)(11 March 1782);38 CJ 897(18 March 1782);and 38 CJ 938(20 April 1782).
⑯ 39 CJ 147(5 February 1783).
⑰ 有两项请愿:39 CJ 269(4 March 1783) and 39 CJ 313(21 March 1783).
⑱ *R v Arkwright*(1785)1 HPC 245;1 WPC 64 and 73;1 Carp PC 53 and 101;公布的庭审笔录见:*The Trialof Richard Pepper Arden*;*Attorney – General v Richard Arkwright*(Hughes and Walsh 1785)(ETSC:142878).

有关爱德华·班克罗夫特首次延期专利权的尝试①，几乎没有文献记载，但他成功地为自己的发明争取到 14 年的额外保护。据猜测，他在美国独立战争②期间的情报刺探活动赢得了政府的好感，助其法案顺利通过，但支持这一猜测的记录很少。相比之下，邓唐纳德伯爵法案③的通过则被媒体争相报道。这一时期见证了反对专利延期这股潮流的开始。二读辩论阶段④和报告阶段的详细记录⑤表明，下议院的普遍态度与 10 年前相似，对延期原则上持怀疑态度，并要求法案起草过程严格把关，但倒也不是完全排斥延期⑥。然而，也有不同意见出现。下议院议员赫伯特·麦克沃思爵士（Sir Herbert Mackworth）建议，与其延长专利期限，不如进行奖励。第 9 章将会讲到，颁布议会奖励的做法在此时占据主导地位。记录中还有一项质疑，即萨里勋爵（Lord Surrey）试图通过重新提交委员会的方式来挫败法案，但没有成功⑦。

接下来的几年里，又有两次请愿失败⑧。1791 年，詹姆斯·特纳寻求延长专利权⑨。议员布鲁克·华生（Brook Watson）反对该议案，理由是他已获得了应得的所有收益⑩。在上议院，议案遭到拉夫堡勋爵（Lord Loughborough）和劳德代尔勋爵的反对，他们要求专利权人提供证据，来证明他的确未能从专利权中获益⑪。该法案没能继续进行下去⑫。在下一届议会会期上，他的法案再次在下议院获得通过，但在上议院又遭到反对。瑟洛勋爵（Lord Thurlow）在其大法官任期即将结束时表示，强烈反对此类法案的全部原则，认为这是"超出专利意义的垄断"。这一主张得到了霍克斯伯里勋爵（Lord Hawksbury）的支持⑬。但这一次法案还是通过了。同样，当 1795 年的《康威专利干燥室法案》（Conway's Patent Kiln Act 1795）提交给上议院时，拉夫堡大法官在霍克斯伯里勋爵和奥克兰勋爵（Lord Auckland）的支持下，反对此类法案的原则，指出外国制造商可以获取到说明书，并在损害英国本土制造商利益的情况下实施发明，因此，给予某种奖励比延期保护更合适⑭。这再次展示了一些议员在处理专利延期问题上的倾向性⑮。还有人担心这样做会给其他寻求延期的请愿人打开了大门⑯。然

---

① Bancroft's Patent Act 1785.
② Thomas Schaeper, *Edward Bancroft：Scientist，Author and Spy*（Yale 2011），pp 252 – 253；Arthur MacNaulty，"Edward Bancroft, MD FRS and the War of American Independence"（1944）38 *Proceeding of Royal Society of Medicine* 7 at 11.
③ Lord Dundonald's Patent（Tar，Pitch，etc.）Act 1785；一般性背景信息见：Archibald Clow and Nan L Clow，"Lord Dundonald"（1942）12 *Economic History Review* 47.
④ *The Times*，30 April 1785.
⑤ *The Times*，24 May 1785.
⑥ *The Times*，30 April 1785.
⑦ *The Times*，24 May 1785
⑧ Legh Master's Petition 1788；43 CJ 199（8 February 1788）；Anthony Bourboulon de Boneuil's Petition 1788；43 CJ 202（8 February 1788）.
⑨ Patent No. 1,281（1781）.
⑩ *Evening Mail*，4 – 6 May 1791.
⑪ *Evening Mail*，3 – 6 June 1791.
⑫ 终校清样见：HL/PO/JO/10/2/65A.
⑬ *The Times*，8 June 1792.
⑭ 见第 9 章.
⑮ 有些人在考虑议会奖励时持截然相反的观点，见本书第 151 页.
⑯ 见：*Whitehall Evening Post*，12 – 14 May 1795；*Oracle and Public Advertiser*，13 May 1795.

而,这样三个重要的反对声音仍不足以阻挡像菲尔德·马歇尔·康威(Field Marshall Conway)这样重要人物私法案的通过①。

1792年,乔纳森·霍恩布洛尔申请延长蒸汽机专利的保护期限②。有关这一请愿反对意见的文件是有记录以来最完整的。反对者詹姆斯·瓦特保留了相关文件,现在这些文件保存在博尔顿和瓦特档案馆里(Boulton and Watt Archive)③。在下议院听取了证人证词后,议案二读失败了④。瓦特反对意见的要旨是霍恩布洛尔剽窃了他的发动机设计⑤,应就霍恩布洛尔发动机与瓦特发动机的不同之处听取证词⑥。此外,还应听取霍恩布洛尔发动机优于瓦特发动机的证词。霍恩布洛尔声称,这最后一项指控将损害瓦特的利益,因为立法机构可能会说瓦特发动机落后于霍恩布洛尔发动机⑦。霍恩布洛尔答复的大致意思是,如果他的专利能够得到延期,就不会影响他们的权利;而如果专利无效,那么延期也将无效⑧。因此,与本时期的其他法案不同,霍恩布洛尔的议案之所以被否决,并不是因为议会议员或贵族们反对专利延期政策,而是因为霍恩布洛尔在面对强烈反对时,无法证实其在议案序言中提出的主张。

议会议事规则的提出

与其他领域的私法案相比,寻求延长专利保护的私法案在数量上一直很少。在1798年,下议院出台了新的议会议事规则⑨,要求所有延长专利保护和确认专利有效性的请愿必须要先在《伦敦政府公报》⑩上发布三条公告。这体现了要求公告提交私法案的意向的趋势⑪。其中缘由似乎和1798年布拉马(Bramah)延长专利保护的私法案有关。议员罗兰·伯登曾试图延迟该议案的二读,理由是反对者希望议会顾问出面反对议案,故而需要更多时间进行商讨⑫。一个多月后,罗兰·伯登提出了议会议事规则⑬。

---

① 事实上,分组表决时3人不赞成,31人赞成(所以3名反对者谁也说服不了):40 LJ 433(12 May 1795).
② No. 1,298(1781).
③ 在伯明翰图书馆:MS/3147/2/35 and 36.
④ 本次盘问的记录在伯明翰档案馆:MS 3147/2/35/23.
⑤ Observations on the Part of Messrs Boulton and Watt concerning Mr Hornblower's Steam Engine Bill:Birmingham Library:MS 3147/2/36/2.
⑥ 瓦特必须展示他的发动机与纽卡门(Newcomen)、萨弗里和布莱基(Blakey)等人发动机有何不同.
⑦ Observations on the Part of Messrs Boulton and Watt concerning Mr. Hornblower's Steam Engine Bill:Birmingham Library:MS 3147/2/36/2.
⑧ Mr Hornblower's Case Relative to a Petition to Parliament for the Extension of the Term of His Patent(Birmingham Library:MS3147/2/36/2);他还将大致主张印在明信片上分发给议员.
⑨ 53 CJ 524(1 May 1798);由议员罗兰·伯登(Rowland Burdon)提出,见:*Parliamentary Debates*,1 May 1798,Vol 6,p 84. 长期以来,议会议事规则都要求在法案中附加专利:10 CJ 412(13 May 1690).
⑩ 如果将专利保护地域延伸至苏格兰或爱尔兰,也需要进行公告.
⑪ 第一次公告发生在1774年,与陆地和收费高速公路排水有关(见:Orlo Williams,*The Historical Development of Private Bill Procedure and Standing Orders in the House of Commons*(HMSO 1948),Vol 2,p 17)尽管在此之前也有针对具体法案发出的公告,见:Fredrick Clifford,*A History of Private Bill Legislation*(1885)(Frank Cass 1968),Vol 2,pp 762-763.
⑫ *The Star*,28 March 1798.
⑬ 没有记录在案的证据,但1798年5月2日的太阳报(The Sun)记载了点滴内容。该内容仅提及罗兰·伯登"在简短的开场白"后,便提出了议事规则(简述了议事规则的影响),然后表示这些议会议事规则已经获准通过.

发布公告要求意味着人们能够找到那些为了延长专利保护期限而发布公告,但最终又没有走到向议会请愿颁布法案这一环节的专利权人。这些专利权人中途放弃的原因当然也是多种多样。第一,可以想象,在许多情况下,潜在的竞争对手看到公告后会联系专利权人,向专利权人表态将在议会提出反对意见,由此导致寻求私法案的成本增加,甚至增加到超过延长专利保护所可能带来的收益。第二,可能会出现这样的情况:上议院书记官告诉请愿人没有成功机会,或者在专家建议下①,请愿人意识到获得私法案的实际成本太高。在这种情况下,会由事务律师在《伦敦政府公报》上发布公告,然后事务律师会接洽一名外部或者内部议会代理人②,由他们提供更多建议。第三,还有一些专利权人决定在负担延长专利保护有关的费用之前,再观望一段时间。换句话说,他们想看看这项发明是否值得去承担议会请愿的费用和风险。一个案例是理查德·威尔科克斯(Richard Willcox)③,他在1802年8月发布公告,要延长他在当年1月才获得的专利④。

在公告要求提出后,第一项法案是班克罗夫特的(第二个)法案。他说,他之所以需要该法案,是因为他没有获得反对未经许可进口产品⑤的权利,而他的商业策略是要将产品出售给所有人,而不是只卖给少数人,这样会压缩他的利润空间。此外,他还认为,原始法案只是恢复了他因战争而失去的原有14年的保护期限,所以(第二个)法案实际上是他第一次保护延期申请⑥。最后,他表示自己损失了6,000英镑⑦(按2016年货币计算,合579,600英镑)⑧。该议案在下议院通过时几乎没有反对意见,但在上议院二读时,遭到全面否定。德比伯爵(Ear of Derby)"坚决反对"⑨该议案,因为班克罗夫特的专利已经延长过一次,认为已足以补偿他所遭受的损失。大法官的反对声音最为强烈,因为:

> 有许多类似的法案,……但他认为没有一项法案值得在上议院通过……尽管虚荣做作的瓦特先生痴迷于议会,……但如果瓦特先生的建议能给他带来10万报酬,会对公众有利。

紧接着,他批驳了班克罗夫特在议案中提出的各种主张,因此议案⑩在二读阶段失败了。

---

① 大多数议会代理人同时也是议会书记官.
② 不同之处见本书第9-10页.
③ 当时还没有这样的规定,几十年前曾批准过这样的法案.
④ Patent No. 2,574(1802);*London Gazette*:1 September 1801(Issue:15403,p 1077).
⑤ Edward Bancroft,*Facts and Observations*, *Briefly Stated in Support of an Intended Application to Parliament*(London:1798),p 6.
⑥ Edward Bancroft,*Facts and Observations*, *Briefly Stated in Support of an Intended Application to Parliament*(London:1798),p 17.
⑦ Edward Bancroft,*Facts and Observations*, *Briefly Stated in Support of an Intended Application to Parliament*(London:1798),p 20.
⑧ 基于零售价格对比:Lawrence H Officer 和 Samuel H Williamson,"Five Ways to Compute the Relative Value of a UK Pound Amount,1270 to Present," MeasuringWorth,2017.
⑨ 他还抱怨说,尽管班克罗夫特的法案是首批遵从下议院议事规则的法案之一,但反对者没有看到公告。见:*The Sun*,24-27 May 1799.
⑩ 关于这场辩论,最详细的记载见:*The Sun*,24-27 May 1799(相同内容见:*True Briton*,25 May 1799).

引入议事规则后,首项通过的法案是艾德蒙·卡特莱特(Edmund Cartwright)的私法案①,该法案于1801年②通过,将专利保护期限延长了14年。其间,有两份公告③发布后就再无下文,但富德里尼耶兄弟提出的请求引发了重大变革。他们请愿延长一些造纸相关专利的保护期限;英格兰专利已于1801年④和1803年⑤授予约翰·甘布勒(John Gamble)。这些专利于1804年⑥转让给亨利·富德里尼耶和西利·富德里尼耶两兄弟,他们在1807年2月⑦申请延长这两项专利的保护期限,并就专利改进提出权利主张。他们请愿的理由是投入了巨额花费,而剩余的专利保护期限不足以让他们获得"足够抵销这些花费的收入"⑧。下议院倾向给予富德里尼耶兄弟延长14年的保护,但上议院只同意延长7年。上议院还表示,如果延长7年不够,还可以再次申请延期⑨。缩短延长年限是由劳德代尔勋爵推动的,他似乎是该法案唯一的反对者⑩。该法案于1807年议会会期的最后一天获得王室御准。

在1808年3月议会新会期初期,劳德代尔勋爵建议⑪在上议院引入三项新的议事规则⑫。第一项是公告要求,与下议院的公告要求基本相同⑬。上议院引入另外两项议事规则的意义更为重大。第二项议事规则是,申请私法案保护的专利须为自议会会期开始起两年内将要到期的专利。这一规则终结了在专利保护初期就申请私法案的冲动⑭。第三项也是最后一项议事规则,有两点要求:(一)延长专利保护期限的申请应由发明人或其代理人提出(因此排除了专利受让人获得专利延期法案的可能性)⑮;(二)"发明人"不能是从国外获得发明者⑯,换言之,发明人必须是实际的第一发明人,而非法律认可的发明人。这在实践中也是一个重大变化,因为之前许多被授予私法案保护的专利权人是受让人,包括富德里尼耶兄弟。

---

① 他在几年前曾抵制过1794年《梳毛机法案》(Woolcombers Bill 1794)(见:49 CJ 349;18 March 1794)。
② Cartwright's Woolcombing Machinery Act 1801.
③ John Garnett's Notice 1801;*London Gazette*,1 September 1801(Issue:15403,p 1077);Richard Wilcox'sNotice 1802:*London Gazette*,28 August 2002(Issue:15510,p 920).
④ Patent No 2,487(1801).
⑤ Patent No 2,708(1803).
⑥ Fourdriniers' Paper Making Machine Act 1807.
⑦ 62 CJ 169(26 February 1807).
⑧ 62 CJ 587(29 June 1807);这次是重新提交了早先类似的请愿书(62 CJ 169),因为该请愿书在上届议会会期(1807年4月29日)结束时失效了.
⑨ 见:Evidence of William Harrison KC(Counsel in 1807)in *Report from the Select Committee on Fourdriniers' Patent*;*With the Minutes of Evidence*(1837 HC Papers 351),Vol 20,p 35 at p 6.
⑩ Evidence of William Harrison KC(Counsel in 1807)in *Report from the Select Committee on Fourdriniers' Patent*;*With the Minutes of Evidence*(1837 HC Papers 351),Vol 20,p 35 at p 6.
⑪ HL Deb,25 March 1808,Vol 10(1st),cols 1253-1254.
⑫ 46 LJ 512(25 March 1808).
⑬ 它排除了在未公告的情况下进行三读的可能性,而不是像下议院那样直接拒绝原始请愿.
⑭ 例如:Richard Wilcox's Notice 1802:*London Gazette*,28 August 1802(Issue:15510,p 920);他的专利于1802年1月23日获得授权(No 2,574).
⑮ 专利受让人不能申请,见:Evidence of William Harrison KC(Counsel in 1807)at *Report from the Select Committee on Fourdriniers' Patent*;*With the Minutes of Evidence*(1837 HC Papers 351),Vol 20,p 35 at p 7(提及他对凯恩专利的建议,枢密院延长了凯恩专利的保护期限).
⑯ 当时的情况是,从国外将发明带到英格兰者,被英格兰法律视为是第一发明人:*Edgeberry v Stephens*(1691)1 HPC 117;1 WPC 35.

劳德代尔勋爵之所以提出这些议事规则,几乎可以肯定①与他对富德里尼耶兄弟专利的关切有关②,但并不完全清楚他的关切点究竟是什么。有人认为可能与下述观点有关:受让人如果为受让的发明支付了过高的转让费,不应因为他们当初过高估计了专利的价值而获得延长专利保护,或者说,只有发明人本人才应从发明中获得某些利益③。另一种观点认为,新议事规则旨在防止尤其是富德里尼耶兄弟等人再次向议会申请延长专利保护期限,但这没有任何依据④。劳德代尔勋爵著名的经济学著作《公共财富本质与起源探究》(An Inquiry into the Nature and Origin of Public Wealth)⑤讨论了专利及其在机器取代工人的背景下⑥可能产生的影响,但他并没有对专利制度的利弊进行过任何经济学分析。可以合理地推断,如果劳德代尔勋爵强烈反对整个专利制度,他会在书中表露出这一观点。因此,更可能的原因是,劳德代尔勋爵对延长专利保护期限的某些方面感到不满。他提出的议事规则似乎或多或少限制了延长专利保护制度。

上议院1819年通过了另一项议事规则,要求特别委员会在法案一读程序前调查这类法案的合宜性,进一步提升了私法案通过的难度⑦。虽然这并没有改变法案必须要达到的合宜性标准,但却使通过私法案的成本更高,程序也更复杂。为此成立特别委员会的例子只有几个。在审议兰顿发明法案(Langton's Invention Bill)时,特别委员会主要关切的是发明是否可以实施以及如何实施,他们甚至还做了实验进行验证。因此,合宜性所考虑的是发明的收益⑧。审议通过1830年《霍林瑞克专利特许状法案》(Hollingrake's Letters Patent Act 1830)的特别委员会也同样讨论了发明如何实施以及是否优于其他技术方案。大多数证人认为专利质量很高,霍林瑞克本人则谈及了因发明而产生的支出,并称他在发明上的投资依然入不敷出(而且他在前7年里没有盈利)⑨。

棒杀私法案的议会议事规则

从1808年上议院通过议事规则提出要求,到依据1835年《发明专利特许状法案》授权

---

① 只是在之后的某天报纸或议会议事录中提及劳德代尔勋爵讨论议事规则的意愿。然而,在提出议事规则的当天,没有任何报道解释其目的或理由.

② Robert Burrell and Catherine Kelly, "Parliamentary Rewards and the Evolution of the Patent System" (2015) 74 *Cam LJ* 423 at 443.

③ Robert Burrell and Catherine Kelly, "Parliamentary Rewards and the Evolution of the Patent System" (2015) 74 *Cam LJ* 423 at 443;就第二条规则而言,他们提出了版权法中归复权的存在.

④ Andrew Ure, *A Dictionary of Arts, Manufactures and Mines* (New York 1842), pp 935 – 936(依据是呈交给1837年特别委员会的证据(*Report from the Select Committee on Fourdriniers' Patent; With the Minutes of Evidence* (1837 HC Papers 351), Vol 20, p 35)因此,实际上除了反对者和提出议事规则者同一人的证据外,再无其他任何证据支持);以下文献也持这一观点:RH Clapperton, *The Paper Making Machine: Its Invention, Evolution and Development* (Pergamon Press 1967), p 47.

⑤ (Longman 1804).

⑥ Lord Lauderdale, *An Inquiry into the Nature and Origin of Public Wealth* (Longman 1804), pp 168 – 171.

⑦ 52 LJ 879(7 July 1819);该提议在前一天解释过,见:*The Times*, 7 July 1819;类似的议事规则也在下议院提出,但未获通过,见:*The Times*, 5 July 1820.

⑧ 见:*Minutes of Evidence Taken before Lords Committee to Whom Langton's Bill Was Referred* (1829 HL Papers 82), Vol 162, p 223.

⑨ 见:Hollingrake's Bill, Minutes of Evidence, 12 May 1830(HL/PO/JO/10/8/913).

枢密院司法委员会延长专利保护的权力,这期间至少①有17位专利权人②在《伦敦政府公报》③上发布公告,启动向议会申请私法案以延长专利保护的程序,但只有一两位④专利权人成功了。

这一成功率惨不忍睹,特别是考虑到在议事规则确立22年后才通过第一项法案。然而,这一状况具有误导性。虽然有16位专利权人启动了这一程序,但其中只有7位向议会提出了请愿。很明显,其中有一个请愿不符合议事规则的多项规定⑤;有一个请愿旨在恢复富德里尼耶的专利权,这些专利在1807年法案后已被撤销⑥(但专利保护期限已经被延长)⑦;还有一人获得了金钱奖励,而非延期法案⑧;两个遭到强烈反对⑨;两个停留在最初请愿阶段⑩;一个最终获得通过⑪。

为什么那么多专利权人发布了公告但却没有继续请愿呢?剩余的专利权人中,3人⑫注定会失败,因为他们提出请愿的时间过早。事实上,这些过早提出请愿的专利权人是在获得专利后立刻向议会提出请愿。对于其余7名专利权人,只能推测他们⑬没有继续请愿的原

---

① 有的专利权人在上一年发布公告,但却推迟到下一年才提出请愿——这可能是议会议事规则的缘故。例如:Robert Barber's Notice 1810:*London Gazette*,8 August 1809(Issue:16284,p 1260);Robert Barber's Bill 1811(终结于二读阶段:66 CJ 157(8 March 1811).

② 见:Phillip Johnson,*Parliament,Inventions and Patents:A Research Guide and Bibliography*(Routledge 2017),Part 5.

③ 这包括弗雷德里克·温莎,他似乎并未发布公告,而是直接向议会提出请愿(68 CJ 97;18 December 1812)。他的请愿书止步于转呈委员会。这可能是由于他意识到他的申请不符合任何一项议会议事规则(如提交得太早,专利由根据早期法案成立的一家公司而非他本人拥有,而且他没有发布公告)。

④ 约翰·兰顿的木材干燥发明专利被延期了一次,但该法案延期的做法有些不同寻常,见:Langton's Profits(Wood Seasoning Invention)Act 1829 Langton's Profits Act 1831;见本书第57-58页.

⑤ Frederick Alfred Winsor's Petition 1812(68 CJ 97;18 December 1812);尽管下议院当局从未发现未遵守议事规则的情况.

⑥ 有人认为法院撤销专利的做法是错误的,见:Evidence of William Harrison KC(Counsel in 1807)in *Report from the Select Committee on Foudriniers' Patent;With the Minutes of Evidence,and Appendix*(1837 HC Papers 351),Vol 20,p 35,pp 6-7 以及 Evidence of Richard Godson(ibid),p 40.

⑦ Fourdriniers' Patent Petition 1822(55 LJ 70;14 March 1822);专利被撤销,且申诉失败,见:*Bloxam v Elsee*(1827)1 HPC 879,6 B &C 169(108 ER 415).

⑧ Morton's Patent Slip Bill 1832;他得到了5000英镑奖励,而不是专利延期法案;见第9章.

⑨ 克罗斯利1829年《(油气灯)请愿法案》在委员会审查阶段被否决,罗伯特·巴伯(Robert Barber)的1811年法案也在早些时候被否决。巴伯在1809年发布了公告(应该是在规定的时间内),并在1811年向议会请愿(此后又发布了更多的公告),但由于遇上了三份反对他的请愿书,因此巴伯的议案没有通过二读。二人都因为自己是专利受让人而失败。关于巴伯的专利,见:*The Globe*,9 March 1811;关于克罗斯利1829年《(油气灯)请愿法案》,见:*Mirror of Parliament*,1 May 1829,Vol 2,pp 1359-1360.

⑩ Parker's Cement Petition 1810;65 CJ 48(7 February 1810);以及 Simeon Thompson's Petition 1823:78 CJ59(21 February 1823).

⑪ Hollingrake's Patent Act 1830.

⑫ John Heathcoat Notice 1822:*London Gazette*,27 August 1822(Issue:17847,p 1412);Richard Williams Notice 1831:*London Gazette*,17 September 1830(Issue:18727,p 1973);Peter Young Notice 1832:*London Gazette*,15 November 1831(Issue:18872,p 2357);同样,弗雷德里克·阿尔弗雷德·温莎提出请愿的时间也过早,但他的确向议会提出了请愿:68 CJ 97(18 December 1812).

⑬ 事实上,7个专利权人中有2个是同一个人(所以实际上是6个)。Arthur Woolf published notices about two different patents(1817 and 1818)(*London Gazette*,13 September 1817(Issue:17285,p 1936)and *London Gazette*,25 August 1818(Issue:17391,p 1516)),但两项申请都没有继续下去.

因。这些原因可能与早期一样,即潜在的花费和可能遭遇的反对①。

例如,1829 年的《克罗斯利(油气灯)法案》(Crossley's(Gas Lights)Bill 1829)就曾遭遇强烈反对。塞缪尔·克莱格(Samuel Clegg)将他的煤气表专利特许状转让给了塞缪尔·克罗斯利②。塞缪尔·克罗斯利后又向议会申请延长专利保护,但他并没有按照议会议事规则③的要求发布公告。不过,议会议事规则委员会同意他遵照要求发布公告后④再继续执行请愿程序。但这些公告引发了 9 起反对该法案的请愿⑤,其中一些人认为申请延长专利保护的做法"闻所未闻"⑥,另有一些人则认为,这根本不是一项私法案,因为它旨在延长对燃气器具的垄断⑦。在里弗油气灯公司(Liver Gas - Light Company)提交请愿书时,议员威廉·斯金森(William Huskisson)说:"近些年来的一贯做法是,议会不会行使权力,去帮助扩大专利权人享有的专有权"⑧。克罗斯利是受让人,这被视为阻止法案通过的原因之一⑨。有人认为,他不是"原始发明人",所以不应受益⑩。他在拥有专利权期间赚了钱,这就足够了⑪。支持该法案的理由是,因为他需要提起侵权诉讼,所以尚没有得到全部利益⑫。很难说清楚克罗斯利法案的境遇究竟反映了人们对延长专利保护的做法普遍反感,还是仅仅因为油气公司强烈且有组织的反对。尽管反对说辞冠冕堂皇,但反对法案的原则似乎不太奏效,因为仅在一年后霍林瑞克就延长了专利保护期限⑬。反对意见的存在和下议院议员们的态度可能仅仅是出于维持原则需要而已。

1835 年《发明专利特许状法案》

在请愿活动数量有限和成功概率极低的背景下,枢密院被授予延长专利保护的权力显得很不寻常。在 1829 年的特别委员会上,虽然有人对延长专利保护过程的重重困难表达了关切,但证据显示,人们反对将这一权力移交给议会以外的机构⑭。约翰·法里是一位工程

---

① 见本书第 126 页.

② Patent No. 3,968(1815).

③ *Standing Orders*,Part XVI,Ords 1 - 3(见 66 CJ 681).

④ 84 CJ 108(6 March 1829).

⑤ 见:84 CJ 206(7 April 1829);84 CJ 210(8 April 1829);84 CJ 211(9 April 1829);84 CJ 217(10 April 1829);84 CJ 226(14 April 1829);84 CJ 242(28 April 1829);84 CJ 248(1 May 1829);84 CJ 275(8 May 1829);84 CJ 366(3 June 1829).

⑥ 见:John Marshall,*Mirror of Parliament*,7 April 1829,Vol 2,p 1142(代表利兹油气灯公司(Leeds Gas - Light Company)发言).

⑦ Joseph Hume,*Mirror of Parliament*,7 April 1829,Vol 2,p 1142.

⑧ William Huskinsson,*Mirror of Parliament*,28 April 1829,Vol 2,p 1345;尽管他承认在某些情况下议会应同意延长专利保护.

⑨ 他在上议院可能会失败这一点并不重要,因为下议院并不考虑请愿人是否遵从了上议院议事规则,见:Charles Manners - Sutton(Speaker),*Mirror of Parliament*,1 May 1829,Vol 2,pp 1359 - 1360.

⑩ Sir Thomas Wilson,*Mirror of Parliament*,1829 年 5 月 1 日,Vol 2,p 1359.

⑪ Sir Thomas Wilson,*Mirror of Parliament*,1829 年 5 月 1 日,Vol 2,p 1340.

⑫ Matthew Wood,*Mirror of Parliament*,1829 年 5 月 1 日,Vol 2,p 1359.

⑬ Hollingrake's Patent Act 1830.

⑭ 塞缪尔·克莱格被问及此事,但没有发表意见:*Report from the Select Committee on the Law Relative to Patents for Invention*(1829 HC Papers 332),Vol 3,p 415 at p 95.

师兼专利代理人,他明确反对议会失去其在延长专利保护中的角色。他担心,将延长专利保护的权力从议会转移到王室,可能会导致出现颁布《垄断法》所要防止的权利滥用现象①。塞缪尔·莫顿(此人后来尝试延长自己的专利保护期限)认为,应将权力移交给一个委员会②。戴尔先生向特别委员会宣读了一封信,批评了只有发明人本人才能获得延期的限制,因为专利通常是由受让人投资实施。但他并没有建议将权力移交到别处③。虽然在19世纪30年代初有许多与专利改革相关的请愿书递交到议会④,但请愿者最关心的是高额的费用,没有人在意延长专利保护的难度——他们最在意的首先是要获得专利。

1833年《专利特许法案》议案⑤有条款规定,专利权人如若未能获得足够的盈利,可以申请延长专利保护期限⑥。议案受到了议会内外的广泛批评。一直致力于推动专利制度改革的《机械杂志》(Mechanics Magazine)认为,议案总体上"过于粗心大意和松散……而且有问题",因此认为应尽快放弃⑦。当年晚些时候,该杂志说它"有问题——几乎可以说糟透了"⑧。在利兹举行的一次会议对议案提出了实质性修正(可以说是完全重写)⑨。事实上,由于批评的声浪甚大,1833年议案在下议院汇报时被拆分⑩,确保无争议部分⑪不会被无法通过部分拖累⑫。关于延长专利保护期限的条款没有保留下来,要么是因为下议院认为它不够重要,要么是争议太大。上议院以缺乏充足时间考虑为由,最终否决了该议案⑬。因此,下一次立法尝试,即后来的1835年法案,在其尝试的内容上受限制如此之大,令人震惊。

事实上,当议会在讨论是否通过1835年法案议案时,议员们普遍批评它改革的魄力不够。《机械杂志》同样对该法案的"雄心壮志"不以为然,将其描述为"极其粗陋、难以理解",未

---

① *Report from the Select Committee on the Law Relative to Patents for Invention* (1829 HC Papers 332), Vol 3, p 415 at p 33;他还在第141页提到了一些延长专利保护期限的私法案。

② *Report from the Select Committee on the Law Relative to Patents for Invention* (1829 HC Papers 332), Vol 3, p 415 at p 92.

③ *Report from the Select Committee on the Law Relative to Patents for Invention* (1829 HC Papers 332), Vol 3, p 415 at p 133.

④ Petition of Thomas Richard Yare;88 CJ 132(28 February 1833);Second Report of the Public Petitions Committee, 1833, p 48;Petition of Richard Roberts;88 CJ 179(18 March 1833);Seventh Report of the Public Petitions Committee,1833, p 176;Petition of John Kitchen;88 CJ 231(28 March 1833):Tenth Report of the Public Petitions Committee,1833, p 294 (No. 2,140);Petition of Joseph Holiday;88 CJ 505(20 June 1833);Thirteenth Report of Public Petitions Committee,1833 p 1150;Petition of Julius Schroder;88 CJ 535(1 July 1833);Thirty-Third Report of the Public Petitions Committee,1833, p 1268(No. 9559);Petition of Edward Moxhay;89 CJ 117(13 March 1834);Eighth Report of Public Petitions Committee,1834, p 91(No. 1,292);Petition of William Ivory;89 CJ 227(28 April 1834);Sixteenth Report of Public Petitions Committee,1834, p 198(No. 3,186).

⑤ (1833 HC Papers 34),Vol 3,p 169.

⑥ Letters Patent Bill 1833,cl 22. 程序是请求国王陛下以同样方式授予新的专利,但要就是否应准予延期征求总检察长的意见。

⑦ 见以下文献第26页(刊登了法案内容)、第43页和第48页(评论):Anon,"Mr Godson's Bill for the Improvement of the Patent Laws,with Remark"(1833)19 *Mechanics Magazine*.

⑧ Anon,"The Patent Laws"(1833)19 *Mechanics Magazine* 271.

⑨ 刊登于(1833)2 *Newton's London Journal and Repertory of Patent Inventions* 237.

⑩ 88 CJ 559(9 July 1833).

⑪ Letters Patent for Inventions Bill(As Amended in Committee)1833(1833 HC Papers 496),Vol 3,p 177.

⑫ Letters Patent Expenses Bill 1833(1833 HC Papers 497),Vol 3,p 183.

⑬ HL Deb,9 August 1833,Vol 20(2nd),cols 440–441.

触及"法律的真正缺陷"①。上议院特别委员会听取的证据只对延长专利保护期限进行了非常初步的考虑。特别委员会讨论了瓦特的专利保护延期私法案及其获得批准的原因②，以及议事规则要求只有原始发明人才能申请延期所造成的特殊问题③。事实上，所有证人（包括法里）都表示支持，但上议院很少有人真正讨论枢密院获得延长专利保护期限权力的利弊④。

然而，该条款在下议院受到了强烈质疑，他们认为，将延长专利保护期限的权力从议会转移到枢密院不合适。这一问题由议员理查德·波特（Richard Potter）在法案二读时首次提出，他认为，"专利应续期的情况很少，专利保护续期的权力属于议会，我对将权力转移到枢密院的政策表示怀疑"⑤。当法案提交到法律委员会时，相关条款（第四条）遭到强烈指责，议员亨利·沃伯顿（Henry Warburton）认为，由于"议会以戒备的眼光审视所有垄断，他们应是判断所授予垄断是否恰当的唯一裁判官"⑥。还有人担心，枢密院的费用可能太高，导致无法反对延期申请⑦。这一观点得到了其他议员和副总检察长的支持，下议院因此将该条款从议案中删除⑧。

删除该条款后，议案再次递交到上议院，布鲁姆勋爵对延长专利保护期限的成本问题持相反意见。他认为，比起寻求通过私法案，枢密院所需费用要少得多（只需要花费30~40英镑，而不是700~800英镑）⑨；而且，如果下议院关于以私法案延长保护期限的做法成本更低的主张是正确的，那也就没有什么能阻止任何人向议会请愿颁布私法案⑩。然而，正如《机械杂志》所指出的那样：

当一项专利的价值已经达到值得申请延长专利保护的程度时，区区几百块钱不值一提。在发明人人生的这一阶段，费用从来都不是什么大问题⑪。

下议院在考虑上议院坚持保留的这一条款时，仍有很多反对的声音。沃伯顿坚持认为，专利期限延长本就不是司法问题，而是立法问题⑫。他甚至倾向于由总检察长而非法官来决定这一问题。他的顾虑在于，由于几乎所有专利都有权申请延期，会导致专利延期申请量

---

① Comment following Letter from Archibald Rosser(1835)23 *Mechanics Magazine* 170 at 171.
② Evidence of John Farey;Phillip Johnson,"Minutes of Evidence of the Select Committee on the Letters Patent for Inventions Act 1835"(2017)7 *Queen Mary Journal of Intellectual Property* 99 at 105–6(Q 31 to Q33).
③ Evidence of John Farey;Phillip Johnson,"Minutes of Evidence of the Select Committee on the Letters Patent for Inventions Act 1835"(2017)7 *Queen Mary Journal of Intellectual Property* 99 at 109(Q58)以及 Archibald Rosser at p 104(Clause 4).
④ 见：Witness Statement of Archibald Rosser;Phillip Johnson,"Minutes of Evidence of the Select Committee on the Letters Patent for Inventions Act 1835"(2017)7 *Queen Mary Journal of Intellectual Property* 99 at 102(Q4)and 105.
⑤ *Mirror of Parliament*,13 August 1835,Vol 3,p 2481.
⑥ *Mirror of Parliament*,18 August 1835,Vol 3,p 2594.
⑦ *Mirror of Parliament*,18 August 1835,Vol 3,p 2594.
⑧ *Mirror of Parliament*,18 August 1835,Vol 3,p 2594.
⑨ 这个数字远高于塞缪尔·莫顿向1829年委员会所述的400~500英镑；*Report from the Select Committee on the Law Relative to Patents for Invention*(1829 HC Papers 332),Vol 3,p 415 at p 92.
⑩ *Mirror of Parliament*,1 September 1835,Vol 3,p 2849;HL Deb,1 September 1835,Vol 30(3rd),col 1187.
⑪ Anon,"Lord Brougham's Patent Law Amendment Bill"(135)23 *Mechanics Magazine* 310 at 311；然而，该杂志在其他地方指出，延长专利保护期限的权力是该法案唯一优点：Anon,"Patent Law Amendment Act"(1835)23 *Mechanics Magazine* 524 at 526.
⑫ Henry Warburton,*Mirror of Parliament*,7 September 1835,Vol 3,p 2976.

由涓涓细流变成滔滔洪水。正如下文所见,这种顾虑并非完全没有根据①。第四条最终经分组表决后通过②,该条过长,相关内容摘录如下:

如果任何现在已经或以后获得的任何所述专利特许状者在《伦敦政府公报》上以及其他各种地方发布三次公告,宣告专利权人将向国王陛下的枢密院请愿延长保护期限,枢密院将听取请愿和任何反对意见,枢密院司法委员会将向国王陛下报告,建议延长所述专利特许状的期限,但不得超过7年。但如果在所述专利特许状最初授予的期限届满前,专利权人未提出请愿申请并启动有效程序,则延期申请将不会被批准。

第四条并没有规定判断应否批准延长专利保护的"检验方法",它只是明确了程序。因此,何种情况下准许延长专利保护由枢密院决定。在凯伊(Kay)专利案③中,反对者认为"不应延长专利,除非议会两院认为应批准延长专利保护期限。"议会批准延长专利保护申请的"检验方法"在很多教科书中有提及。希德玛芝认为,枢密院"似乎认为自己只是代议会行事,而且只会在议会可能批准的情况下才会批准延长专利"④;韦伯斯特认为,"枢密院在决断时,对于何种情况下应允许延长,采用了与立法机关相同的标准作为指导。⑤"希德玛芝的观点至少有一处是错误的,那就是认为延长专利保护的私法案"司空见惯"⑥。然而,枢密院并未采纳这些教科书编写者的观点。在索姆斯专利案(Soames' Patent)中⑦,布鲁姆勋爵指出,枢密院适用的检验方法并非议会批准延长专利保护期限的检验方法,而是更为宽松。他在摩根专利案(Morgan's Patent)中⑧重申了这一观点。他说,有些议会不愿意延长受到保护的专利,枢密院却可能会同意。

关于枢密院遵从议会先例来决定应否批准专利延期申请的说法近乎荒谬。自布鲁姆勋爵担任下议院议员以来⑨,甚至自他获得出庭律师资格以来⑩,议会只批准了一项专利延期申请。在赋予枢密院批准专利延期申请权力前的50年里,议会一共仅通过5个申请延期的私法案。枢密院基本上沿袭了上议院特别委员会⑪的检验方法,而议会也似乎在最近的一部私法案(即1830年《霍林瑞克专利特许状法案》)序言中阐述了该检验方法⑫。

---

① Henry Warburton, *Mirror of Parliament*, 7 September 1835, Vol 3, pp 2976-2967.
② 90 CJ 654(7 September 1835).
③ (1839)2 HPC 957;1 WPC 568 at 569.
④ William Hindmarch, *A Treatise on the Law Relating to the Patent Privileges for the Sole Use of Inventions: And the Practice of Obtaining Letters Patents for Inventions*(London:Stevens 1846), p 150.
⑤ Thomas Webster, *The Law and Practice of Letters Patent for Inventions: Statutes, Practical Forms, and Digest of Reported Cases*(Crofts and Blenkard 1841), p 20.
⑥ William Hindmarch, *A Treatise on the Law Relating to the Patent Privileges for the Sole Use of Inventions: And the Practice of Obtaining Letters Patents for Inventions*(London:Stevens 1846), p 556.
⑦ (1843)1 WPC 729,733-734.
⑧ (1843)1 WPC 737,739.
⑨ 1810年,他当选为代表卡梅尔福德的下议院议员.
⑩ 1808年,他从林肯律师学院(Lincoln's Inn)获得律师执业资格(1800年被吸纳为苏格兰律师公会(Faculty of Advocates)成员).
⑪ Meeting under SO No 198:见52 LJ 879(7 July 1819) as amended by 55 LJ 826(30 June 1823).
⑫ 由于议会辩论与成文法解释无关,所以特别委员会成员的观点在当时是否相关,实在令人生疑:*Miller v Taylor* (1769)4 Burr 2303 at 2332(98 ER 201 at 217),Willes J(没有案件相关的议会记录,但这并不奇怪).

专利延期私法案的序言一般会说明申请人是如何花费了巨大代价,以及剩余专利期限为何不能充分补偿他(或她)迄今为止产生的费用。在最后一部此类法案中,议会简单地表达了这一看法。议会之所以批准同意霍林瑞克的延期申请,是因为他"花费了大量资金",且"至今没有得到与他在发明上投入的资金、时间和劳动相匹配的报酬",所以延期是为了"获得合理报酬"①。可见,议会作出决定的唯一考量是专利权人是否从发明中获得了合理的回报。事实上,这也是法院适用的检验方法,并被编入②1883年《专利、外观设计与商标法案》。该法案要求枢密院判断专利权人是否"未获得足够回报"③,考虑内容包括发明的"性质和价值"以及"专利权人获得的收益"④。从表面来看,通过枢密院这一渠道,似乎至少有一部私法案中的规则被一般法所接纳。

旧议会议事规则

获得专利延期的实质性规则显然不可能是基于"既定的"议会惯例,但上议院的议事规则确实发挥了作用⑤。1835年《发明专利特许状法案》第四条本身的文字表述或多或少借用了要求发布公告的议事规则。第二项要求——专利剩余保护期限必须要在两年之内,否则延期法案将不予审议——并没有出现在法案的文字表述中。然而,在麦金托什专利案(Macintosh's Patent)⑥中,枢密院拒绝审议一项在专利到期前18个月时就早早提出的请愿,因为专利权人在这18个月间赚取的收入可能会影响申请结果⑦。1839年《专利法案》(Patents Act 1839)规定了一项新的要求:请愿必须要在专利到期前6个月以上提出,以尽量减少出现保护缺口的概率⑧。该法案还允许在延期申请程序结束前专利保护到期的情况下继续处理申请⑨。换言之,议会议事规则的效力似乎已透过案例及随后的成文法体现出来,尽管形式有所改变。实践中,专利权人开始在专利期限届满前6~12个月时间区间里向枢密院提出请愿⑩。由于议会议事规则要求专利要在延期法案通过后两年内到期,在效果上,向

---

① Hollingrake's Patent Act 1830, recital(5).

② 1883年《专利、外观设计与商标法案》编入了判例法的一些基本原则,1835年《发明专利特许状法案》中没有确立明确的原则;对比:Robert Burrell and Catherine Kelly, "Parliamentary Rewards and the Evolution of the Patent System" (2015)74 *Cam LJ* 423 at 446(认为议会体系和新的枢密院体系之间存在联系).

③ Patents, Designs and Trade Marks Act 1883, s 25(5).

④ Patents, Designs and Trade Marks Act 1883, s 25(4).

⑤ 相关议会议事规则在1889年才删除(有关公告的议会议事规则在1837年与一般性公告条款相合并).

⑥ (1837)2 HPC 1017;1 WPC 739(对这一案件非常有限的报道未提及议会议事规则).

⑦ 凯恩的申请(1838年第2号)因申请时间过早而被驳回(在专利授权六年后提出),见:Commissioner of Patents Journal(1859),8 April 1859, Issue 549:449.

⑧ Patents Act 1839, s 2.

⑨ 这是为了回应在以下案例中出现的问题:*Bodmer's Case*(1839)3 HPC 261;2 Moo PC 471(12 ER 1085)(专利在枢密院审议延期申请期间到期,导致不可能延期);见1839年《专利法案》第2条。提交给1844年司法委员会特别委员会的证据中也提到这个问题,见:*Report of Select Committee of House of Lords to Consider an Act* 专利在枢密院审议延期申请时到期,导致不可能延期);见1839年《专利法案》第2条。提交给1844年司法委员会特别委员会的证据中也提到这个问题,见:*Report of Select Committee of House of Lords to Consider an Act for Amending[the Judicial Committee Act 1833] with Minutes of Evidence*(1844 HL Papers 34), Vol 19, p 323 at Henry Reeve(Clerk to Privy Council)Q598(p 52) and Lord Brougham Q916(p 82 – 83).

⑩ William Hindmarch, *A Treatise on the Law Relating to the Patent Privileges for the Sole Use of Inventions; And the Practice of Obtaining Letters Patents for Inventions*(London:Stevens 1846), p 561.

议会提出专利延期请愿的时间区间仅比枢密院允许的时间窗口稍长;考虑到议会程序的不确定性,请愿程序进度或许是相同的。

最后一项议会议事规则包含两个方面:第一,禁止专利的受让人获得专利延期保护;第二,禁止从国外购买发明的发明人获得专利延期保护。关于第一个方面,1835 年法案从文字表述上看并没有将申请延长专利保护的权利限制于原始发明人。事实上,枢密院也曾多次向受让人授予专利①。然而,业界形成了一种观点,认为不应向受让人授予专利保护延期②。这一观点在斯皮尔斯伯里诉克拉夫案(Spilsbury v Clough)中得到了体现③。在该案中,法院指出,1835 年法案提到的"现在已经或以后获得的任何所述专利特许状"者,一定是指从王室获得专利特许状者(故而排除了受让人)④。虽然 1835 年法案的支持者布鲁姆勋爵不可能像枢密院在处理的案例中⑤所表明的那样排斥受让人⑥,但即便如此,依然能感受到议会议事规则中不允许受让人申请专利延期这一古老规则的影响。因此,议会再次介入,在 1844 年《枢密院司法委员会法案》(Judicial Committee Act 1844)中确认可以批准由专利受让人提出的延期请愿⑦。

第二个方面,即禁止从国外获得专利的发明人申请延期的议事规则,没有被枢密院采纳。在索姆斯专利案中⑧,布鲁姆勋爵说,发明来自国外而非自主发明这一情况确实"导致延期申请失去了优势,或者说导致优势变得小多了。"后来在受理延长专利保护的权力确定之后,很明显,在国外很有名气的发明要想获得延期是很困难的⑨。这一困难是事实上的,而非法律上的。

- **议会还能扮演什么角色?**

布鲁姆勋爵关于请愿者仍可回到议会请愿的主张实现了。1837 年,富德里尼耶兄弟再

---

① *Whitehouse's Patent*(1838)3 HPC 743n;1 WPC 473;*Russell's Patent*(1838)2 HPC 323;2 Moo PCC 496(12 ER 1095);*Southworth's Patent*(1837)3 HPC 213;1 WPC 486;*Wright's Patent*(1837)3 HPC 227;1. WPC 561;*Jones' Patent*(1840)2 HPC 177;1 WPC 577;*Galloway's Patent*(1843)2 HPC 821;1 WPC 724;*Soames' Patent*(1843)4 HPC 715;1 WPC 729,4 HPC 715;也向遗产管理人授予专利:*Dowton's Patent*(1839)1 WPC 565.

② 见:Richard Godson,*A Practical Treatise on the Law for Patents for Inventions and Copyright*(2nd Ed,London:Saunders and Benning 1840);后来在以下文献中被提及:William Hindmarch,*A Treatise on the Law Relating to the Patent Privileges for the Sole Use of Inventions:And the Practice of Obtaining Letters Patents for Inventions*(London:Stevens 1846),p 561.

③ (1842)4 HPC 633;2 QB 466(114 ER 184);这是 1835 年法案第一条下的确认专利有效性案例,但第一条和第四条的相关文本是相同的.

④ (1842)4 HPC 633;2 QB 466(114 ER 184 at 187).

⑤ William Hindmarch,*A Treatise on the Law Relating to the Patent Privileges for the Sole Use of Inventions:And the Practice of Obtaining Letters Patents for Inventions*(London:Stevens 1846),p 561,n(u)),该文献在第 725 - 726 页提到了布鲁姆勋爵在下述案件中的观点:*Galloway's Patent*(1843)2 HPC 821;1 WPC 724. 然而,由于这是一起受让人案例,并且延期获得批准,因此很难看出该案例如何佐证他的观点.

⑥ *Morgan's Patent*(1843)4 HPC 707;1 WPC 737 at 738(如果受让人根本未得到报酬,专利权人进行有利让渡的概率就会大大减少).

⑦ 1844 年《司法委员会法案》第四条(第七条保留了专利受让人已经获得的延期法案).

⑧ *Soames' Patent*(1843)4 HPC 715;1 WPC 717 at 733.

⑨ 见:*Claridge's Patent*(1851)6 HPC 277;7 Moo PCC 394(13 ER 932).

次向议会请愿,试图恢复他们失去的专利①,并谋求再次获得一定时期的保护②。法案刚进行完一读,人们就认识到某种形式的奖励更为合适③。1844 年,邓唐纳德伯爵(著名水手和 1785 年请愿人之子)向议会请愿,抱怨称延长 7 年不足以让他从蒸汽机发明中得到公正合理的回报④。这一请愿直接催生了 1844 年《专利特许状修正法案》议案(Letters Patent Amendment Bill 1844)⑤,该法案赋予枢密院批准延长 14 年专利保护期限的权力⑥。议案在一读之后并没有取得进展,但很快就有了后来的 1844 年《枢密院司法委员会法案》,该法案也准许获得长达 14 年的延期⑦。就此,议会的角色完全被枢密院取代。允许延长 14 年专利保护期限的支撑证据主要来自邓唐纳德伯爵。他通过描述他在开发蒸汽机时遇到的延误和问题以及他父亲所面临的困难,重申了他在请愿书中提出的诸多问题⑧。可以说,一个私法案的失败成为了扩大枢密院管辖权限的理由。新的管辖权限也影响到了延长保护期限授权的数量。

- **枢密院延长专利保护期限情况**

事实上,沃伯顿的担心并非空穴来风——枢密院在批准专利保护延期方面远比议会慷慨大方。1835 年到 1859 年间⑨,成功率如表 8.1 所示:

表 8.1　1835—1859 年间向枢密院提交的专利延期申请

年份	请愿数量	授权	驳回	撤回/放弃
1835	3	1	1	1
1836	5	3	0	2
1837	3	1	0	2

---

① 即早期下述两部法案/请愿的主题:Fourdriniers' Paper Making Machine Act 1807 和 Fourdriniers' Patent Petition 1822.

② Fourdriniers' Patent Bill 1837.

③ 见第 9 章.

④ 见:Earl of Dundonald,Third Report of Select Committee on Public Petitions 1844 at p,19(No 147)and Appendix at p 18(No 32);在上议院也提出了类似请愿:76 LJ 32(16 February 1844).

⑤ Letters Patent Amendment Bill 1844(1844 HL Papers 17),Vol 4,p 565.

⑥ 从报纸的报道中可以清楚地看出,比如:*The Times*,20 February 1844.

⑦ Judicial Committee Act 1844,s 2.

⑧ *Report of Select Committee of House of Lords to Consider an Act for Amending[Judicial Committee Act 1833]with Minutes of Evidence*(1844 HL Papers 34),Vol 19,p 323,Q740 to Q74 and Q91 to Q93(尽管法案延长了专利保护期限,但他的父亲似乎仍然没有赚到钱).

⑨ 以下文献收录了所有的延期(和确认专利有效性)请愿的名录:*Commissioner of Patents Journal*(1859),8 April 1859,Issue 549:449,at 449 - 472 and extended by Patent Office,*Commissioner of Patents Journal*(1860),13 November 1960,Issue 716,p 1361;该名录在以下文献中进行了增补:Patent Office,*Commissioner of Patents Journal*(1861),17 May 1861,Issue 769,p 631;Patent Office,*Commissioner of Patents Journal*(1867),9 August 1867,Issue 1419,p 1387;以下文献包含了完整名录,只是形式不同:Patent Office,*Official Journal of the Patent Office*(1884),23 December 1884,Issue 102,p 1427;1840 年向议会提交了一份较早的名单:*Return of Cases in Which Judicial Committee of Privy Council Have Reported on Person Having Letters Patent;Application for Prolongation of Patents*(1840 HC Paper 155),Vol 29,p 559).在专员和专利局长的年度报告中也报告了延期的次数(直到 1977 年权力结束).

续表

年份	请愿数量	授权	驳回	撤回/放弃
1838	5	3	2	0
1839	5	5	0	0
1840	3	1	2	0
1841	1	0	0	1
1842	1	0	1	0
1843	5	3	1	1
1844	3	3	0	0
1845	4	2	0	2
1846	5	1	2	2
1847	4	1	3	0
1848	1	1	0	0
1849	8	5	1	2
1850	8	3	4	1
1851	8	4	3	1
1852	6	4	1	1
1853	10	4	4	2
1854	9	4	2	3
1855	3	2	1	0
1856	6	1	5	0
1857	5	1	3	1
1858	3	0	2	1
1859	1	1	0	0
总数	115	54	38	23

可见,在授予枢密院司法委员会延长专利保护权力后的 25 年中,有 53 项申请获得成功。在此前的 25 年中,只有两项申请获得议会批准。当然,这种简单的比较忽略了外部因素。从 19 世纪 30 年代初开始,专利的年均授权数量开始大幅增加,可以申请延长保护期的专利数量也就更多了。尽管如此,如果把在枢密院申请的成功率与在议会申请的成功率进行对比,就会发现向枢密院提交的专利保护延期申请中 47% 得到了批准,但在议会启动程序的请愿人中只有 12% 最终通过了法案。授予枢密院这项权力确实带来了变化。

一段曲折的历史?

专利史文献中最常提到的是私法案在延长专利保护期限方面扮演的角色。然而,除了 18 世纪后期等少数几次短促的活跃期外,通过私法案延长专利保护实际上是非常罕见的。

137

更能说明问题的是,延长专利保护的权力从议会流转到枢密院,并不是因为有很大的现实需求。事实上,大多数专利改革者认为,这并不是一项较为重要的改革——但它却是最早期的改革之一。一旦枢密院开始审议延长专利保护申请,不仅延长专利保护的案件数量大增,标准也降低了。延长专利保护的想法显然是源自议会私法案的制订,而非实践。

第 9 章 议会颁发奖励——另一种选择

引言

授予专利并非是奖励发明唯一的方式。议会也可以投票决定向发明人颁发奖励①。为获得奖励,发明人有时需要向下议院提出请愿②,有时则无需请愿即可获得。在 18 世纪和 19 世纪,尽管议会奖励影响力尚小,但却扮演着较为确定的角色③。同议会激励发明的其他方式相比,议会授予的这些奖励显然更受人们的关注。一些专利史学者将奖励视为议会弥补专利体系缺陷的举措④。然而,对议会奖励影响力大小的判断却因人而异。对议会奖励的讨论,人们往往关注的是议会所颁布的具体奖励金额。综合多方面来看,颁布奖励的理由也因人而异。因此,制定一份奖励清单非常重要,最著名的奖励清单当属帕特里克·科尔昆(Patrick Colquhoun)制作的清单⑤,该清单曾作为证据于 1829 年提交给特别委员会⑥。这份清单于 19 世纪 30 年代得到补充完善⑦,最近,伯勒尔和凯利又在著作中进一步完善这份清单⑧。本书作者也对清单再次补充⑨。

- **议会奖励**

就本研究而言,阐明议会奖励的含义非常重要。自 1688 年以来,英国宪法秉持的一项基本原则是政府⑩只能使用议会拨付⑪的款项⑫。这意味着,政府的每笔支出最终都要

---

① 议会奖励不同于一项活动结束后争取和颁发的奖励.
② 有些议会奖励系根据议员的动议授予.
③ Robert Burrell and Catherine Kelly, "Public Rewards and Innovation Policy: Lessons from the Eighteenth and Nineteenth Centuries" (2014) 77 *MLR* 858 at 859.
④ Klaus Boehm with Aubrey Silberston, *The British Patent System: I. Administration* (Cambridge 1967), pp 25 – 26; Christine MacLeod, *Inventing the Industrial Revolution: The English Patent System 1660 – 1800* (Cambridge 1988), p 193.
⑤ Patrick Colquhoun, *A Treatise on the Wealth, Power, and Resources of the British Empire* (London: Joseph Mawman 1815), pp 231 – 232.
⑥ *Report from the Select Committee on the Law Relative to Patents for Invention* (1829 HC Papers 332), Vol 3, p 415 at p 181.
⑦ "List of Parliamentary Reward Granted for Useful Discoveries, Inventions and Improvements" (1832) 13 *Mechanics Magazine* 61.
⑧ Robert Burrell and Catherine Kelly, "Public Rewards and Innovation Policy: Lessons from the Eighteenth and Nineteenth Centuries" (2014) 77 *MLR* 858.
⑨ 参见: Phillip Johnson, *Parliament, Inventions and Patents: A Research Guide and Bibliography* (Routledge 2018), Part 5.
⑩ 即王室.
⑪ 有一些政府部门可以进行"贸易活动",如知识产权局,但其贸易活动所依据的准则——1973 年《政府贸易资金法案》(Government Trading Funds Act 1973)——与本书的讨论无关,在此不作探讨.
⑫ 在《权利法案》第四条颁布前,情况更为复杂,因为国王有权征收关税,但不能征收其他税种,因此,只要国王能够从这些关税中筹集到足够的资金,就没有必要召集议会开会来增税。参见: Thomas Erskine May, *A Treatise upon the Law Privileges, Proceedings and Usage of Parliament* (1st Ed, Charles Knight & Co 1844), p 319.

得到议会的批准。因此,在某种意义上,政府授予发明人的任何奖励都属于议会奖励。可以认为,任何政府授予的奖励都是间接来自议会的奖励。本书采用的定义是狭义上的议会奖励,仅指议会通过具体决议、授权向特定发明人直接支付奖金以奖励发明的举措。采用这一狭义定义意味着,议会需对每个发明逐个斟酌,然后投票决定是否颁发奖励。

例如,在 19 世纪,海军部和陆军部通常会向发明人颁发奖励,这种奖励在年度预算中均有提及①。然而,支付给发明人的这些奖励并没有议会决议的具体授权。此外,政府还向根据《经度法案》(Longitude Acts)设立的"经度委员会"(Longitude Board)②提供资金,以奖励在经度测量方法方面取得成就的人员③。德里克·豪(Derek Howe)证实,通过这种方式支出了 52,535 英镑④。这些款项是根据一般授权⑤而不是具体决议支出的⑥。除少数情况外,议会不会直接参与⑦决定是否应向发明人支付奖励。因此,不应将这些一般授权案例视为议会奖励。

类似地,政府有时也会付费请人设计(或发明)某样东西。其中,最著名的例子可能是政府在近 15 年里给查尔斯·巴贝奇(Charles Babbage)支付的 15,287 英镑 4 先令 10 便士⑧,以便他能够完善他的计数机⑨。这些费用是由议会为民事突发应急事项拨付的款项,因为没有具体的决议,所以也不属于议会奖励⑩。在某些情形下,政府曾向发明人支付利用发明的补偿(或称之为"许可费")。例如,政府因使用螺旋桨发明⑪,向弗朗西斯·佩蒂特·

---

① 这些奖励似乎是从 19 世纪 60 年代开始纳入年度预算的(例如,*Estimates of Effective and Non-effective Army Services*:*1864 - 65*(1864 HC Papers 50),Vol 35,p 1 at p 64. 这里提到 3000 英镑用于奖励发明人)。在有些年份中,公布了与所颁布奖励有关的其他信息,见:*Reports and Correspondence Explanatory of Item C*(*Rewards to Inventors*)*in Army Estimates*,*1870 - 71*(1870 HC Papers 266),Vol 42,p 375;*Supplementary Army Estimate*,*1871 - 72*(*Rewards to Inventors*)(1871 HC Papers 426 and 451),Vol 38,p 365 and 367.

② 该机构系根据 1713 年《海上经度计算法案》(Discovery of Longitude at Sea Act 1713)第一条设立.

③ 还有一个奖励方案激励人们在北美洲最高点附近寻找所谓的西北航道,参见:Discovery of North-West Passage Act 1744.

④ Derek Howe,"Britain's Board of Longitude the Finances 1714 - 1828"(1998)84(4)*The Mariner's Mirror* 400.

⑤ 这项一般权力起初出现在《海上经度计算法案》(Discovery of Longitude at Sea Act 1713)第五条,又在后续颁布的经度计算法案中延伸.

⑥ 议会为与经度计算相关的事项支付了一些款项,见本书第 145 页.

⑦ 但也有一笔是有特定议员参与下支付的款项,见下文.

⑧ 一般被调高至整数 17,000 英镑,参见:Anthony Hyman,*Charles Babbage*:*Pioneer of the Computer*(Princeton 1982),p 169;Bruce Collier and James MacLachlan,*Charles Babbage*:*And the Engine of Perfection*(Oxford 1998),p 61;另见:Charles Babbage,*Passages from the Life of a Philosopher*(Longman 1864),Chapters 5 and 6. 该文献中的一些数据不准确.

⑨ 根据以下名目支付:*Civil Contingencies*:*For the Year 1823*(1824 HC Papers 40),Vol 16,p 275 at p 6(-1,547);*For the Year 1829*(1830 HC Papers 127),Vol 18,p 535 at p 13(£1,500);*For the Year 1830*(1831 HC Papers 25),Vol 13,p 355 at 10(£3,600);*For the Year 1831*(1832 HC Papers 114),Vol 13,p 355 at p 12(£2,000);*For the Year 1832*(1833 HC Papers 172),Vol 14,p 509 at p 11(£3,657 16s 6d);*For the Year 1833*(1834 HC Papers 186),Vol 42,p 483 at p 11(£1,782 11s 4d);以及 *For the Year 1834*(1835 HC Papers 148),Vol 38,p 553 at 9(£1,200).

⑩ 该笔费用明确认定为支付给计数机而非发明的费用,见:HC Deb,13 February 1832,Vol 10(3rd),cols 302,303 and 306.

⑪ *Screw Propeller*:*Navy Estimates*(1853 - 4 HC Papers 100),Vol 58,p 135,p 45;see HC Deb,15 May 1855,Vol 138(3rd),cols 639 - 660.

史密斯(Francis Petit Smith)等人支付了20,000英镑①。这也不属于本书所指的狭义上的议会奖励。同样,约翰·帕尔默(John Palmer)因为建立了一套邮件运输系统获得了50,000英镑②。这可以算得上是一种"奖励"③。而实际上,帕尔默和政府之间已经在最初的邮政服务合同中商定了利润分成方案,这笔费用可以看作是他们之间解决长期争议的方案。

但在一些案例中,很难认定奖励是否应视为议会奖励。1814年,威廉·康格里夫爵士(Sir William Congreve)④和亨利·施雷普内尔(Henry Shrapnel)从军械总管那里获得了一笔津贴⑤。下议院在经过辩论⑥后认为,尽管这笔津贴系由王室发放,但它是合法的⑦。因此,尽管这笔费用最初并非由议会授权发放,但后来议会特别授权继续发放(并在预算中考虑了这笔费用⑧)。威廉·亚当斯爵士(Sir William Adams)等人也获得了奖励。他就眼科疾病治疗方法申请奖励⑨,但实际上却由于创办和管理眼科医院而获得了4,000英镑的奖励⑩。此外,托马斯·查普曼(Thomas Chapman)也向议会提出奖励申请⑪,后议会从民事突发应急基金中拨付了218英镑2先令6便士作为奖励⑫。议会未曾就对查普曼的奖励进行专门表决,因此该奖励也算不上本书所称的议会奖励。

程序及奖励

未经王室和上议院同意,下议院通过的任何类型的拨款⑬在法律上都是无效的⑭。此类

---

① 有时被错误地认为是对发明人的奖励,另请参阅以下文献中的重要文章:*Naval and Military Gazette*,19 May 1855 at p 314,相关内容在以下文献中以信件形式摘录:*On the Introduction and Progress of the Screw Propeller*(Longman,Brown and Green 1856),p 45;以及 *Vance v Bond*,The Times,1 February 1858.

② Grant of John Palmer,Esquire(Post Office Services) Act 1813(另见早期 John Palmer Bill 1808(1808HL Papers 105),Vol 15,p 765).

③ 参见:Robert Burrell and Catherine Kelly,"Public Rewards and Innovation Policy:Lessons from the Eighteenth and Nineteenth Centuries"(2014)77 *MLR* 858 at 863.

④ 威廉·康格里夫爵士因发明了一种能够防止伪造钞票的方法(参见 Accounts 1819,Appendix 12(75 CJ 860))而获得了316英镑的奖励,但该笔款项并未由议会通过任何具体决议,因此不构成奖励,对比:Robert Burrell and Catherine Kelly,"Public Rewards and Innovation Policy:Lessons from the Eighteenth and Nineteenth Centuries"(2014)77 *MLR* 858 at 864.

⑤ 参见:*Notification of Grant to Colonel Congreve for His Invention of Rockets*(1814-15 HC Papers 329),Vol 9,p 459.

⑥ HC Deb,20 June 1815,Vol 31(1st),cols 901-905.

⑦ 针对它是否违反了1782年《王室专款和秘密钱款法案》(Civil List and Secret Money Act 1782,辩论中被称为 Burke's Act)第三十二条以及1707年《王位继承法案》(Succession to the Crown Act 1707,辩论中被称为 Anne's Act)第二十五条.

⑧ 例如:*Return of Pensions in Artillery Service,and Ordnance Military Corps*,1820(1821 HC Papers 234),Vol 15,p 379.

⑨ 参见:*Report of the Ophthalmic Committee Presented to the House of Commons*(William Clowes:London 1821),p 6-7.

⑩ 77 CJ 460(25 July 1822). Robert Burrell and Catherine Kelly,"Public Rewards and Innovation Policy:Lessons from the Eighteenth and Nineteenth Centuries"(2014)77 *MLR* 858. 该文献第864页认为奖励是对医疗救治服务的回馈,但下议院的决议显示,这笔奖励是针对医院的管理而颁发.

⑪ 74 CJ 94(4 February 1819).

⑫ Appendix No 3,76 CJ 574(76 CJ 80;16 February 1821).

⑬ 在相关时期,上议院无权拨款,因为这完全是下议院的专属特权.

⑭ Thomas Erskine May,*A Treatise upon the Law Privileges,Proceedings and Usage of Parliament*(1st Ed,CharlesKnight&Co 1844),p 319.

拨款通常是通过供给或拨款法案进行法定授权①。此类法案在议会的制定程序与其他法案相同②。然而，也有少数奖励个人的私法案获得通过。

要想获得奖励，发明人或其代理人通常首先要向下议院提出请愿③。议会议事规则规定，此类请愿必须先由王室举荐，再由议会通过决议④。因此，如果一项请愿未获王室批准，则必须重新提出后才能继续其他流程⑤。由于议会不能去除这一要求，所以极大地限制了发明人获得奖励的可能性。富德里尼耶兄弟为恢复和延长专利保护而提出了私法案，当特别委员会审议该私法案时，提出以支付一笔款项（未经王室批准）的方式来替代私法案，请愿书被重新提交给委员会，以消除这一不合规则的做法⑥。

请愿书（或动议）一经收到，通常会由一个特别委员会审定其价值，并向下议院就拨款金额提出建议。委员会报告将提交给供给委员会⑦，供给委员会一般会通过一项类似如下形式的决议："兹同意拨付给国王陛下一笔不超过 X 英镑的款项，为了 Z 而支付给 Y。"举例来说，查尔斯·欧文（Charles Irving）因海水淡化技术获得 5,000 英镑，该决议写道⑧：

兹同意拨付给国王陛下一笔不超过 5,000 英镑的款项，为了奖励因发现一种方便实用的海水淡化方法而支付给查尔斯·欧文。

接下来，这些决议将转呈给财政委员会。可见，供给委员会的作用是控制公共开支，而财政委员会决定资金的特定用途，从统一基金中拨款授奖是由财政委员会投票决定的⑨。一旦两个委员会都通过了相关决议，将以供给法案（后来为拨款法案）的形式来执行相关决议，除其他事项外，法案中包含了一系列已被转化为制定法形式的相关决议详单⑩。因此，支付奖金的法律权力源自拨款法案，而非决议本身⑪。拨款法案必须由下议院提出，在通过

---

① 伯勒尔和凯利认为，拨款是在没有特定立法授权的情况下进行的，见：Robert Burrell and Catherine Kelly, "Public Rewards and Innovation Policy: Lessons from the Eighteenth and Nineteenth Centuries" (2014) 77 *MLR* 858 at 862. 也许他们是在区分一般性拨款法案和具体的议会奖励法案.
② 在上下两院各宣读三次，然后获得王室授权同意.
③ 与私法案相比，奖励仍然可以通过动议的方式启动.
④ 15 CJ 211 (11 December 1706).
⑤ 例如，约翰·哈里森（John Harrison）1773 年的请愿书于 1773 年 4 月 2 日提交（34 CJ 244），1773 年 5 月 6 日撤回（34 CJ 302），并在当天再次提交王室批准（34 CJ 302）.
⑥ 92 CJ 478 (15 June 1837).
⑦ 例如：大卫·哈特利的请愿书：13 May 1774 (34 CJ 746)；供给委员会不得不另择期开会：Order 18 February 1668 (9 CJ 52).
⑧ 33 CJ 745 (11 May 1772).
⑨ 参见：Thomas Erskine May, *A Treatise upon the Law Privileges, Proceedings and Usage of Parliament* (1st Ed, Charles Knight & Co 1844), pp 329–331.
⑩ 向发明人颁发奖励也曾以略微不同的方式进行。在这种方式中，供给委员会首先通过一项决议，再由下议院呈文给王室，请求支付奖金。然后，由政府负责支付，并在下一届议会会期上向议会提供根据下议院呈文所付款项账目。紧接着，拨款法案将授权拨付相应款项以填补这笔支出.
⑪ 但拨款法案通常包含一项权力，授权拨付已经根据决议支付的款项，见：Thomas Erskine May, *A Treatise upon the Law Privileges, Proceedings and Usage of Parliament* (1st Ed, Charles Knight & Co 1844), p 320.

正常的三次宣读和委员会审议阶段后提交给上议院,然后再经过相同的审议程序(通常会简化),并在得到王室同意后成为法律。

下议院与财政法案相关的权利与特权可追溯到15世纪①,从17世纪末开始,下议院日渐反对上议院修改财政法案②。到了18世纪,下议院在供给事务上的主张"受到上议院异议的趋势日渐式微"③。18世纪后期是颁布奖励最多的时期,人们似乎认为,上议院仅能修正供给法案字面上的错误④。这样,上议院不会对下议院通过的供给法案提出异议。的确,除了亨利·菲利普的请求外⑤,下议院一直都在行使颁发奖励这一特权。

如果是通过一项特别议会法案(例如1738年《乔安娜·史蒂芬斯(结石治疗)奖励法案》(Joanna Stephens' Reward (Cure of Stone) Act 1738))来支付款项,则仍需通过一项决议⑥,但该决议最终将由一项特别法案而不是一般拨款法案来执行。该种奖励支付方式只出现过两次⑦:对乔安娜·史蒂芬斯和托马斯·罗姆的奖励⑧,尽管依据1753至1765年间的经度法案,继通过决议之后,也向许多个人支付了各种各样的款项。

- **扣费及费用**

除了议会费用⑨等预付费用外,还要从议会颁发的奖励中扣除费用。财政署官员有权从支付给受奖人的款项中抽取一定费用。这笔费用通常按照一定比例从奖励金额中抽取,但与18世纪大部分时间和19世纪早期的管理机制一样,费率计算并不简单⑩。在18世纪后半叶至19世纪中叶,财政署的职位逐渐受到监管(即被压制),或随着掌握实权的官员去世而最终取消⑪。但在那段时间,受奖人一般仍需按比例缴纳费用。由于费率的计算并不是基于简单的百分比,因此当时很难估计应付金额。例如,詹娜(Jenner)医生在收到10,000英镑⑫的奖励后支付了725英镑10先令6便士的费用⑬。詹娜支付的费用中虽然有

---

① John Hatsell, *Precedents and Proceedings in the House of Commons* (Hansard 1818), Vol 3, p 153.
② 下议院第一个明确反对的案例发生在1690年,参见:John Hatsell, *Precedents and Proceedings in the House of Commons* (Hansard 1818), Vol 3, p 152(另见 p 125, No 41).
③ John Hatsell, *Precedents and Proceedings in the House of Commons* (Hansard 1818), Vol 3, p 153.
④ John Hatsell, *Precedents and Proceedings in the House of Commons* (Hansard 1818), Vol 3, p 154.
⑤ 参见本书第151页.
⑥ 23 CJ 325(10 April 1739).
⑦ 亨利·菲利普就曾尝试通过这种方法获得奖励,但两次都被上议院拒绝。此外,约翰·帕尔默是通过一项个人专门法案获得奖励:Grant of John Palmer, Esquire (Post Office Services) Act 1813.
⑧ Lombe's Silk Engines Act 1731.
⑨ 这些法案类似于私法案,参见本书第26-28页.
⑩ 1692年《税收法案》(Taxation Act 1692)第九条要求财政署的男爵们提供一份旧时使用的费用表。从那时起,费用表中的项目便是唯一可以收取的费用项目。费用表的复制件见:Appendix No 34 of the Sixth Report of the Commissioners into the Public Account of the Kingdom 1782 printed as William Molleson, *The Reports of the Commissioners Appointed to Examine, Take, and State the Public Accounts of the Kingdom* (Caddell 1783), pp 353-360.
⑪ 关于这一点,参见:Philip Harling, *The Waning of 'Old Corruption': The Politics of Economical Reform in Britain, 1779-1846* (Clarendon 1996).
⑫ 参见1802年《拨款法案》(Appropriation Act 1802)第十八条.
⑬ 议会本来并不打算扣除任何费用,所以费用被退回了。参见1803年《拨款法案》(Appropriation Act 1803)第十八条.

一些由议会①收取,但大部分为财政署费用。当亨利·菲利普未获通过的法案还在议会审议时,据称若奖金为4000英镑,则需收取约为400英镑的财政署费用②。

但是,议会可以通过声明"颁发的奖励无需支付或扣除任何费用"来免除受奖者支付财政署费用。在这种情况下,发明人无需支付财政署费用即可获得全额奖金。詹娜获得的第二笔奖励就是根据这一声明发放的,因此,詹娜收到的是总额为20000英镑的全部款项③。

议会奖励的支付

议会首次颁发奖励的时间在1732年,受奖者为托马斯·罗姆,其间一直延续,直到1872年最后一次授予了斯科特上尉(Captain Scott)。表9.1列出了议会支付的奖励,包括受奖人、奖励事项和奖励金额。为展示奖励的"力度",所有金额都折算成2016年相对应的金额数目④。表格中的一些奖励实际上并不属于狭义的议会奖励(已斜体标出)。之所以把它们也加进来,是因为早期的评论者把它们列入到清单中⑤。通货膨胀率是参照劳动收入(与平均工资相比的相对财富)计算而来。参照劳动收入计算奖励的价值是因为发明也是一项工作,但也可以使用其他方法计算。最后,奖金的相对价值可以根据排序来判断,这样一来,就可以通过参照其他奖励的额度从而判断该奖励的含金量:

表9.1　1732—1872年间议会为发明颁布的奖励

年份	发明人	发明	金额	折合2016年金额	排名
1732	托马斯·罗姆	丝绸织机	14000英镑	26470000英镑	2
1739	乔安娜·史蒂芬斯	结石治疗方法	5000英镑	9434000英镑	7
1753	约翰·哈里森	经度计时器	1250英镑	2302000英镑	26
1753	威廉·惠斯登	经度调查报告	500英镑	920900英镑	36
1755	托马斯·史蒂芬斯	碳酸钾制备方法	3000英镑	5434000英镑	13
1759	托马斯·罗德斯	盐卤改进方法	1280英镑	2317000英镑	25
1762	约翰·哈里森	经度计时器	5000英镑(未领取)	8866000英镑	8
1764	约翰·布拉克	鱼类运输方法	2500英镑	4457000英镑	16
1765	约翰·哈里森	经度计时器	10000英镑	17530000英镑	4
1765	托比亚斯·梅尔	*月面图*	3000英镑	5259000英镑	14
1765	莱昂哈德·欧拉	经度计算方法	300英镑	525900英镑	40

---

① 参见本书第26-28页.
② *Morning Chronicle and London Advertiser*,7 June 1781.
③ Appropriation Act 1807,s 20.
④ 所有数据都来源于以下文献:Lawrence H Officer及Samuel H Williamson, "Five Ways to Compute the Relative Value of a UK Pound Amount,1270 to Present," MeasuringWorth,2017.
⑤ 参见本书第139页.

续表

年份	发明人	发明	金额	折合2016年金额	排名
1769	查尔斯·丁利	风车维修方法	2000英镑	3446000英镑	22
1772	查尔斯·欧文	海水淡化技术	5000英镑	8109000英镑	10
1773	约翰·哈里森	经度计时器	8750英镑	14500000英镑	5
1773	理查德·威廉姆斯	黄色染料	2000英镑	3313000英镑	23
1774	大卫·哈特利	防火方案	2500英镑	4065000英镑	18
1779	詹姆斯·伯克豪特及托马斯·克拉克	红色染料	5000英镑	7856000英镑	11
1786	路易斯·伯罗尔	土耳其红染料	2500英镑	3763000英镑	20
1790	卡斯波特·戈登	染料	200英镑	273300英镑	43
1791	威廉姆·福希斯	树木缺陷改良	1500英镑	1991000英镑	28
1793	卡斯波特·戈登	种植技术	100英镑（+18英镑12先令费用）	128900英镑（+23980英镑）	44
1795	托马斯·马吉	计时器	2500英镑	3234000英镑	24
1799	约瑟夫·埃尔金顿	排水系统	1000英镑	1162000英镑	33
1800	约翰·戴维斯	提高小麦抵抗黑穗病的能力	1000英镑	1111000英镑	34
1801	阿瑟·杨	农业论文	800英镑	859600英镑	37
1801	托马斯·福登	小麦面粉替代品	500英镑	537300英镑	39
1802	爱德华·詹娜	疫苗注射	10000英镑（+725英镑费用）	10380000英镑（+752800英镑）	6
1802	亨利·格瑞海德	救生艇	1200英镑	1246000英镑	32
1803	詹姆斯·卡迈克尔·史密斯	亚硝酸熏蒸法	5000英镑（+258英镑17便士费用）	4998000英镑（+258700英镑）	15
1807	爱德华·詹娜	疫苗注射	20000英镑	17710000英镑	3
1809	埃德蒙德·卡特赖特	棉制（穿戴用品生产）	10000英镑	8476000英镑	9
1810	乔治·曼比	与搁浅船只获取联系的方法	2000英镑	1651000英镑	30
1812	塞缪尔·卡普顿	骡子（纺织）	5000英镑	3824000英镑	19
1812	乔治·曼比	救援海难水手方法	1250英镑（+费用）	955900英镑	35
1812	亨利·格瑞海德	救生艇	650英镑	497100英镑	41
1813	约翰·帕尔默	邮局	50000英镑	36450000英镑	1

续表

年份	发明人	发明	金额	折合2016年金额	排名
1814	乔治·曼比	与搁浅船只获取联系的方法	2000英镑	1479000英镑	31
1815	约翰·贝尔(由女儿伊丽莎白·惠特菲尔德领取)	救援海难水手方法	500英镑	374200英镑	42
1823	乔治·曼比	与搁浅船只获取联系的方法	2000英镑	1744000英镑	29
1833	托马斯·莫顿	船台滑道	2500英镑	2023000英镑	27
1840	亨利·佛德利奈及希里·富德里尼耶	造纸	7000英镑	5567000英镑	12
1853	威廉·斯诺·哈里斯	用于船只的导电体	5000英镑	3716000英镑	21
1860	汉森教授	月面图	1000英镑	680000英镑	38
1872	斯科特上尉	枪械发明	8000英镑	4340000英镑	17

授奖原因

与同时期授予的专利数量相比,授予奖励的数量微不足道。1750年至1815年是议会回报发明人的高峰时期,但只有大约1.5%的"回报"是以议会支付奖金的形式发放,接近99%的"回报"则是以授予专利形式存在(随着授予专利数量大幅增加,奖励的占比急剧下降)[1]。那么,为什么这1%的人选择了向议会申请奖励而不是申请专利呢?尽管在个案中原因各不相同,但最有可能的原因不外乎获得专利的可能性太小、所需成本太高以及获得奖金的可能性较大。下面将依次对这些原因进行探讨。

- **获得专利的可能性**

如果无法获得专利来保护"发明",那么发明人要想确保已支出的任何费用能回本(或填补未来的支出)并从发明中获得收益,就必须另寻他法。这可能就是伯姆和麦克劳德所称的专利体系"缺陷",正是这一"缺陷"催生出了奖励[2]。无法获得专利保护的发明人可以向议会申请奖励。至少有三类发明显然无法获得专利,但可以获得奖励。第一类是那些已获得专利保护的发明,如果就这些发明再申请专利,将缺乏新颖性。托马斯·罗姆因未获准延长专利保护而获得奖励[3];大卫·哈特利的专利[4]保护期限虽得以延长[5],但与船只发明无

---

[1] 在此期间,共授予了约2500项专利及34项奖励.

[2] Klaus Boehm and Aubrey Silberston, *The British Patent System: I. Administration* (Cambridge 1967), pp 25-26; Christine MacLeod, *Inventing the Industrial Revolution: The English Patent System 1660-1800* (Cambridge 1988), p 193.

[3] Patent No 422 (1718).

[4] Patent No 1,037 (1773).

[5] Hartley's Patent (Fire Prevention) Act 1776.

关,他因此获得了用于未来研究的奖金。托马斯·莫顿(Thomas Morton)的专利①保护期限未获得延长,但他得到了一笔奖金。同样,富德里尼耶兄弟(第二次②)尝试通过私法案③来恢复和延长专利保护,但最终却以获得奖励告终。在每一个案例中,从专利授权的历史可以清晰地看出,虽然发明(在过去)可以获得专利,但由于它已不再具有新颖性,无法再申请专利。

因此,专利保护对这些发明人来说已遥不可及——他们在尝试获得比专利制度所能提供的更高的回报。

同样的,埃德蒙德·卡特莱特获批了多项纺织发明专利④,其中一项专利还通过私法案延长了保护⑤。议会委员会很清楚这一情况,在勒德分子(Luddites)多次纵火烧毁工厂后,议会给了他一笔奖金,便于他能够投资来实施他的发明⑥。1769年,查尔斯·丁利(Charles Dingley)同样获得了一笔资金,用于重建一座因暴乱被毁的新型风车⑦。

最后,卡斯波特·戈登获得了200英镑的奖金⑧,作为对他已获专利保护的苔藓染料发明的额外奖励⑨。事实上,与其他染色从业者相比,他所获得这笔奖励金额比较小,可能是因为他早期已获得过专利。这再一次说明,奖金对于请愿人来说不是获取专利的替代性选项,而是唯一选项,毕竟他们已无法再获得专利。

与这些拥有过专利的发明人不同的是,第二类奖励对象是那些在任何时候都不可能就发明申请专利的发明人,如威廉·惠斯登(William Whiston)的调查,莱昂哈德·欧拉(Leonhard Euler)的月球运动理论⑩,托比亚斯·梅尔(Tobias Mayer)⑪及汉森(Hansen)教授绘制的月面图,以及阿瑟·杨(Arthur Young)关于沼泽地耕种的农业论文⑫。由于它们不被认为是一种制造方法,因而针对它们颁发的奖励都不可能以专利取而代之⑬。此外,詹娜医生的疫苗接种方法或约瑟夫·埃尔金顿(Joseph Elkington)的排水方法在当时也不大可能获得专利。因此,这一组发明人唯一的选择是向议会申请奖励。

第三类不符合专利授予条件的情形是发明人就一项发明重复申请奖励。因此,尽管乔

---

① Morton's Patent Slip Bill 1832.
② 参见:Fourdriniers' Patent Petition 1822.
③ Fourdriniers' Patent Bill 1837.
④ Patent Nos 1,747(1790);1,787(1791) and 1,876(1792).
⑤ Cartwright's Woolcombing Machinery Act 1801;as to the burning see:*Report from the Committee on Dr. Cartwright's Petition Respecting His Weaving Machine*(1808 HC Papers 179),Vol 2,p 135 at pp 4 - 6.
⑥ 参见:*Report from the Committee on Dr. Cartwright's Petition Respecting His Weaving Machine*(1808HC Papers 179),Vol 2,p 135.
⑦ 参见:J Appleby,"Charles Dingley's Sawmill,or Public Spirit at a Premium"(1995)143 *RSA Journal* 54.
⑧ 44 CJ 411(28 May 1789).
⑨ Patent No. 727(1758).
⑩ Emil A Fellmann,*Leonhard Euler*(Springer 2007),p 123(这一理论应用于绘制托比亚斯·梅尔的月面图).
⑪ 有关他在经度委员会主张的详细信息,请参见:Eric Forbes,"Tobias Mayer's Claim for the LongitudePrize:A Study in 18th Century Anglo - German Relations"(1975)28 *Journal of Navigation* 77.
⑫ 这些文章发表的时间早得多,见:Arthur Young,*Political Essays Concerning the Present State of the British Empire*(Stahan and Caddell 1772).
⑬ Statute of Monopolies,s 6.

治·曼比可以①就其发明的曼比救生索发射器(Manby Mortar)②在1810年首次获得奖励时申请专利,③但在1812年、1814年或1823年就行不通了。之后的奖励都是在发明公开之后授予的,这样一来,专利体系就指望不上了。亨利·格瑞海德(Henry Greathead)因制造出第一艘救生艇而获得奖励,情况与此相同。他的救生艇在1802年时可能很新颖,但在1812年再次申请奖励时,情况就并非如此了。

约翰·哈里森计算经度的计时器在尚不符合奖励条件时便依据1713年《海上经度计算法案》④获得了经费。如果不允许这种情况下获得奖励,那么,许多此类发明人将别无选择。他们之所以向议会提出奖励申请,是因为他们根本无法获得来自专利制度的保障(在大多数情况下,甚至时至今日也无法获得专利制度的保障)。

• **成本**

获取专利的成本极高。这个问题将在第10章进行详细论述,但一项在英格兰境内有效的专利需要花费100英镑,这个数字就足以说明问题。这一数字仅包括获得专利的花费,还不包括在伦敦住宿、雇用职员和专利代理人等可能产生的费用。因此,获得专利的全部成本会高得多。但正如第2章讨论的那样,获得私法案的成本,通常会更高。相比之下,申请公共奖励拨款的成本要低不少。

很难提供确切数字来说明获得议会奖励所花费的实际费用,因为还需考虑在伦敦住宿和写信给议员及其他人寻求支持的相关费用。但议会的费用应当很低⑤。以那一时期末的费用作为参考:一名书记官受理一项申请的费用为6先令8便士⑥,书记官列席委员会会议每天的津贴为2英镑,撰写委员会报告还需另收取1英镑。假设委员会会议召开了三天(在当时算是时间很长的委员会会议),则需要花费7英镑6先令8便士,证人出席会议的一般费用等另计。这意味着费用预期最多是20到30英镑。因此,卡斯波特·戈登获得了18英镑12先令的退费(其中可能还包括财政署费用)。有人认为,亨利·菲利普就其奖励所花费的议会费用大约为80英镑,因为这是以私法案形式申请的奖励,所以费用会高得多(特别是会产生终校清样费用)⑦。另外两个获得议会奖励但又被另行收取费用的人分别是詹姆斯·卡迈克尔·史密斯(James Carmichael Smyth)(需要补贴258英镑17先令)以及詹娜

---

① 尽管曼比在向议会提出请愿之前自己实施了这项发明,但向搁浅船只抛绳索的想法不太可能具有新颖性,因为一名炮兵中士(后来的军官)约翰·贝尔(John Bell)似乎在1792年便发明了类似的东西,并因他的发明获得了50几尼的奖励,参见:"LXXVI – On Saving the Lives of Mariners"(1811)37(Issue 158)*Philosophical Magazine* Series 1,p 455。随后,曼比的女儿在1815年又获得了500英镑的奖励.

② 救生索发射器的操作方法是,将一条细绳从岸上抛到搁浅船只的索具中。将这条结实的细绳拴在船上,然后把船安全地拖到岸上。更多细节参见:Robert Forbes,*Life – boats,Projectiles and Other Means for Saving Life*(Boston 1872),pp 19 et seq.

③ 如果他在19世纪初期就立即申请专利的话.

④ 有关哈里森计时器的详细历史记录,请参阅:Rupert Gould,"John Harrison and His Timekeepers"(1935)31 *The Mariner's Mirror* 2;通俗版历史见:Dava Sobel,*Longitude*(Harper 2005).

⑤ 费用表不包括使用公共资金颁发的奖励;但是使用公共资金颁发的奖励似乎参照了费用表,因为在下述文献中公共资金被单独列出:Anon,*Key to Both Houses of Parliament*(Longman 1832),p 497.

⑥ 1830年,他们对费用进行了合理化设置,按照处理的事务收取费用,不再是按人头收费.

⑦ 相关辩论见:Sir Gilbert Elliot in *Morning Chronicle*,7 June 1781.

医生,后者更是需要补贴 725 英镑 10 先令 6 便士的巨额费用。如前所述,这些费用很有可能主要是财政署费用,但不论如何他们获得的奖励金额要多得多。

这表明①,发明人向议会申请奖励的动机之一是相对较低的成本和风险。如果请愿未受重视,所请事项未提交委员会讨论,那么花费将不到 1 英镑。即使达到协议或被拒绝,所花费用也不到申请专利费用的五分之一。而一旦成功了,申请人将获得资金,而不是一项前景未卜的专利授权——专利给权利人带来的收益能否裹得住获得专利垄断权的成本还要另当别论。

- **可获得的奖金**

同样,一旦有人向议会申请奖励,其他人就会考虑他们是否也有资格获得类似奖励。虽然来自各个技术领域的人都可能会这么想,但概率更大的是从事同一领域工作的人会作此种考虑。可以看到,议会向许多染料发明人支付了奖金。第一笔 2,000 英镑的奖金拨付给了理查德·威廉姆斯(Richard Williams),以表彰他 7 年以来的工作和成就。特别委员会认为,威廉姆斯发明的黄色和绿色染料帮助英国纺织品恢复了在西班牙的声誉②。其他三家染料商③在接下来的 15 年里收到了总计 7,700 英镑的奖励。可见,似乎有不少染料商(尽管不是所有)④向议会申请奖励,而不是向王室申请专利。在那些没有向议会申请奖励的人群中,詹姆斯·特纳为他发明的黄色染料⑤申请到了专利,爱德华·班克罗夫特也为他发明的树基染料(他称之为"栎皮粉")申请到了专利⑥。他们可能认为议会同情染料商,所以选择寻求延长专利保护期限⑦,其中班克罗夫特申请了两次。

同样,格瑞海德由于发明了救生艇而获得奖励,这一事实可能激励了曼比也提出奖励申请。很显然,曼比的成功又进一步激励了约翰·贝尔的女儿伊丽莎白·惠特菲尔德(Elizabeth Whitfield),后者成功申请到了 500 英镑的奖励,同样受到激励的威廉·马利松(William Mallison)先后在 1811 年⑧、1814 年⑨、1816 年⑩、1819 年⑪和 1820 年⑫为他发明的救生用具

---

① 与以下文献的看法相反:Robert Burrell and Catherine Kelly, "Public Reward and Innovation Policy: Lessons from the Eighteenth and Early Nineteenth Century" (2014) 77 *MLR* 858 at 880;上述文献提到亚当斯爵士印制委员会证据所产生的花费(*The Times*,11 July 1821)。然而,这笔花费是为商业印制证据而支出的,议会没有要求他去印制。

② 34 CJ 371(14 June 1773).

③ 詹姆斯·伯克豪特(James Berkenhout)和托马斯·克拉克(Thomas Clark)因为发明了猩红和深红染料(1779 年)而获得 5,000 英镑的奖励;路易斯·伯罗尔(Louis Borell)因为发明了土耳其红染料(1786 年)而获得 2,500 英镑的奖励;卡斯波特·戈登因为发明了紫色染料而获得 200 英镑的奖励(1786 年申请、1789 年获得)。

④ 此外,安东尼·布隆·德博内尔(Anthony Bourboulon de Boneuil)请求延长漂白衣物专利的保护期限:43 CJ 202(8 February 1788)。

⑤ Patent No 1,281(1781).

⑥ Patent No 1,103(1775).

⑦ 1791 年未成功(1791 年《染色发明专利法案》),参见终校清样:HL/PO/JO/10/2/65A),但在 1792 年,他的发明被授予为期 11 年的专利,自议会会期结束起算,见:Turner's Patent Act 1792, s 1.

⑧ 66 CJ 357(21 May 1811).

⑨ 69 CJ 264(13 May 1814).

⑩ 71 CJ 485(19 June 1816).

⑪ 74 CJ 456(18 May 1819)和 75 CJ 30(7 December 1819).

⑫ 75 CJ 446(13 July 1820).

申请奖励,但均以失败告终。马利松的案例还表明,光有来自下议院委员会①的支持报告还不够,因为下议院其他议员不愿意授予他奖励,而且还经常对他这项发明的实用性嗤之以鼻②。

• **公众的支持**

富德里尼耶兄弟最初获得了与造纸有关的专利③,他们后来又通过私法案成功延长了专利的保护期限④。由于当时他们申请延长保护的专利被法院撤销,所以起初他们寻求通过私法案来恢复专利⑤,后又申请专利来恢复并延长保护期限⑥。下议院任命了一个特别委员会对议案进行审查,特别委员会认为,由议会颁发奖励更为合适⑦。当富德里尼耶兄弟未能如愿得到奖金时,许多纸张买家和卖家向议会请愿,支持富德里尼耶兄弟俩。他们认为,这对兄弟推动了行业发展,理应得到这一奖励⑧。事实上,人们持续支持富德里尼耶兄弟,他们在接下来的一年里多次发起公开请愿活动⑨。尽管公众的支持可能并不是发明人获得7,000英镑⑩的根本原因,但这种支持确保了富德里尼耶兄弟最终拿到了奖励。最后,来看一看有多少申请失败的案例。

失败的申请

奖励清单上很少载明那些申请失败的案例⑪。由于大多数失败的案例早在向议会请愿阶段便宣告终结,所以很难确切知道申请被拒的原因,可能是因为请愿者根本没能在议会找到支持他的议员。这些失败的请愿者及其申请包括:1747年沃兹沃斯(Wadsworth)的弹药筒请愿⑫,1754年亨利·德拉马因(Henry Delamaine)⑬和1780年威廉·斯托勒(William Storer)⑭

---

① *Report of Committee on Mr Mallison's Petition*(1810 – 11 HC Papers 206),Vol 2,p 375.
② 例如,约瑟夫·约克爵士(Sir Joseph Yorke)的评论:HC Deb,28 June 1815 vol 31(1st)cc1020("该方案完全缺乏所称的实用性……马利松先生的发明伟大且唯一的优点似乎是它证明了软木塞质轻且能漂浮")。
③ Patent Nos 2,487(1801),2,708(1803)and 3,068(1807).
④ Fourdriniers' Paper Making Machine Act 1807.
⑤ Fourdriniers' Patent Petition 1822;55 LJ 70(143 March 1822).
⑥ Fourdriniers' Patent Bill 1837.
⑦ *Report from the Select Committee on Fourdriniers' Patent*;*With the Minutes of Evidence,and Appendix*(1837 HC Papers 351),Vol 20,p 35.
⑧ 参见:Public Petitions Committee;4 July 1838,Thirty – Fifth Report,p 570(Nos 8,623 – 8,625);10 July 1838,Thirty – Sixth Report,p 583(No. 8,732);1838年7月16 – 18日,Thirty – Seventh Report,p 603(Nos 8,960 – 8,962)。
⑨ 参见:Public Petitions Committee;24 – 25 April 1839,Twentieth Report,p 350 – 1(No. 6,495 to 6,510);1 May 1839,Twenty – Second Report,p 386(No. 6,987 and 6,989).
⑩ 参见:Henry and Sealy Fourdrinier 1840;Appropriation Act 1840,s 16.
⑪ 参见:Robert Burrell and Catherine Kelly,"Public Reward and Innovation Policy:Lessons from the Eighteenth and Early Nineteenth Century"(2014)77 *MLR* 858 at 861;but see Phillip Johnson,*Parliament,Inventions and Patents:A Research Guide and Bibliography*(Routledge 2018),Pt 4. 2.
⑫ 25 CJ 276(6 February 1747).
⑬ 26 CJ 913(21 January 1754). 该请愿书已提交委员会,但委员会似乎从未讨论过该请愿.
⑭ 37 CJ 579(8 February 1780).

的请愿。亨利·菲利普是所有失败的请愿者中请愿流程走得最完整的一位;在他的案例中,有重要证据表明了请愿遭拒的原因,这里将对此进行详细说明。

亨利·菲利普发明了一种药粉,他说这种药粉对杀死船上的昆虫有特效。与大多数奖励不同,他提出一个议案来申请奖励。议案写道,在法案通过后他将立即获得500英镑,并在海军部认可有效性之后再获得3,000英镑的奖励①。当供给委员会考虑给予奖励时,纽金特勋爵(Lord Nugent)认为,"投票将公共资金用于私人目的"是不合适的②,但经分组表决③,下议院同意发放奖金。在上议院,尽管费拉尔勋爵(Lord Ferrars)等人反对将公共资金用于给私人颁发奖励,但上议院中仍有人表示支持④。辩论恢复时,阿宾顿勋爵(Lord Abingdon)发表了长篇大论,声称该法案是"不光彩"的,因为他认为菲利普的药粉根本就不是什么秘密,不过是孩子们在学校用过的方法。更糟糕的是,他表示,菲利普在其他地方提供的证据表明,将他的药粉施用在土地上的花费会比土地本身的价格还高⑤。因此,阿宾顿勋爵认为,这一发明是无用的,不应给予任何奖励。上议院也从根本上驳回了该法案⑥。

亨利·菲利普仍坚持不懈,又于1783年⑦和1784年⑧两度提出请愿,并成功进入报告阶段。1785年,一项议案在下议院获准通过⑨,但上议院在二读时拒绝了该请愿,理由是没有有力证据证明药粉的效力比1781年已有的产品强。但重要的是,大法官认为,相较于这类奖励而言,授予专利是表彰此类发明人最恰当的方式⑩。

这项议案最有意义的一点在于,它基本上是上议院唯一一次对此类奖励进行评价。通常,由于奖励请愿被囊括在拨款法案中,上议院不会干涉下议院供给方面的特权⑪。从上议院的评价可以看出,人们关注的是这项发明的有效性以及所提供证据是否充分,并认为专利而非奖励才是回报发明人的恰当方式。这与上议院在拒绝延长专利保护时的声明大相径庭⑫。

议会、奖励和政策制定

罗伯特·伯勒尔和凯瑟琳·凯利认为,议会奖励"对专利制度的发展产生了深远影

---

① Henry Phillips' Bill 1781,Cl 1(Ingrossment:HL/PO/JO/10/2/56).
② *Morning Chronicle and London Advertiser*,7 June 1781.
③ 38 CJ 506(7 June 1781).
④ House of Lords Debate on 4 July 1781 in *Morning Chronicle and London Advertiser*,4 July 1781.
⑤ 见:House of Lords Debate on 10 July 1781 in *Dublin Evening Post*,17 July 1781.
⑥ By adjourning out of the session:see 36 LJ 354(10 July 1781).
⑦ Henry Phillips' Petition 1783;39 CJ 488(17 June 1783).
⑧ Henry Phillips Petition 1784;40 CJ 31(27 May 1784).
⑨ Henry Phillips' Bill 1785.
⑩ 见:House of Lords Debate on 20 July 1785 in *Saunder's News Letter*,27 July 1785.
⑪ 参见第143页;严格来说,这也可以同样适用于本法案,因为它也是供给法案的一部分.
⑫ 参见第124-125页.

响"①。他们认为,奖励制度凸显了专利权人与国家之间社会契约关系的成长。尤其是,他们认为奖励制度强化了说明书的功能和公开披露的要求。这里,本书将探讨他们的第二个主张。

● 说明书

伯勒尔和凯利认为,议会"在推动将公开发明作为换取国家资助的先决条件方面发挥了主导作用"②。换言之,他们认为,通过颁发奖励,议会在发挥说明书作用的过程中起到了重要作用。

从一开始,这一设想就存在一个问题:它忽略了议会是两院制。在大多数奖励中,奖金的来源是一般性政府供给,因此属于下议院特权,上议院很大程度上不会审议奖金支付问题。

他们的设想始于1718年托马斯·罗姆获得丝绸织机专利的奖励③。1732年,他寻求议会通过法案来延长专利保护期限,结果却得到了14,000英镑的奖励。值得注意的是,奖励法案还要求他制作一个丝绸织机模型。伯勒尔和凯利认为,这一要求表明议会显然认为光有说明书是不够的④。乍看之下,这一观点似乎很有说服力,但它存在着一个重要问题。下议院最初提出的专利延期法案⑤中包括了制作和提交模型的要求。法案日期⑥表明,该法案是在提出请愿前就已经草拟好。这意味着罗姆在议案进入议会审议阶段前就已准备好了模型。一旦罗姆在他最初的法案中提出要提供模型,就很难让人相信议会会移除这一要求。充其量是罗姆从一些议员那里打听到议会关于私法案的要求;但也不至于认为提交模型就是议会的要求⑦。

伯勒尔和凯利紧接着关注了乔安娜·史蒂芬斯通过专门法案申请到的第二个奖励,金额为5,000英镑。不过,乔安娜·史蒂芬斯获得奖励的前提条件是公开结石治疗方法⑧。没有记录显示她最初是否主动提出公开,尽管她在请愿书中提到她试图以5000英镑⑨的价格"出售"她的发明,而不是寻求奖励。因此,最有可能的是她提出向公众公开发明来换取议会奖励,而不是议会要求她公开发明作为授予奖励的条件。换言之,或许就像之前的罗姆一样,公开义务很有可能是包括在原始议案中的,并非议会强加。

---

① Robert Burrell and Catherine Kelly,"Parliamentary Rewards and the Evolution of the Patent System"(2015)*Cam LJ* 423 at 424.

② Robert Burrell and Catherine Kelly,"Parliamentary Rewards and the Evolution of the Patent System"(2015)*Cam LJ* 423 at 427.

③ Patent No 422(1718).

④ Robert Burrell and Catherine Kelly,"Parliamentary Rewards and the Evolution of the Patent System"(2015)*Cam LJ* 423 at 432.

⑤ 在罗伯特·哈珀的论文找到了法案的文本,参见:Sheila Lambert,*Bills and Acts:Legislative Procedure in Eighteenth - Century England*(Cambridge 1971).

⑥ 在哈珀的论文中,法案的日期是1831年6月11日,并提到法案宣读的时间是1832年3月7日.

⑦ 另见本书第106-108页.

⑧ 她将治疗方法公布在:*London Gazette*,Issue 7815,16 June 1739.

⑨ 26 March 1739(23 CJ 302).

伯勒尔和凯利所举的下一个例子是1713年《海上经度计算法案》，根据这一法案，约翰·哈里森的经度计算方法和发明的计时装置获得了5,000英镑的奖金①。这一事例倒是清楚地表明，议会对愿意公开发明者给予奖励。但问题在于，约翰·哈里森从未公开过发明。他也不愿意领受5,000英镑的奖励，因为他坚信，根据法案他应获得20,000英镑的全额奖励②。显然，议会是想通过颁发奖励来鼓励约翰·哈里森公开他显然不想公开的发明。

由此可见，伯勒尔和凯利的设想过于乐观了。虽然有些请愿者确实提到在申请奖励时向某些政府机构或个人透露过专利③，但颁发的奖励中有一些并未要求披露专利的任何信息。查尔斯·丁利1769年得到2,000英镑的奖励，用于重建锯木厂。对于这种新型奖励，根本不存在披露的问题④。有的奖励被用于资助（或报销）实验费用，比如授予大卫·哈特利的2,500英镑奖励⑤。

他们的设想站不住脚的最后一个原因是，下议院通过了一系列限制公开发明的法案⑥。1792年至1818年间，下议院通过了一项公法案和五项私法案来限制公开发明⑦，只有其中的两项私法案在上议院获得通过。然而，如上所述，供给法案属于下议院职权范围。一方面，下议院颁布奖励；另一方面，它又在限制对发明信息的获取。因此，有理由认为，公开发明并不是获得奖励的先决条件，公开发明只是有助于发明人获得公共资助⑧。假定这一点是正确的，那么议会授予奖励与否，对是否公开发明几乎没什么影响。相反，公开发明反映了社会上关于知识传播是有价值的这一广泛认识。

他们的结论是："奖励制度在强化国家应向发明人提供支持这一认识上发挥了重要作用"⑨。很难去否定他们的这一结论，但奖励的重要性不应被夸大：奖励只起了很小的作用，仅限于有些发明因发明主题、成本或其他原因而不能获得专利的情形。不是说那些寻求奖励的发明人是在申请专利和寻求议会奖励之间有意识地去选择——实际情况是他们无从选择，因为他们无法获得专利。事实上，寻求奖励的请愿者往往是追随先前成功

---

① Discovery of Longitude at Sea Act 1762, s 1.
② 参见：J Donald Fernie, "Harrison – Maskelyne Affair" (2003) 91 *American Scientist* 403.
③ 例如，托马斯·史蒂芬斯（Thomas Stephens）（RCommittee of Supply 的决议：27 CJ 281；12 April 1755："introducing that Manufacture into the British Plantations"）（另见：Supply, etc Act 1755, s 19）；以及爱德华·詹娜（Resolution of Committee of Supply：57 CJ 544；3 June 1802："传播他的发现"）（另见：Appropriation Act 1802, s 18）.
④ 参见：J Appleby, "Charles Dingley's Sawmill, or Public Spirit at a Premium" (1995).
⑤ *RSA Journal* 54.
⑥ 他还获得了一项专利延期法案，参见 Hartley's Patent (Fire Prevention) Act 1776；也可参阅第128页。参见第7章．
⑦ 参见本书第108 – 113页．
⑧ 最能支持他们观点的例子是威廉·弗西斯（William Forsyth），他只有在公开发明后才得到报酬（44 CJ 643；30 July 1789），他确实照做了，参见：Forsyth, "In Consequence of an Address of the House of Commons to His Majesty and of an Examination Made Respecting the Efficacy of a Composition, Discovered by Mr William Forsyth, for Curing Injuries and Defects in Trees" (1791；1824 Reprint) 33 *Annual Register* 351. 不过，这一要求来自政府（在给王室呈文的答复中），并非议会自己的要求．
⑨ Robert Burrell and Catherine Kelly, "Parliamentary Rewards and the Evolution of the Patent System" (2015) *Cam LJ* 423 at 442.

者的经验,这些成功要么是基于他们自己的成果,要么是基于先前类似的发明。在通过其他渠道仅能获得极少补偿,或根本无法获得补偿的情况下,奖励将他们的目光吸引到议会。

奖励的终结

1825年后,通过专门投票授予发明人奖励的做法逐渐减少,尽管在此之后议会依然颁发了几项奖励①,甚至到了1872年还投票向斯科特上尉就其枪械发明授予奖励(此次投票并非源于斯科特本人向议会提出的请愿,而是就一项海军部表决事项的单独决议)②。但发明人们逐渐不再向议会申请奖励,转而向政府直接申请③。政府部门是否应给予发明人奖励的问题,足以激起下议院讨论的兴趣④,尤其是得到奖励的发明人有时候本身就是政府采购委员会的成员⑤。如果特定发明人寻求议会支持,他们都是通过议员个人询问政府来获得支持。例如,1871年,议员亨利·斯科特(Henry Scott)询问海军大臣为什么没有就亨利·坎宁安(Henry Cunningham)发明的重炮向其颁发奖励⑥,十多年后,有议员为约翰·克莱尔(John Clare)发声,要求就制造的铁船向其支付奖金,这一刻他已经等待了20多年⑦。在19世纪90年代,关于弹匣式步枪和发明人(主要是现阶段的专利权人)应否获得奖金的争论持续了很长时间⑧。后来,第一次和第二次世界大战之后,设立了一些委员会来奖励

---

① 以下文献在第865页提到亨利·妮达姆·施雷普内尔(Henry Needham Shrapnel)于1847年5月7日和1847年5月14日向议会提出请愿(102 CJ 492 and 526);Robert Burrell and Catherine Kelly, "Public Reward and Innovation Policy: Lessons from the Eighteenth and Early Nineteenth Century" (2014) 77 *MLR* 858,但他的请愿涉及他父亲所遭受的不公正待遇,其中不仅包括未对其父亲的各种发明授予奖励,而且还包括东印度公司未能偿还债务和支付足额津贴。第二次申请是进行询问,而不仅仅是为了补偿费(也有后备的请愿,如:Bradford:102 CJ 719 (22 June 1847),以及Southampton:102 CJ 841 (9 July 1847)。

② Captain Scott 1872(奖金2,000英镑及6,000英镑)。

③ 直到20世纪下半叶,请愿仍在继续,公共请愿特别委员会对其进行了记载,见:Phillip Johnson, *Parliament, Inventions and Patents: A Research Guide and Bibliography* (Routledge 2018),Part 7;罗伯特·迈克菲(Robert Macfie)认为,可以用奖励发明者的方式取代专利制度,见:HC Deb, 25 March 1872, Vol 210 (3rd), col 651。

④ 例如,对科隆内尔·伯克斯(Colonel Boxer)发明的一种引信批准奖励时,伯克斯是批准奖励的相关委员会的成员,因此有人发起动议,要求特别委员会进行调查,见:HC Deb, 29 April 1870, Vol 200 (3rd), cols 2062-2089;另见:*Correspondence between War Office and Colonel Boxer Relating to his Patent for Fuses* (1870 HC Papers 161), Vol 42, p 501;以及HC Deb, 5 May 1870, Vol 201 (3rd), cols 277-279。

⑤ 最终,财政部致函陆军部,建议发明人在拥有专利和任职相冲突岗位之间做出选择,参见:HC Deb, 26 March 1872, Vol 210 (3rd), cols 690-691。财政部的进一步解释见:HC Deb, 14 July 1893, Vol 14 (4th), col 1565。

⑥ HC Deb, 13 July 1871, Vol 207 (3rd), cols 1626-1627。

⑦ HC Deb, 16 July 1883, Vol 218 (3rd), cols 1644-1645;在此期间,他多次向议会请愿,如:Twentieth Report of Public Petitions Committee, 5 May 1863, p 467 (No 6, 631),他的权利主张本质上是一项专利侵权/王室使用的权利主张;但见 *Clare v The Queen*, The Times, 3, 4, 5, 6 and 7 February 1863 (报道了请愿过程的详细摘要),但未报道其他内容。参见:Anon, "Inventors and the Crown" (1865) 13 *Mechanics Magazine* 70。

⑧ HC Deb, 3 February 1891, Vol 349 (3rd), cols 1643-1684。

发明人,不过,这些委员会的作用在很大程度上是决定王室使用①拨款的去向②。由政府支付奖励来回报创新的想法现在依然存在③,不过,随着政府结构的现代化,向特定发明人颁发奖励的时代基本上宣告终结④。与此同时,专利制度也逐步走向现代化。

---

① 即1883年《专利、外观设计与商标法案》第二十七条规定的强制许可,强制许可使政府可以不经专利权人同意而实施发明创造,但需要向专利权人支付报酬.
② 参见关于皇家专门调查委员会(Royal Commission)职权范围的问题:HC Deb,22 May 1919,Vol 116(5th),cols 586–588W.
③ Health Act 2009,s 14(目前尚未生效).
④ 遵从以下报告建立了有竞争力的、值得称颂的政府部门:*Northcote – Trevelyan Report*,*Report on the Organisation of the Permanent Civil Service*(1854 C 1713),Vol 27,p 1;概述见:Rodney Lowe,*The Official History of the British Civil Service:Reforming the Civil Service*,*Volume 1:The Fulton Years 1966 – 81*(Routledge 2011),pp 18 – 29.

第10章 恢复与续展专利费用

引言

当斯图亚特君主仍旧把专利视为增加收入的主要方式时,通常要向专利权人收取年费①,这与旧时的关税转包类似。这种做法最终逐渐消失:专利一旦获得授权,在14年有效期内不再需要支付任何年费。可是获得专利的费用太高,造成了极大的社会忧虑,改革的声音呼之欲出。1852年《专利法修正法案》是现代专利制度的开端,也导致专利实践中出现一个根本性变化——引入了续展费。然而,一旦费用到期,没过多久人们就发现自己的专利因为没有按时缴纳续展费而失效,于是向议会求助来保住自己的权利。现在,有必要从更一般性的费用支付开始讨论。

费用支付

在每年授权的专利数量仍然很低的情况下,专利费用问题不大可能引发政治纷争。专利授权数量上的一些里程碑年份很好地证明了这一点。第一次年度专利授权数量超过50项是在1783年,1801年授权数量超过100项,1824年超过150项,1825年有超过250项专利授权,但直到1834年才再次追平这一纪录。尽管从那时起,专利授权数量逐渐增加,但在1852年《专利法修正法案》引发的革命之前,仅有3个年份的专利授权数量超过500项(1845年、1849年和1850年)②。随着专利和专利权人数量的增加,人们开始抱怨获得专利所需要支付的费用。

专利改革运动是由威廉·牛顿(William Newton)推动的,他在1829年出版了(且可能是他自己撰写的③)《辩护者信札》(Vindicator Letters)。这些信件对专利制度提出了严厉批评,并且第一封印发的信件④专门提到了"*费用军团*"⑤。亨利·科尔爵士(Sir Henry Cole)⑥

---

① 例如,以下专利权人每年要分别因其专利缴纳10英镑的"租金":托马斯·默里(Thomas Murraye)的1617年第5号专利,以及大卫·雷米(David Ramey)和托马斯·王尔德格斯(Thomas Wildgosse)的1618年第6号专利;但也有收取其他金额租金的:约翰·吉尔伯特(John Gilbert)的1618年第9号专利需要缴纳6英镑13先令8便士的年租金;更常见的是收入分成,例如威廉·圣约翰爵士(Sir William St John)等人的1620年第15号专利,根据该专利,每生产一吨金属要向王室支付5先令。
② 这些数据基于伍德克夫特的索引(更正后),并被整合在以下文献中的表A1:Richard Sullivan,"England's 'Age of Invention':The Acceleration of Patents and Patentable Invention during the Industrial Revolution"(1989)26 *Explorations in Economic History* 424.
③ 见:Jeremy Phillips,*Charles Dickens and the Poor Man's Tale of a Patent*(ESC 1984),p 2.
④ Letter on the Fees Charged upon Patents for Invention(1829)2 *London Journal of Arts and Science* 311(reprinted in Jeremy Phillips,*Charles Dickens and the Poor Man's Tale of a Patent*(ESC 1984),p,38).
⑤ 斜体为原文强调.
⑥ 见:Sir Henry Cole:*Fifty Years of Public Works*(Bell 1884),Vol 2,pp 276-277.

和查尔斯·狄更斯《一个穷人的专利故事》(A Poor Man's Tale of a Patent)①也分别进一步表达了对专利费用的忧虑。还有很多人向议会呈交请愿书,抱怨专利费用问题。这些请愿始于1822年托马斯·沃克(Thomas Walker)的请愿书②,1829年特别委员会会议期间又有几项请愿③,1833年《专利特许状法案》④和1835年《发明专利特许状法案》⑤前夕也有一些请愿,19世纪50年代初期,专利改革重新提上议会议程,请愿的呼声再次高涨⑥。

  对于未遭遇反对意见的⑦英格兰专利而言,在旧专利制度末期(19世纪40年代末期)需要支付的费用⑧约为100英镑⑨。放在当下环境来对比很困难⑩。这大约是1850年人均收入(20英镑9先令7便士)的4~5倍,大约是当时年均收入(33英镑19先令7便士)的3倍。换成现代货币更令人触目惊心:按零售价格计算,折合成现在费用是9,814英镑;如果比较工资水平,相当于现在的77,130英镑;按人均收入计算,相当于现在的119,800英镑。

---

 ① Charles Dickens, "A Poor Man's Tale of a Patent" (1850) 2(3) Household Words 73(见:Jeremy Phillips, Charles Dickens and the Poor Man's Tale of a Patent(ESC 1984))。

 ② 见:77 CJ 359(20 June 1822);请愿文本收录在:Appendix to Votes and Proceedings, 1822, pp 487-488(No 705)。

 ③ Petition of Thomas Flannagan:84 CJ 128(12 March 1829);Appendix to Votes and Proceedings, 1829, pp 748-749(Nos 1,802 and 1,803);Petition of John Birkinshaw:84 CJ 187(31 March 1829);Appendix to Votes and Proceedings, 1829, pp 1213-1214(No. 2,839)。

 ④ Petition of Richard Roberts:88 CJ 179(18 March 1833);Seventh Report of the Public Petitions Committee, 1833, p 176;Petition of John Kitchen:88 CJ 231(28 March 1833);Tenth Report of the Public Petitions Committee, 1833, p 294(No 2,140);Petition of Julius Schroder:88 CJ 535(1 July 1833):Thirty-Third Report of the Public Petitions Committee, 1833, p 1268(No 9,559)。

 ⑤ Petition of James Marsh:90 CJ 578(21 August 1835);Thirty-Ninth Report of the Public Petitions Committee, 1835, p(No 3,718)and Appendix, p 1331-1332(No 1,733);Petition of Patentees & c of Birmingham:90 CJ 584(24 August 1835);Fortieth Report of the Public Petitions Committee, 1835, p 300(No 3,806)and Appendix, pp 1372-1373(No. 1785)。

 ⑥ 例如:Petition of John Jones(13 February 1850):Fifth Report of the Public Petitions Committee, 1850, p 41(No 484);Petition of Henry Archer:82 LJ 62(15 March 1850);Petition of Huddersfield Committee on Great Exhibition(17 February 1851):Sixth Report of the Public Petitions Committee, 1851, p 73(No 1,916)and Appendix, p 81(No 175);Petition of National Patent Law Amendment Association(18 March 1851), Seventeenth Report of the Public Petitions Committee, 1851, p 237(No 4,522)and Appendix, p 193(No 426)。还有许多其他请愿,全部名单见:Phillip Johnson, Parliament, Inventions and Patents: A Research Guide and Bibliography(Routledge 2018), Part 7;另见以下文献中的讨论:Moureen Coulter, Property in Ideas: The Patent Question in mid-Victorian Britain(Thomas Jefferson University Press 1991), Ch 2。

 ⑦ 如果专利在司法官员面前遭遇反对意见,官方费用将大幅上扬(尽管反对成功的话,反对者需要向请愿人补偿一些费用,见:William Hindmarch, Treatise on the Law Relating to the Patent Privileges for the Sole Use of Inventions(Stevens 1846), p 614)。

 ⑧ 这些费用并未在立法中明确列出,金额略有不同,见:Thomas Webster, The Law and Practice of Letters Patent for Inventions: Statutes, Practical Forms, and Digest of Reported Cases(Crofts and Blenkard 1841), p 123;William Carpmael, The Law of Patents for Inventions: Familiarly Explained for the Use of Inventors and Patentees(4th Ed Simpkin, Marshall & Co 1846), p lvii; Sir Henry Cole: Fifty Years of Public Works(Bell 1884), Vol 2,(rate as for 1849), pp276-277); William Hindmarch, Treatise on the Law Relating to the Patent Privileges for the Sole use of Inventions(Stevens 1846), pp 612-614; Return of the Number of Letters Patent Sealed(1849 HC Papers 23), Vol 45, p 381;此处所用数据是基于以下文献:Thomas Webster, On the Amendment of the Law and Practice of Letters Patent for Inventions(2nd Ed, Chapman and Hall 1852), pp 41-42。

 ⑨ 费用构成如下:共计94英镑6先令,其中:印花税是36英镑2先令;在登记办公室登记备案说明书需要10先令,另外还要缴纳5英镑的印花税。

 ⑩ 所有数据和换算均来自以下文献:Lawrence H Officer and Samuel H Williamson, "What Was the U. K. GDP Then?" Measuring Worth 2017(不足1英镑的零头与先令和便士之间的转换由作者完成)。

通过比较,可以肯定地说,获得专利需要庞大的开销。将专利保护范围扩展到海峡群岛和殖民地还会产生额外费用(7英镑7先令6便士①),在专利上每增加一名发明人也会产生额外费用(2英镑13先令4便士②)。此外,这些费用换取的保护范围仅限于英格兰境内,若要延伸到苏格兰(略低于70英镑③)和爱尔兰(约125英镑④)仍需要额外费用。增加的成本解释了为什么许多发明在苏格兰(至多1/3受保护)或爱尔兰(约1/10受保护)没有受到保护⑤。

费用中的很大一部分是印花税,这是由(最初是临时的)1694年《印花税法案》(Stamps Act 1694)引入(并适用于专利)⑥。这项税收保持在(或增加到)申请专利的各个阶段⑦。到了1850年,相关立法——1815年《印花税法案》(Stamps Act 1815)——为国王(或女王)授权令、国王法案、图章法案、御玺法案、加盖国玺摘录、封印专利以及说明书设定了费用⑧,说明书超过2,160字的,还会额外收取费用。在苏格兰,因为专利申请的许多阶段不收税,所以印花税相对较低,而爱尔兰的印花税在1842年已纳入平衡税收⑨。

由于"远征费"和某些情况下的其他费用支出,获得专利的成本可能还会增加⑩。有些奇怪的是,这其中包括由议会顾问代表申请人在司法官员面前出庭的双倍费用⑪。最后,应当指出的是,1851年《国玺法案》(Great Seal Act 1851)废除了某些程序后,在英格兰获得专利的费用有所降低⑫。

- **前期高额费用**

获得一项专利(无论是在英格兰还是在整个联合王国),前期需要负担高额费用。因此,发明人不得不在不知道(或至少不确定)专利是否真的具有价值的情况下支付大笔费

---

① 每一个阶段都有额外费用,见:Thomas Webster, *The Law and Practice of Letters Patent for Inventions: Statutes, Practical Forms, and Digest of Reported Cases*(Crofts and Blenkard 1841), p 123.

② Thomas Webster, *The Law and Practice of Letters Patent for Inventions: Statutes, Practical Forms, and Digest of Reported Cases*(Crofts and Blenkard 1841), p 123.

③ 费用为63英镑3先令7便士,其中包含1英镑10先令的印花税;登记备案说明书需要支付5英镑的印花税.

④ 费用为119英镑1便士,其中包含30英镑的印花税。说明书不是必需的(见本书第86页脚注②),但如果登记备案了说明书,就要再缴纳5英镑的印花税.

⑤ 见:Sean Bottomley, "Patenting in England, Scotland and Ireland during the Industrial Revolution, 1700 – 1852" (2014) 54 *Explorations in Economic History* 48.

⑥ Stamps Act 1694, s 3.《印花税法案》的历史非常复杂,因为自引入印花税后,它的各个方面都有调整,以下文献对印花税到当时的历史进行了概要梳理:Soloman Atkinson, *Chitty's Stamp Laws*(3rd Ed, Benning & Co 1850), Ch 1.

⑦ 直到19世纪,苏格兰才需缴纳印花税,因为根据1706年《与苏格兰联合法案》(Union with Scotland Act 1706)第十条(后被1808年《遗嘱与财产税法案》(Probate and Legacy Duties Act 1808)第四十八条所取代),苏格兰免征印花税.

⑧ 见法案附录,尽管在附录的不同地方设定了不同费用.

⑨ 依据是1842年《印花税(爱尔兰)法案》(Stamp Duties(Ireland) Act 1842)第二条;根据1815年《印花税(爱尔兰)法案》(Stamp Duties(Ireland) Act 1815),专利费用更低.

⑩ 但这些情况并不多见,见:*Select Committee of House of Lords to Consider Bills for Amendment of Law Touching Letters Patent for Inventions. Report*, Minutes of Evidence(1851 HC Papers 486), Vol 18, p 233, Q216(p 40)(Evidence of William Carpmael); also see Thomas Webster, *The New Patent Law: Its History, Objects and Provisions*(Elsworth 1853), pp 39 – 40.

⑪ Thomas Webster, *The New Patent Law: It's History, Objects and Provisions*(Elsworth 1853), p 40.

⑫ 费用降到了76英镑6先令(其中印花税为31英镑12先令).

用。事实上,早期的专利史中,并未真正实施发明的专利权人随处可见①。1852 年《专利法修正法案》带来的革命性变化之一是将专利制度前期吃重的费用模式变更为续展模式②。这意味着专利特许状开始附加条件:如果自专利授权之日起 3 年和 7 年期满后不缴纳费用,专利特许状将失效③。格朗维尔伯爵(Earl of Granville)在上议院通过 1851 年法案④时阐明了这一变革的理由⑤:

  这一变革最大的好处是:如果发明是实用、有价值的,那么发明人很容易就可以在第三年和第七年期限分别届满时支付这些费用;如果发明不具有实用性和价值,发明人可以选择不缴纳费用。这样,他的发明就会因发明人未支付第二期和第三期费用而失去效力,彻底避免了无用专利堆积带来的伤害后果。

  根据 1852 年《专利法修正法案》,改革后的专利制度提供自首次递交申请之日起 6 个月的临时保护⑥,但需要附随请愿书⑦缴纳 5 英镑(2016 年合 498.60 英镑⑧)。提交专利说明书也需要缴纳 5 英镑。请愿人公告继续申请意向时,还需要再支付 5 英镑⑨。此外,司法官员颁发专利特许状时,请愿人需要缴纳一笔 5 英镑的印花税⑩,另外还要支付 5 英镑作为专利封印费。这意味着,获得一项在联合王国全境具有法律效力的专利需要花费 25 英镑。就目前讨论而言,非常关键的一点是,在专利第三年期满前要缴纳 40 英镑(和 10 英镑的印花税),在第七年期满前还要缴纳 80 英镑(和 20 英镑的印花税)⑪。这种特殊的收费制度持续了不到一年,而后 1853 年《专利法法案》将所有收费改为印花税。但每项活动(包括续

---

 ① 见邓唐纳德伯爵关于他父亲虽获得了私法案但未能实施自己发明的证据:*Report of Select Committee of House of Lords appointed to consider of the*[*Judicial Committee Bill*]*with Minutes of Evidence*(1844 HL Papers 34), Vol 19, p 323, Q811 - 831(pp 71 - 72).
 ② 即使在今天,英国专利制度也在避免前期费用吃重,除非专利续展至第 15 年,否则不用支付专利审查费用,见:Intellectual Property Office, *Proposed Changes to Statutory Patent Fees*(2017), [6].
 ③ Patent Law Amendment Act 1852, s 17.
 ④ Patent Law Amendment(No 3) Bill 1851(1851 HL Papers 167), Vol 5, p 383, Schedule.
 ⑤ HL Deb, 1 July 1851, Vol 118(3rd), col 9;然而,一些人认为,这种做法是在"抢劫"那些忘记续展专利的发明人,见:Evidence of Alfred Newton:*Report and Minutes of Evidence Taken before the Select Committee of the House of Lords Appointed to Consider of the Bill*, Intituled, "An Act Further to Amend the Law Touching Letters Patent for Inventions;" *and also of the Bill*, Intituled "An Act for the Further Amendment of the Law Touching Letters Patent for Inventions;" *and to Report Thereon to the House*(1851 HC Papers 486), Vol 18, p 223, Q1083 - 1084(p 165).
 ⑥ 临时保护是根据 1851 年《保护发明法案》(Protection of Inventions Act 1851)第三条为保护万国工业博览会上的展品引入的,后由 1852 年《保护发明法案》(Protection of Inventions Act 1852)拓展.
 ⑦ 临时保护所赋予的是现在人们普遍熟知的优先权日,也就是说,根据提交完整说明书日之前的某个日期来判断发明的新颖性.
 ⑧ 金额系依据以下文献计算:Lawrence H Officer and Samuel H Williamson, "Five Ways to Compute the Relative Value of a UK Pound Amount, 1270 to Present," Measuring Worth, 2017 using retail prices.
 ⑨ Patent Law Amendment Act 1852, ss 8 and 9;fees, s 44 and Schedule.
 ⑩ Patent Law Amendment Act 1852, s 15;fees, s 44 and Schedule.
 ⑪ Patent Law Amendment Act 1852, s 17.

展)的总体花费没有变化①。1853年法案第二条②包含了缴纳续展费的要求：

> 根据1852年《专利法修正法案》条款授权的所有发明专利特许状,应受以下条件规制:自发明专利特许状授予之日起3年和7年期限分别到期时,发明专利特许状将失去效力,所授权力及特权将终止,除非在专利特许状3年和7年分别届满前缴纳本法案附件要求的在专利特许状3年和7年后分别届满前应缴纳的印花税,且专利特许状或其副本应贴上相应的印花税票,证明已分别缴纳印花税,并应在贴上印花税票后,分别于专利特许状3年和7年届满前,将其出示给委员会办公室;证明专利权人已出示所述已贴印花税票的专利特许状或副本的证书,由主管专利特许状或副本的委员会职员签字,并在所述专利特许状或副本交存前述委员会办公室时由后者出具一份类似证书并签字。

该条款意味着,若相关费用未缴纳,专利将会失去效力。这不可避免地会导致未缴纳费用的专利权人失去专利。尽管许多人是有意决定不再维持专利——即格朗维尔伯爵所指的无用专利——但其他人仍希望他们的专利继续有效。然而,因为缺乏允许逾期缴费的机制③,所以专利权人要想挽救因自己错误或疏忽而失去的有价值的专利,就不得不向议会求助。

专利失效——1883年《专利、外观设计与商标法案》实施之前

自1852年10月1日④起,所有授权的专利均须缴纳印花税/续展费。与此同时,在19世纪50年代,专利授权数量迅速增长。专利委员会的年度报告披露了因未缴纳续展费而失效的专利数量⑤,如表10.1所示:

表10.1 1852—1876年未续展专利

授权年份	授权的有效专利数量（包括提交的说明书）	3年期满缴纳印花税的数量	7年期满缴纳印花税的数量
1852	891	310	102
1853	2,113	621	205
1854	1,812	513	140

---

① 这一做法的另一个结果是,印花税由国家税收委员会专员负责管理,见1852年《专利法修正法案》第四十五条,以及1853年《专利法案》第五章第五条;费用被纳入统一基金,见《专利法修正法案》第四十六条。这一改变本可以使税务管理更加直接,但实际上是由于税务人员账目管理混乱所致,见:The Times,17 November 1852.
② 该条内容取代了1852年《专利法修正法案》第十七条.
③ 法院最多允许在最后一天缴纳费用,见:Williams v Nash (1859) 7 HPC 863;28 Beav 93(54 ER 301).
④ 此为1852年《专利法修正法案》生效之日(见第五十七条).
⑤ 专利专员(以及后来的专利局长)的年度报告都包含了缴纳续展(印花)税的数据。在1883年《专利、外观设计与商标法案》颁布后,专利制度的变化只影响到现存专利,因此在旧专利制度下,只有1876年授权的专利才需要缴纳第二笔续展费。此处提供的表格基于以下文献:Report of the Commissioners of Patents for Inventions for the Year 1883(1884 C 4164),Vol 28,p 785 at p 4(应当注意的是,后来的报告在某些年份的数据上略有不同,或许之后曾进行过微调).

续表

授权年份	授权的有效专利数量（包括提交的说明书）	3年期满缴纳印花税的数量	7年期满缴纳印花税的数量
1855	1,994	551	195
1856	2,047	573	214
1857	1,976	584	221
1858	1,923	540	197
1859	1,938	542	217
1860	2,016	579	194
1861	2,012	575	179
1862	2,156	646	214
1863	2,066	632	215
1864	2,002	550	178
1865	2,159	582	193
1866	2,100	574	227
1867	2,253	619	260
1868	2,456	729	272
1869	2,366	793	309
1870	2,140	738	280
1871	2,338	819	307
1872	2,734	853	291
1873	2,906	856	281
1874	3,104	953	301
1875	3,049	895	295
1876	3,367	947	347

可以看出,在这一时期(1852—1876年),有约1/3的请愿人在3年期满前缴纳了印花税,有10.5%(原始数量)的请愿人在7年期满前缴纳了印花税。这表明,该制度在很大程度上实现了其目的,即确保无用专利快速消失(3年后),又确保非常有用的(有价值的)专利将持续14年之久(前提是缴纳了第二笔印花税)。不过,有些人表示费用收取时间过早,发明人还未来得及确定其发明的价值①。虽然引入续展费必然会导致许多无用专利失效,但也免不了会出现一些有用、有价值的专利未缴纳印花税的情况。

逾期缴费的私法案制定(1862—1885)

专利权的丧失显然是重大损失,而且专利权人似乎并不特别善于有规划地支付续展费。

---

① *Royal Commission Appointed to Inquire into the Working of the Law Relating to Letters Patent for Inventions* (1864 C 3419), Vol 29, p 321, px.

正如在有关延长专利期限的问题上所看到的那样,专利特许状持有人会尽其所能确保有价值的①权利能持续尽可能长的时间。因此,在未按时缴纳印花税的情况下,专利权人采取了他们所能采取的唯一措施来竭力拯救自己的权利——向议会请愿。事实上,确认专利特许状有效性的法案是迄今为止与专利有关的最大一类私法案。这类立法的历史可以分为两个阶段:针对1883年《专利、外观设计与商标法案》施行前失效的专利和针对该法案施行后失效的专利。

第一阶段开始于1855年(1852年《专利法修正法案》施行3年后,也是专利首次续展费到期时间),终止于1883年12月31日(1883年法案生效之时)。然而,这一阶段与预想略有不同。第一部确认因未缴纳续展费而失去专利有效性的私法案(韦伯(Webb)和克雷格(Craig)的1862年《专利法案》(Patent Act 1862))②耗费了7年时间才出台。1883年法案生效前的最后一部私法案(奥尔德(Auld)的1885年《专利法案》(Patent Act 1885))在1885年5月21日被录入法令全书③。在这段长达23年的时间里,共通过了31部私法案来确认失效专利的有效性,另有9部私法案议案④未能成功启动议会的确认程序。只有一项议案是在遭遇反对意见、经议会听取证据后未能通过⑤。1865年,在3项私法案⑥遭到否决后,雷德斯代尔勋爵首次表态,认为应制定一般法来解决因逾期缴费产生的难题⑦。但是,另有一些人认为,对于第三方因此遭受的损失,找不到适当的救济措施⑧。这些未通过的议案可能后来成长为第三方保护措施的种子。这些私法案的发展历程殊途同归,显示出它们的序言中存在某种一致性,值得去研究。以下先从形式方面开始讨论。

形式

● 遵从要求

私法案通常包括某些规约化的事实陈述,内容包括所请内容以及请愿人未能遵从要求的事实。因此,虽然与费用无关,但通常陈述请愿人需提交一份描述发明的说明书,并指出

---

① 如表10.1所示,许多专利并无价值.
② 第一部关于(第七年)缴纳第二笔续展费用的私法案是 Goux's Patent Act 1876.
③ 续展费于1883年12月11日到期(距离1883年法案生效不足3周).
④ Shepard's Patent Bill 1865(HL/PO/JO/10/9/585);Spencer's Patent Bill 1865(HL/PO/JO/10/9/585);Wright's Patent Bill 1865(HL/PO/JO/10/9/587)都被拒绝二读:HL Deb,27 February 1865,Vol 177(3rd),col 736;Shaw's Patent(Lining Lead Pipes)Bill 1871;Smith's Patent Bill 1876 在首次报告时被撤回:131 CJ 28(11 February 1876);Leigh's Patent Bill 1877 在三读时被撤回:132 CJ 277(15 June 1877);Taylor's Patent Notice 1882;在《伦敦政府公报》上发出公告后被撤回:London Gazette,29 November 1881(Issue:25042,p 6425).
⑤ 见:Shaw's Patent(Lining Lead Pipes)Bill 1871(House Bill:HL/PO/JO/10/9/760);见本书第168 – 169页.
⑥ Shepard's Patent Bill 1865;Spencer's Patent Bill 1865;Wright's Patent Bill 1865.
⑦ HL Deb,24 February 1865,Vol 177(3rd),col 635;大法官有权接受延迟缴费的问题也在一年前提交给皇家专门调查委员会:*Royal Commission Appointed to Inquire into the Working of the Law Relating to Letters Patent for Inventions*(1864 C 3419),Vol 29,p 321,px(基于:Evidence of Albert Newton,Q1829 – 1833(at p 109)).
⑧ Lord Chelmsford,HL Deb,27 February 1865,Vol 177(3rd),col 736.

已按时提交①。此外,如果是(在第七年届满时)未能缴纳第二笔印花税,通常会说明已缴纳了第一笔印花税②,但这并不是必须的③。

● 及时性

寻求私法案者需要立即向议会提出请愿,通常是在序言中提及"一发现……就毫不拖延,立刻按要求向议会提出申请"④。然而,从专利失效到请愿人在《伦敦政府公报》上按要求发出公告⑤之间耽搁的时间差别很大,最短的是 9 天⑥,最长的达 418 天⑦。事实上,议会议事规则要求在一年中的特定时间提交公告和请愿,但请愿人在申请确认专利有效性时,通常并不执行(因为等到下一届议会会期会造成更大的损失)。关于及时性(或未及时的原因)的陈述始于加德纳(Gardine)的 1868 年《专利法案》(Patent Act 1868),威廉·斯帕克斯·汤姆森(William Sparks Thomson)从专利失效到应要求发出公告耗费了近一年时间⑧。汤姆森解释说,这是因为他身体抱恙,不得不离开营业地点⑨。之后,几乎⑩每一部确认专利有效性的私法案都对及时性进行了描述。

也有一些私法案宣称没有怠慢多久,但实际上耽搁了许久才向议会提出请愿⑪。未及时采取措施的一些请愿人(尽管不是所有人)试着解释原因。通用木炭和污水处理公司(Universal Charcoal and Sewage Company)(罗比(Robey)和尚特雷尔(Chantrell)专利的继受者)延迟了 400 天,但也只是轻描淡写地提到发现延迟后及时提出了请愿⑫;而真正拖沓的请愿人则对他们的拖延(或其他方面)只字不提⑬。只有另外 3 名请愿人解释了拖延的原因。威廉·哈珀(William Harper)解释说,他之所以延迟(84 天),是因为他以为在议会休会

---

① 最初的专利确认法案(Webb and Craig's Patent 1862,recital(2))和 1883 年前其他每一部此类私法案中都有这一陈述,以下除外:Hall's Patent Act 1876(之前为 Wyatt,Hoskins and Hooker Bill)、Boult's Patent Act 1884(之前为 Sherwood & Co Bill)。此外,Hunt's Patent Act 1880 的事实陈述(2)提到随请愿一并提交了完整说明书,而不是依据保留条款提交说明书.

② Goux's Patent Act 1876,recital(3);Harper's Patent Act 1877,recital(3);Copland's Patent Act 1881,recital(3);Hancock's Patent Act 1881,recital(3).

③ 以下法案一定是缴纳了首笔 50 英镑的费用,但事实陈述部分却并未提及:Greene's Patent Act 1881、Bradbury and Lomax's Patent Act 1884 或 Auld's Patent Act 1885(各自有不同的议会代理人).

④ 表述源自以下法案:Mills' Patent 1873,recital(5).

⑤ 见本书第 16 - 17 页.

⑥ Williamson's Patent Act 1880(1880 年 5 月 17 日失效,1880 年 5 月 26 日发布公告):*London Gazette*,28 May 1880,Issue 24848,p 3223.

⑦ Bradbury and Lomax's Patent Act 1884(1882 年 10 月 21 日失效,1883 年 12 月 13 日发布公告):*London Gazette*,18 December 1883,Issue 25297,p 6523.

⑧ 344 天.

⑨ Gardiner's Patent Act 1868,recital(6)and(7).

⑩ 唯一没有提及及时性且请愿人行动及时的案例是:Boult's Patent Act 1884(仅延迟了 16 天).

⑪ 例如:Barlow's Patent Act 1874:支票延迟了两天(事实陈述(3)),但自此 81 天后发布公告,见 *London Gazette*,27 February 1874,Issue 24069,p 894;同样:Bousfield's Patent Act 1876,Fourth recital and *London Gazette*,30 November 1875,Issue 24271,p 6166.

⑫ Robey and Chantrell's Patent Act 1877,事实陈述(7);他们是在《伦敦政府公报》上发布公告 7 日前发现延迟的.

⑬ Hunt's Patent Act 1880(365 天),Greene's Patent Act 1881(319 天),Auld's Patent Act 1885(350 天).

期间不能向议会提出请愿①;威廉·查塔姆(William Chetham)给出的解释是,当他询问如何获得议会法案时,发现对于当时那届议会来说为时已晚②;乔治·纳什(George Nash)延迟的原因是他和生意伙伴闹崩了③。

确认专利有效性的理由

● 基本理由:疏忽

确认失效专利有效性的基本标准是"疏忽"(也就是说并非故意不缴纳费用)。最早的此类私法案——韦伯和克雷格的1862年《专利法案》——将专利代理人的"疏忽"作为请愿理由④,并且之后的法案普遍反复提到"疏忽"⑤。这并不是说请愿人没有对疏忽作出解释,如下文所述,而是表明议会没有要求请愿人对未缴纳费用的理由作出恰当解释;事实上,大多数请愿人只是简单地声明未缴纳费用是"一个意外,并非故意违反法律"⑥。近乎同时代的一份声明显示,从1882年议会会期到1883年《专利、外观设计与商标法案》颁行前为止,委员会主席雷德斯代尔勋爵对确认专利有效性的私法案"秉持较为宽松的态度"⑦。的确,后期的私法案看起来似乎不需要达到很高的标准,在实践中,这个时期的标准很低。但私法案提出的理由仍然值得讨论。

● 对事实或法律的错误认识

一些请愿人将他们的疏忽归咎于对事实或法律的错误认识。其中之一是未弄清楚3年期限是从完整说明书提交之日而非(6个月之后的)专利特许状授予之日开始起算⑧,或者他们个人认为费用是在更晚的日期到期⑨。

● 患病

健康状况不佳是请愿人反复提到的另一个未缴纳费用的原因。威廉·斯帕克斯·汤姆

---

① 见:Harper's Patent Act 1877,recital(7).
② Chetham's Patent Act 1883,recital(5).
③ Wright's Patent Act 1884,recital(7)and(8).
④ Webb and Craig's Patent 1862,recital(3).
⑤ Rammell's Patent Act 1864,recital(3);Mills' Patent Act 1873,recital(3);Campbell's Sewage Patent Act 1875,recital(3);Whitthread's Patent Act 1875,recital(5);Goux's Patent Act 1876,recital(8);Sillar's and Wigner's Patent 1876,recital(5);Harper's Patent Act 1877,recital(4);Robey and Chantrell's Patent Act 1877,recital(6);Vicars and Smith's Patent Act 1879,recital(3);Muirhead's Patent Act 1880,recital(3);Chetham's Patent Act 1883,recital(4);Law's Patent Act 1883,recital(3);Boult's Patent Act 1884,recital(3);Wright's Patent Act 1884,recital(5);Auld's Patent Act 1885,recital(4).
⑥ 这一表述首先出现在Mills' Patent Act 1873的事实陈述(5)中,之后出现在1883年法案颁布前的每一部法案中,虽然有时也表述为"故意忽视或违反……".
⑦ *Report of a Select Committee on Potter's Patent Bill, Skrivanow's Patent Bill and Gilbert and Sinclair's Patent Bill*(1887 HL Papers 100),Vol 9,p 469,Appendix A,p 42.
⑧ Milner's Patent 1876,recital(6).
⑨ Copland's Patent Act 1881,recital(5);Haddan's Patent Act 1883,recital(4).

森讲述了他是如何直到从法国南部康复回来才发现其专利代理人有欺诈行为①。威廉·哈珀"因专注于业务经营以及开发和实施发明导致身体抱恙",并被告知需要去海边进行康复疗养,在这种状况下他无法缴纳费用②。乔治·艾尔(George Eyre)因病重被迫休养,他的生意伙伴又身处外地,因而无法缴纳费用③。威廉·威廉姆森(William Williamson)也提到自己健康状况不佳,但似乎只是为了博得同情而已,因为这看起来与未缴纳费用没什么关系④。

- **邮寄失误**

一些请愿人表示,他们之所以未缴纳费用是由于邮寄失误,比如把付款信函错投到伦敦而不是曼彻斯特⑤,寄错了要贴印花税票的专利特许状⑥,或者邮递公司未能按时送达⑦。亨利·洛马克斯(Henry Lomax)则指责他的代理人未能在第一时间通知他费用到期⑧。

- **归咎于代理人**

许多请愿人将错误归咎于代理人或员工⑨。考虑到委托人或雇主通常要对自己代理人或员工的行为负责,这是不可思议的。然而,路易斯·阿斯平沃尔(Lewis Aspinwall)讲述了他把自己的函件交于他人,而后者因疏忽大意忘记缴费⑩;威廉·威廉姆森则将其归咎于他的机要秘书劳累过度⑪。

- **诉讼和争执**

约翰·格林以专利作为担保,没过多久就和担保权人为此对簿公堂。他声称,这让他无法缴纳印花税⑫。另一方面,詹姆斯·汉考克(James Hancock)和他的专利代理人发生了争执,后者拒绝交出需要贴印花税票的专利特许状,并以未付酬劳为由留置了专利特许状⑬。

- **一般原则的缺失**

相关的私法案费用补交后,议会似乎是愿意确认专利有效性的。虽然许多请愿人列出了各类未能及时缴纳费用的理由——从小失误、患病到归咎于代理人和邮递公司——这似

---

① Gardiner's Patent Act 1868, recital(6).
② Harper's Patent Act 1877, recital(6).
③ Mullings' Patent Act 1883, recital(7).
④ 见 Williamson's Patent Act 1880, recital(5).
⑤ Barlow's Patent Act 1874, recital(3).
⑥ Hall's Patent Act 1876, recital(4).
⑦ Bousfield's Patent Act 1876, recital(4); Hunt's Patent Act 1880, recital(6).
⑧ Bradbury and Lomax's Patent Act 1884, recital(4).
⑨ 事实上,第一部私法案以此为理由:Webb and Craig's Patent Act 1862, recital(3).
⑩ Aspinwall's Patent Act 1878, recital(5).
⑪ Williamson's Patent Act 1880, recital(5)(又碰上了法定假日).
⑫ Greene's Patent Act 1881, recitals(6) and (7).
⑬ Hancock's Patent Act 1881, recital(8).

乎并非什么高标准。事实上,也并非是延迟时间较长就需要陈述理由、延迟时间较短就不需要陈述理由:威廉·威廉姆森在最短时间内提出了私法案请愿,并解释了延迟的原因;而威廉·奥尔德作为1883年法案前最后一个私法案的受益人,晚了近一年却没给出任何解释。这很不寻常。制度一经确立,并且"无心之过"这一解释就已足够,请愿人为什么还要陈述更多理由呢?每一段事实陈述(如果遭遇反对意见)都需要去证实,那请愿人为什么还要自讨苦吃呢?之所以不过多陈述理由,不外乎是出于谨慎,但它给人们留下了一些实践方面的启示。

困境

请愿人经常会诉说,如果专利的有效性得不到确认,他们将陷入困境。需要再次强调的是,并非所有请愿人都诉说困境①。不过,但凡陈述困境的,都采用了相同的说辞。

- **时间及金钱支出**

几乎所有请愿人在诉说困境时,都会解释说他们在完善这项发明上花费了时间、金钱或两者都有消耗②。他们还经常提到,专利权人未来会被剥夺专利权的优势。在某些情况下,请愿人也可能会陈述被许可人的资金支出等困难情况③。同样,迄今未从发明中获得任何回报的事实,有时也被请愿人用作未能缴纳续展费的理由④。不过,大多数情况下,请愿人只是直截了当地说他们花费了时间和金钱,有时他们也会提及花费的时长或金钱数目。例如,爱德华·米尔纳(Edward Milner)的专利继受人称,他们为研发这项发明支出了超过12,000英镑(折合2016年约1,036,000英镑)⑤,而且其被许可人也花费了6000多英镑(折合2016年约518,000英镑)⑥。威廉·哈珀称他花费了6年多时间在完善他的发明⑦。还有一个极端例子是威廉·斯帕克斯·汤姆森称他花费了大约14,000英镑(折合2016年约1,156,000英镑)从佩里·加德纳(Perry Gardiner)那里购买了专利,然后又至少花费了3000英镑(折合2016年约247,700英镑)设立办公室、购置机器、建立工厂⑧。

- **国外专利丧失**

当时⑨,经常发生的情况是,如果专利权由外国人所有,而且国内专利权失效或到期,那

---

① 1862年《韦伯和克雷格专利法案》(Webb and Craig's Patent Act 1862)以及1864年《拉梅尔专利法案》(Rammell's Patent Act 1864)中均未诉说困境.
② 除了1862年《韦伯和克雷格专利法案》及1864年《拉梅尔专利法案》。
③ Hall's Patent Act 1876, recitals(3) and (6).
④ Goux's Patent Act 1876, recital(7)(才刚开始获益); Milner's Patent Act 1876, recital(9); Copland's Patent Act 1881, recital(6)(筹集了大量资金,到目前为止仍未获得回报)。
⑤ Lawrence H Officer and Samuel H Williamson, "Five Ways to Compute the Relative Value of a UK Pound Amount, 1270 to Present," MeasuringWorth, 2017(基于零售价格计算,如果采用其他比较方法,金额可能会更高)。
⑥ Milner's Patent Act 1876, recitals(5) and (7).
⑦ Harper's Patent Act 1877, recital(5).
⑧ Gardiner's Patent Act 1868, recitals(3) and (4).
⑨ 因《保护工业产权巴黎公约》第五条之二而发生改变,该条内容的最初版本是在1900年伦敦会议上商定的,参见:Samuel Ricketson, The Paris Convention for the Protection of Industrial Property(Oxford 2015)[10.64 to 10.69]。

么专利保护期限缩短是常有之事①。所以国外专利丧失也会被请愿人列为一种困境②。例如,爱德华·米尔纳(Edward Milner)以其丧失法国③及美国专利④为由,请求授予允许他延期缴费的私法案⑤。有理由认为,那些寻求私法案来解决延期缴费问题的专利具有较高价值,但很少有人提到国外专利权的丧失(30个中只有4个)。这也许是因为在有些请愿人看来,陈述失去国外专利没有多大意义,但更有可能是因为绝大多数请愿人只拥有英国专利权。

- **重要性**

杜格尔德·坎贝尔(Dugald Campbell)提到科学团体和公共机构对他的专利技艺和所做的实验是何等满意⑥。布里斯托·亨特(Bristow Hunt)申辩说,他的发明格外重要,他的说明书描述了复杂、精密的机器⑦,再次搬出了申请延长专利保护时常抛出的那套说辞(现在依旧在枢密院使用⑧)。

此等私法案的主体条款

此等私法案通常有三个条款:第一条授予专利权人在私法案通过后1个月内缴纳印花税并贴上印花税票的权利⑨;第二条确认专利的有效性,前提是专利权人按时缴纳印花税⑩;第三条赋予第三方保护。最后,一些法案(并非所有法案)会包括一条说明法案简短标题的条款⑪。前两条在这一段时间里基本没有变化⑫,但赋予第三方保护的条款在演变。

- **第三方保护**

在韦伯和克雷格的1862年《专利法案》中,第三条阐述了对第三方的有限保护:

---

① 在英国,这一规则见于1852年《专利法修正法案》第25条;另见 *Nordenfelt v Gardener*(1884)1rpc 10(关于相关日期);确立该规则的目的,在以下案件中被认为是确保英国产品在外国产品不受束缚时也可以自由自在:*Daw v Eley*(1868)8 HPC 709;LR 7 Eq 496(at 510).

② 许多人在陈述这一点时并没有具体说明专利权在哪些国家丧失(该规则并不统一),参见:Copland's Patent Act 1881,recital(7);Lecky and Smyth's Patent Act 1882,recital(9);Mullings' Patent Act 1883,recital(9).

③ Law of 5 July 1844,art 29,译文见:Benjamin Abbott,The Patent Laws of All Nations(Charles Brodix,1886),pp 187-188. 类似规则存在于比利时(Law of 24 May 1854,art 14(p 44))、意大利(Sardinian Law of 30 October 1859,后经以下法案延伸:Italian Law and Regulation of 31 January 1864,art 11(p 285))、土耳其(Law of 18 February 1880,art 35)(以上见:Alfred and Edward Carpmael,Patent Laws of the World:Collected,Edited And Indexed(2nd Ed William Clowes 1889),p 34)以及芬兰(Supreme Decree of 30 March 1876,s 3(同上,164)). 德国没有类似规则.

④ Revised Statutes(1874),Title 40,s 4887.

⑤ Milner's Patent Act 1876,recital(8).

⑥ Campbell's Sewage Patent Act 1875,recital(4).

⑦ Hunt's Patent Act 1880,recital(4).

⑧ 例如:(1850)6 HPC 183;7 Moo PCC 133(13 ER 830);*McDougal's Patent*(1867)9 HPC 25;5 Moo PCC NS 1(16 ER 415).

⑨ 例如:Webb and Craig's Patent Act 1862,s 1.

⑩ 例如:Webb and Craig's Patent Act 1862,s 2.

⑪ 简短标题在19世纪40年代引入,但直到20世纪末才成为标准。因此,有些私法案包含简短标题(如拉梅尔的1864年《专利法案》第四条),有些则不包含,如1883年的《洛专利法案》(Law's Patent Act 1883).

⑫ 有时这些条款被合并为一条,参见:1885年的《奥尔德专利法案》(Auld's Patent Act 1885)第一条.

自所述专利特许状授权三年期满,至专利权人依据本法案缴纳所述50英镑印花税并在专利特许状上贴上印花税票期间,所发生的针对或有关专利特许状的任何侵权行为,均不得依据普通法或衡平法提起任何诉讼,也不得主张赔偿。

这确保了某些当时(在缴纳续展费前的空隙期间)合法的行为,在印花税妥当缴纳后不会被追溯认定为非法行为。然而,它并不保护他人在专利失效期间使用从第三方那里获得的专利物品的行为,也不允许制造商销售在此期间合法制造的物品。1873年的《米尔斯专利法案》第四条首次改变了这一境况:

自专利特许状所述期限结束之日起至法案在议会第一个议院通过之日,对于使用在英国违反专利特许状而制造的机器设备或其部件,且该机器设备①系为了或者由该使用者制造,那么就使用者或其执行人、管理人或受让人使用机器设备或部件的行为,也不得依据普通法或衡平法提起任何诉讼,不得主张赔偿。

如出现未提交说明书等其他程序性失误,那么第三方保护已经授予了②。虽然类似的第三人保护条款在大多数随后通过的私法案中都曾出现,但远未被普遍采纳,而且在1883年之前的最后几项私法案中,它似乎变得不那么常见了③。1873年的《米尔斯专利法案》还规定,在联合王国、马恩岛或海峡群岛使用这项发明所收取的专利税不得高于发明人(理查德森(Richardson))在美国就使用这项发明所收取的专利税④。目前还不清楚为什么这一限制只出现了一次,特别是考虑到外国发明人还拥有其他专利的情况⑤。

失败案例——1871年《肖(衬铅管)专利法案》议案(Patent(Lining Lead Pipes)Bill 1871)

尽管有很多法案并未走完议会程序⑥,但只在一个法案中听取了反对法案通过的证据。肖(Shaw)的法案⑦在序言部分声称,专利所有者花费了大量资金购买专利,又花费了额外资金来开发这项发明。之所以未能缴纳印花税,是因为该费用交给了雇员海勒姆·海恩斯

---

① 有时法案会对发明进行详述,1881年的《格林专利法案》(Greene's Patent Act 1881)第三条提到了"标识、表述和仪器"。
② 例如1851年的《莱尔德专利法案》(Laird's Patent Act 1851)第二条;另见第7章.
③ 例如:Campbell's Sewage Patent Act 1875,s 3;Muirhead's Patent Act 1880,s 3;Copland's Patent Act 1881,s 3;变换说法的表述见:Sillar's and Wigner's Patent Act 1876,s 3;Haddan's Patent Act 1883,s 3;Boult's Patent Act 1884,s 2;Bradbury and Lomax's Patent Act 1884,s 2;Wright's Patent Act 1884,s 2.
④ Mills' Patent Act 1873,s 3.
⑤ 例如,Hunt's Patent Act 1880(美国发明人)和Goux's Patent Act 1876(法国发明人).
⑥ 在此期间,以下议案未通过:Shepard's Patent Bill 1865(House Bill;HL/PO/JO/10/9/585);Spencer's Patent Bill 1865(House Bill;HL/PO/JO/10/9/585);Wright's Patent Bill 1865(House Bill;HL/PO/JO/10/9/587);Smith's Patent Bill 1876;Leigh's Patent Bill 1877.
⑦ House Bill;HL/PO/JO/10/9/760.

(Hiram Haines)。法案称,海勒姆不仅没有缴纳印花税,还为他自己相关的发明申请了专利。该专利的所有人(一位名叫乔治·坎贝尔(George Campbell)的人士和斯图尔特·沃克(Stewart Walker))声称他们花费了大量资金购买、继续开发两项专利,这两项专利是同时购买的,但价值较低的专利没有缴纳续展费。上议院认为肖的法案序言所述之请未得到证实。像以往一样,上议院并未提供理由。这个案例清楚地表明,对私法案的强烈反对意见可能会立刻终结该私法案的程序①。在其他方面,肖的法案和许多通过的法案相比并没有什么不同。

私法案一般化

自1852年《专利法修正法案》通过,到1880年议会第一次会议召开期间,许多政府②和私人法案③都涉及费用问题(一般是主张减少费用或者调整续展费的缴纳时间节点),但直到乔治·安德森(George Anderson)提出第四项专利改革法案,才出现准许延迟缴纳续展费的条款④。然而,这个法案和他提出的其他法案一样,都没有取得进展,但它所提出的理念引入到之后的所有法案中⑤,直到1883年新的专利体系出现。1883年《专利、外观设计与商标法案》提供了两种缴纳续展费的机制。专利权人可以按以前的费用标准缴纳双倍费用(此时是在第四年和第八年缴费⑥),也可以从第四年开始缴纳年费⑦。更为重要的是,该法案第十七条第三款为漏缴费用设计了一套补救机制:

专利权人因意外、错误或疏忽,未在规定时间内缴纳规定款项的,可以向专利局长申请延长缴纳费用的期限。

因此,疏忽检验标准——在私法案中使用的试金石——成为了延长续展费缴纳期限的一般检验标准。除了疏忽这一检验标准外,还辅以错误和意外的检验标准,这些在过去也经常被援引作为未缴纳续展费的理由。第十七条第三款为在3个月期间内使用该发明的第三

---

① 事实上,没有此类法案在当时能熬得过反对意见,这一事实由议会顾问(托马斯·韦伯斯特)发现。参见:Opposed Private Bill Evidence,1871,Vol 6,30 March 1871,at p 21 – 22(HL/PP/PB/5/37/6)。
② Patents for Inventions Bill 1875(1875 HC Papers 133),Vol 6,p 491;Patents for Inventions Bill 1876(1876 HC Papers 137),Vol 5,p 461;Patents for Inventions Bill 1877(1877 HC Papers 64),Vol 4,p 359;Patents for Inventions(No. 2)Bill 1879(1878 – 9 HC Papers 77),Vol 5,p 75.
③ Patent Law Amendment Bill 1858(1857 – 8 HC Papers 54),Vol 4,p 1;International Patent Rights Bill 1858(1857 – 8 HL Papers 276),Vol 4,p 297;Patents for Inventions Bill 1871(1871 HC Papers 65),Vol 4,p 419;Patent Law Amendment Bill 1878(1878 HC Papers 127),Vol 5,p 387(Anderson Bill);Patents for Inventions Bill 1879(1878 – 9 HC Papers 55),Vol 5,p 71(Anderson Bill);Patents for Inventions Bill(Session 1)1880(1880 Sess 1 HC Papers 92),Vol 5,p 547(Anderson Bill).
④ Patents for Inventions Bill(Session 2)1880(1880 Sess 2 HC Papers 184),Vol 5,p 551,Cl 7.
⑤ Patents for Inventions Bill 1881(1881 HC Papers 15),Vol 4,p 369,Cl 7(Anderson Bill);Patents for Inventions Bill 1882,Vol 5,p 239,Cl 7(Anderson Bill);Patent for Inventions(No. 2)Bill 1882(1882 HC Papers 104),Vol 5,p 245,Cl 22(government Bill);Patents for Inventions(No. 2)Bill 1883(1883 HC Papers 83),Vol 8,p 417,Cl 22(government Bill);Patents for Inventions(No. 3)Bill 1883(1883 HC Papers 99),Vol 8,p 451,Cl 7(Anderson Bill).
⑥ 新法适用于现存专利:1883年《专利、外观设计与商标法案》第四十五条。但是,专利有效期于第七年年末结束,而非第八年:Patents Rules 1883,rr 42 and 43.
⑦ Patents,Designs and Trade Marks Act 1883,s 17(2).

人提供了有限保护①。由此可见,一般法开始迎头赶上,满足了寻求私法案请愿人的需求。但尽管如此,1883年法案只允许将缴费期限延长3个月——过后不等②。人们认为,这足以消除对私法案的需求③。

波特的专利法案议案、斯克利凡诺的专利法案议案、吉尔伯特和辛克莱的专利法案议案

1883年后,有一些私法案与1883年法案生效前失效的专利有关。最终,出现了这样一批案例:专利权人错过了3个月的宽限期,但仍想恢复专利权。为审议前三个此类私法案,并为未来所有同类法案确定统一政策,议会成立了一个特别委员会。特别委员会审议的第一个法案是吉尔伯特(Gilbert)和辛克莱(Sinclair)的专利法案④,它与过去30年间通过的一般法案非常相似。专利代理人没有通知公司费用到期,导致公司错过了最后期限。委员会认为,这些理由不足以推动通过一项私法案。第二个法案与尼克尔森先生(Mr Nicholson)有关,他是原始专利权人菲利普·斯克利凡诺(Philipp Skrivanow)的专利继受人⑤。在他的案件中,专利代理人给斯克利凡诺(此人英语水平不佳)发了一份通知,但没有给尼克尔森本人发通知(当时尼克尔森仍继续投入大量资金开发产品)⑥。委员会再一次认为不应通过此法案。事实上,只有波特(Potter)的私法案得以通过⑦。丹·赖兰兹(Dan Rylands)是瓶子制造商⑧,他雇佣了波特先生来发明一种新型熔炉。由于过度劳累,医生建议赖兰兹彻底休息⑨。续展费到期时赖兰兹身患重病,无法缴纳。委员会认为,这属于应批准通过的私法案案例。

此后,委员会就私法案确立了一些一般性规则,有下列情况的私法案将被拒绝放行:①只要是本可以申请延长缴费期限但没有提出的;②延期缴费申请被拒绝的;③未按时缴费的理由不属于专利权人罹患重疾或其他非由专利权人担责的原因的⑩。委员会进一步明确

---

① Patents, Designs and Trade Marks Act 1883, s 17(3)(b).

② Patents, Designs and Trade Marks Act 1883, s 17(4)(a);有趣的是,该法案规定的任何其他期限都可以由专利局长视情况延长: Patents Rules 1883, r 47.

③ Appendix A of Report of a Select Committee on Potter's Patent Bill, Skrivanow's Patent Bill and Gilbert and Sinclair's Patent Bill(1887 HL Papers 100), Vol 9, p 469 at p 42.

④ Gilbert and Sinclair's Patent Bill 1887(HL/PO/JO/10/9/1224);另见: Statement in Explanation, Appendix C of Report of a Select Committee on Potter's Patent Bill, Skrivanow's Patent Bill and Gilbert and Sinclair's Patent Bill(1887 HL Papers 100), Vol 9, p 469, 47 and 48.

⑤ Skiranow's Patent Bill 1887(HL/PO/JO/10/9/1229).

⑥ 参见: Statement in Explanation, Appendix B of Report of a Select Committee on Potter's Patent Bill, Skrivanow's Patent Bill and Gilbert and Sinclair's Patent Bill(1887 HL Papers 100), Vol 9, p 469, p 46.

⑦ Potter's Patent Act 1887.

⑧ 参见: Report of a Select Committee on Potter's Patent Bill, Skrivanow's Patent Bill and Gilbert and Sinclair's Patent Bill(1887 HL Papers 100), Vol 9, p 469, Thomas Johnson Q74(p 7).

⑨ 参见: Statement in Explanation, Appendix D of Report of a Select Committee on Potter's Patent Bill, Skrivanow's Patent Bill and Gilbert and Sinclair's Patent Bill(1887 HL Papers 100), Vol 9, p 469 at p 49.

⑩ Report of a Select Committee on Potter's Patent Bill, Skrivanow's Patent Bill and Gilbert and Sinclair's Patent Bill(1887 HL Papers 100), Vol 9, p 469 at p iii.

指出,专利权人的雇员或代理人的疏忽本身是不够的①。这是一项重大政策变化,因为早期的私法案允许代理人成为疏忽的替罪羊。最后,委员会为保护第三人权利提供了一个样例。这一样例的第一款和第二款在很大程度上承袭了此前私法案中允许的例外情形,还新增加了第三款,将第三人利用发明的权利限制在自己的房屋、工厂和经营场所内。这大概是为了将限制控制在所谓的家庭使用范围内,不允许个人就发明拓展贸易。另一项新增条款规定,在专利权无效期间至议会法案恢复其有效性之前,利用发明者有权获得赔偿。这在专利权恢复之后为第三人提供了保护。

第二次浪潮

特别委员会似乎为何种情况下可以通过私法案来恢复专利设定了非常严格的规则,导致许多法案被否决②。这对请愿的形式和内容都产生了影响。

形式

- **标准事实陈述**

私法案保留了授予专利权时规定的义务,特别要说明缴纳续展费的义务③和十期缴费义务④,通常还要指出(根据第十七条)延长缴费的宽限期已过以及何时已过。

- **费用支付**

特别委员会还要求将未缴费用缴纳至专利局长,并向议会出示缴费凭证⑤。通常需要说明费用已缴⑥。

- **投资和损失**

后来的私法案请愿书在序言部分保留了之前请愿书的诸多特征。比如,请愿人常会说

---

① *Report of a Select Committee on Potter's Patent Bill, Skrivanow's Patent Bill and Gilbert and Sinclair's Patent Bill*(1887 HL Papers 100), Vol 9, p 469 at p iii.

② 公告但未通过的法案有:Clark's Patent Bill 1887,在第二个议院进入了一读环节:119 LJ 272(28 June 1887);Livet's Petition 1895 与 Holmes' Petition 1895 皆止步于确认遵从了议会议事规则环节:150 CJ 13(8 February 1895).

③ Under Patents, Designs and Trade Marks Act 1883, s 24;例如:Whitehead's and Pickles' Patent Act 1892, recital(6);以下使用了不同的形式:Church's Patent Act 1900, recital(3)(另见:Norwood's Patent(1895)12 RPC 214 and(1898)15 RPC 99).

④ 例如:Simpson's and Fawcett's Patent Act 1892, recitals(2)and(3).

⑤ *Report of a Select Committee on Potter's Patent Bill, Skrivanow's Patent Bill and Gilbert and Sinclair's Patent Bill*(1887 HL Papers 100), Vol 9, p 469 at p iv;这成为了议会议事规则的一项要求:SO No 8a(HL)and(HC):1889 年被引入时的情况:44 CJ 428(15 August 1889);以及 121 LJ 340(6 August 1889).

⑥ Kip's Patent Act 1903, recital(14).

明他们未从专利获得足够回报①,或描述他们投入该专利的时间和资金②。

允许恢复专利的私法案的理由

议会准予恢复专利的理由也变得更加严格,疏忽理由已经不够充分,要有欺诈、重病或专利局失误才可以恢复专利。

- **欺诈**

注册专利代理人约瑟夫·哈丁(Joseph Harding)从多名客户那里收取了续展费,但并未上缴,反而携款潜逃。这导致议会通过了四项私法案来恢复相关专利:1892年《霍斯福尔专利法案》(Horsfall's Patent Act 1892),1892年《那西与里奇曼和那西专利法案》(Nussey and Leachman's and Nussey's Patent Act 1892),以及1892年的《怀特海德与皮克尔斯专利法案》(Whitehead's and Pickles' Patent Act 1892)。还有一些被哈丁欺骗的专利权人启动了请愿程序,但无果而终③。

- **日期错误的专利——专利局的过错**

专利授权日期④错误或造成误认,也是批准私法案的理由⑤。梅尔文·丘其(Melvin Church)遭遇了不同寻常的难题,他的私法案由此产生⑥。罗慕路斯·诺伍德(Romulus Norwood)获得了两项专利,但后被高等法院撤销,理由是它们系通过欺骗丘其而得⑦。在这场权属纠纷后,丘其获得了一项特殊形式的专利。此后,一连串事件接踵而至,先是确定了专利授权日期,并根据该日期(依据第十七条)及时缴纳了费用,但之后又对该专利本身及其授权日期进行了多次更正。按照更正后的日期来计算,不属于按时缴纳,所以专利局长将费用退回,因为已经无法再缴费了⑧。这件令人遗憾的事情主要是由专利局长的过错所致⑨。不出所料,议会通过了允许延迟缴费的私法案。

- **生老病死**

专利权人的家人或员工生病而给专利权人带来额外压力和精神焦虑,可以成为说服议

---

① 例如:Horsfall's Patent Act 1892,recital(9)。
② 例如:Whitehead's and Pickles' Patent Act 1892,recital(12)。
③ 早些时候,一项议案提交到议会,以确认这些专利以及约翰·米奇利(John Midgley)和本杰明·普勒斯顿(Benjamin Preston)的专利,参见《那西与里奇曼和那西专利法案》及其他1892年《专利法案》。后来又有一例类似的案例:Crellin's Patent Act 1906,recital(13)。
④ 关于保护期起始时间,见:*Holste v Robertson*(1876)4 LR Ch D 9(专利的授权日期,并非盖章日期)。
⑤ 另见:Vauclain's Patent Act 1906,recital(7)(关于专利代理人给客户的日期建议是错误的)。
⑥ Church's Patent Act 1900。
⑦ 参见:*Norwood's Patent*(1895)12 RPC 214(关于第一项专利的撤销;以特许权授予有误而驳回请愿书); *Norwood's Patent*(1898)15 RPC 99(关于第二项专利的撤销)。
⑧ Church's Patent Act 1900 在序言中阐释了授权日期相关事件.
⑨ 根据现代法律(Patents Rules 2007,r 107),这可能会允许大幅延长缴费期限:*Daido Kogyo KK's Patent* [1984] RPC 97,117–118。

会通过私法案来恢复专利权的充分理由①。在怀廷(Whiting)的案例中,缴费工作被委托给了一名专利代理人的职员,该职员当时正遭受家庭困难,无法完成工作(而他并没有将这一情况告诉雇主)②。同理,专利代理人本人③或秘书④生病、死亡⑤也被认为是可以通过私法案来恢复专利权的正当理由。

标准降低

大约在20世纪初,特别委员会设定的高标准有所降低⑥。例如,亚历山大·伊姆什内茨克(Alexander Imschenetzky)的案例似乎无法满足特别委员会制定的严格检验标准,但私法案却最终通过⑦。在该案例中,伊姆什内茨克的英国专利代理人向他的俄罗斯专利代理人发送了一则通知,但俄罗斯专利代理人并没有转告伊姆什内茨克先生。很明显,俄罗斯专利代理人存在疏忽——但特别委员会曾表示,代理人的过错不足以通过私法案。同样,1901年的《罗杰专利法案》(Rodger's Patent Act 1901)得以通过,但实际情况是,专利权人获得独占许可,之后由于过度劳累而未能(按照独占许可协议的约定)缴纳续展费⑧。而"完全忽视"缴纳到期续展费的解释也为另一项私法案所接受⑨。同理,专利权人妻子未转交邮件也被认为是充分理由⑩。然而,与法院审判不同的是,若议会通过了一项私法案,即使该法案有悖议会的先例、准则或议事规则,它仍然是有效的法案。

1907年《专利与外观设计法案》

1907年的《哈里森专利法案》(Harrison's Patent Act 1907)是最后一部私法案,于1907年7月4日获得王室御准。一个多月后的8月28日,1907年《专利与外观设计法案》(Patents and Designs Act 1907)⑪获得王室御准,法案第二十条⑫也随之生效,该条包含了一项恢复未缴纳续展费专利权的一般权力。议员乔治·雷德福(George Radford)在下议院⑬委

---

① Roe's Patent Act 1900, recital(4)(还有因搬迁办公室而带来的额外工作)。
② Whiting's Patent Act 1897, recitals(10)and(11)。
③ Leven's Patent Act 1905, recital(8)。
④ 参见:Holmes' Patent Act 1898, recital(7);Kip's Patent Act 1903, recital(8)(本案中,专利代理人实际上已收到费用)。
⑤ Young and Bell's Patent Act 1904, recital(10)。
⑥ 见议会顾问的评论:Land's Patent(1910)28 RPC 481,482。
⑦ Uralite Patent Act 1900.
⑧ 序言部分汇总了罗杰繁忙的日程安排:Rodger's Patent Act 1901.
⑨ Richard Jaeger's Patent Act 1904, recital(7)。
⑩ Harrison's Patent Act 1907.
⑪ 1907年《专利与外观设计(修正)法案》(Patents and Designs(Amendment)Act 1907)在同一天获得王室御准。这是修正法案,1907年《专利与外观设计法案》则是合并法案.
⑫ 另有1907年《专利与外观设计法案》第十七条替代了1883年《专利、外观设计与商标法案》第十七条(除最长缴费期限预先规定而非固定为3个月之外)。
⑬ Supplement to Votes and Proceedings,1907,4 June 1907,p 908.

员会审议阶段提出了这一条款,对此并无他议。事实上,该条款似乎被议员们"匆忙接受"①。虽然在法案起草过程中有小幅修正,但无人试图扭转政府拥护该条款的态度。

第二十条保留了在准许恢复专利权之前必须公告申请的要求,但由于这是专利局长发布的公告,所以只是将公告从《伦敦政府公报》转移到《专利公告》(Patents Journal)上②。第二十条规定的准予恢复专利权的适用标准是:疏忽而并非有意为之,且在提出申请期间无不当延误③。当时的评论家认为,1907年法案维持了特别委员会此前的"高"标准。特雷尔(Terrell)认为:

专利权人需力证其遭遇了困境,仅以疏忽为由,不足以证明恢复专利权的合法性④。

他接着还陈述了1906年的《沃克兰专利法案》(Vauclain's Patent Act 1906)序言的部分内容⑤,并表示,只有在类似的极端情况下才能恢复专利权。在该案例中,一名税务职员在费用账簿上写错了日期,导致无人知晓缴纳续展费的期限已到。该案例与当时其他法案的情况相似,执行的标准比特别委员会设定的条件更加宽松。罗伯特·弗罗斯特(Robert Frost)对新的检验标准持不同意见⑥:

第二十二条规定的条件与要成功取得私法案所须满足的条件非常相似……到目前为止,如果专利权人无法证明其未按时缴纳费用是源于个人不幸,那么获得议会批准相应私法案的希望渺茫……如果只是由于专利权人或其代理人的疏忽导致未缴纳续展费,那么这个情况对请愿人非常不利。因此,制定法条款大幅改善了专利权人在恢复专利权问题上的境遇。

事实证明,特雷尔的观点有误,而弗罗斯特则持正确观点。在兰德(Land)的专利案例中⑦,意见书明确提到了议会确立的私法案通过的标准⑧,法官明确承认第二十条取代了私法案这一事实⑨。然而,帕克法官(Parker J)并未如特雷尔所设想的那样遵从议会所采取的态度。相反,帕克法官认为:

如果要想将未缴纳续展费的疏忽认定为有意而为之,只需要让应缴费的当事人意识到

---

① Letter to Sir FF Liddell KCB(Parliamentary Counsel) from CN Dalton(Comptroller – General) dated 10 July 1907: National Archive: AM/1/26.
② Patents and Designs Act 1907, s 20(3).
③ Patents and Designs Act 1907, s 20(3).
④ Courtney Terrell, *The Law and Practice Relating to Letters Patent for Inventions* (5th Ed, Sweet and Maxwell 1909), p 152.
⑤ Vauclain's Patent Act 1906, recital(7).
⑥ Robert Frost, *The Patents and Designs Act 1907* (Stevens 1908), pp 34 – 35.
⑦ (1910)28 RPC 481, Parker J;也见 *Comptroller's Ruling I of 1910* (1910)28 RPC(Supplement) xi.
⑧ *Land's Patent* (1910)28 RPC 481 at 484("该部分内容只提供了议会过去常常给予专利权人救济……系列案例中的一个")。
⑨ *Land's Patent* (1910)28 RPC 481 at 483.

费用可缴纳了,而他却有意选择不去缴纳这笔费用即可。在本书作者看来,他做出选择不去缴费的理由完全无关紧要。

法院似乎采纳了议会最初的做法(在1887年特别委员会报告之前),而不是此后议会采取的更为强硬的主张(这一主张在1900年左右衰落)。在其他方面,特别委员会的做法仍然很重要。在第二十条引入15年后,人们再次考虑到私法案的作用。在一项"官方裁决"(Official Ruling)中①,当专利局长被请求恢复一项已失效10年之久的专利时,他回顾了私法案,并得出结论,认为在请求恢复专利前耽搁这么长时间绝不合适②。第二十条还设立了允许恢复专利权情况下的第三人保护规则,这③与特别委员会的要求完全相同④。在这种情况下,似乎私法案中的规则实际上已经潜入了一般法。

然而,就像延长专利保护期限一样⑤,一旦普遍允许根据1907年法案恢复专利权,申请数量就会大幅增加,如表10.2所示⑥:

表10.2 恢复专利权的申请(1908—1918)

年份	恢复专利权的申请	允许恢复	撤回(或放弃)	否决	未知
1908	61	27	5	—	29
1909	31	21	3	—	7
1910	35	18	1	(1)	11
1911	41	28	2	—	11
1912	42	36	5	1	—
1913	46	39	7	—	—
1914	35	32	3	—	—
1915	26	25	1	—	—
1916	42	42	—	—	—
1917	15	14	1	—	—
1918	23	20	1	—	2

---

① *Official Ruling 1922*(B)(1922)39 RPC ii;在过渡期间唯一的另一项裁决是:*Official Ruling 1913*(D)(1913)30 RPC viii.

② 1949年《专利和外观设计法案》第1章(后成为1949年《专利法案》第二十七条)正式规定为3年时限.

③ 第三人保护的规则确立在:Patents Rules 1908,rr 58 and 59(根据以下条款确立:s 20(5) of the Patents and Designs Act 1907)。奇怪的是,以下文献认为,第三人保护的条件与 Vauclain's Patent Act 1906 相似(它们的确相似,尽管该文献第五版从第513页开始收录了 Patents Rules 1908 和具体规则):Courtney Terrell, *The Law and Practice Relating to Letters Patent for Inventions*(5th Ed,Sweet and Maxwell 1909),p 153.

④ *Report of a Select Committee on Potter's Patent Bill, Skrivanow's Patent Bill and Gilbert and Sinclair's Patent Bill*(1887 HL Papers 100),Vol 9,p 469 at p iii.

⑤ 参见本书第136-137页.

⑥ 本表格根据专利、外观设计和商标总局长(Comptroller General of Patents, Designs and Trade Marks)第26至37次报告中的数据编制(有关这些报告的参考资料,参阅:Phillip Johnson, Parliament, Inventions and Patents: A Research Guide and Bibliography(Routledge 2018),Part 6.3)。1908年到1912年的数据是基于年终数据得出(故未记录待批申请的结果)。1913年至1918年的数据是根据下一年报告中的最终数据得出.

可以看出,第一年的申请数量与过去五十年间在议会提出的申请总数相当;到了新专利体系建立的第三年,专利局长恢复的专利数量已经远远超过了议会根据私法案恢复的专利数量的总和。

费用普遍化——总结性思考

恢复失效专利权力的历史演进,最清晰地展现了个别私法案转化为一般法的历程,私法案导向了一般性权力。这类私法案与其他所讨论的法案的区别在于,这类私法案的数量多到足以据此提出一个法学理论(立法法理学)。这样,在引入一般性权力之后,法院可以考虑遵从一些有意义的规则。这清晰地阐明了私法案是如何引发一段专利改革史的:先是根据1883年《专利、外观设计与商标法案》将续展费缴纳期限延长3个月;后来,1907年《专利与外观设计法案》第二十条确立了恢复专利的一般性权力。但正如延长专利保护期限一样,一般性权利的诞生意味着案例数目不断增加,因此需要更复杂的立法来应对。

第 11 章 重置日期与优先权

引言

优先权制度是专利法众所周知的特征。它使得发明人在一国提出专利申请时,可以主张他在另一国较早的申请日为优先权日,该优先权日将用于判断发明的新颖性。例如,如果有人两个月前在美国提出了一项专利申请,上个月的一项公开破坏了新颖性,但今天依然可以在英国提出专利申请,并以在美国提出专利申请的日期作为判断新颖性的日期。优先权制度源于《保护工业产权巴黎公约》第四条,该公约缔结于 1883 年,并由 1883 年《专利、外观设计与商标法案》第一百零三条来执行①。在《保护工业产权巴黎公约》中,优先权的期间原本为 6 个月,加上海外申请的 1 个月②,因此英国优先权的期间一开始是 7 个月。

19 世纪 80 年代的优先权制度

根据 1883 年《专利、外观设计与商标法案》提出专利申请时,要么填写 A 表格提交普通专利③申请,要么填写 A1 表格(从海外递交的申请)④。起初并不存在根据《保护工业产权巴黎公约》提出专利申请的专门表格,但由此产生了一个问题:专利申请人能否根据较早提出的他国专利申请来主张优先权?下面这个例子很好地说明这个问题。

在卢瓦索(L'Oiseau)和皮拉尔(Pierrard)专利申请案⑤中,二人于 1886 年 8 月 18 日在法国提交了专利申请。接着,他们于 1886 年 10 月 8 日在英国提交了相同的专利申请,但并未提及法国的专利申请。一位叫艾佛里特(Everitt)的人士于 1886 年 8 月 20 日提交了一项专利申请,然后他在 1887 年 5 月 28 日提出针对 1886 年 10 月 8 日专利申请的异议。司法官员认为,只要申请人没有向专利局提供错误信息,即便是当时未主张优先权,并且已经过了 7 个月的期限,10 月 8 日的申请也应该重置日期为 8 月 18 日。在本案例以及 1888 年梅因专利案(Main's Patent)⑥中,重置申请日都是在异议过程中完成的(即在专利最终授权之前完成)。

---

① 1885 年《专利、外观设计与商标(修正)法案》(Patents, Designs and Trade Marks (Amendment) Act 1885) 第六条稍作修正.
② Paris Convention for the Protection of Industrial Property (1883 text), Art IV.
③ Patents Rules 1883, r 6(1).
④ Patents Rules 1883, r 27.
⑤ (1887) Griffiths' Law Officers Cases 36;后来在以下案例中出现类似结果:*Main's Patent* (1888) 7 RPC 13.
⑥ (1890) 7 RPC 13.

沃姆(Worm)和巴雷(Balé)

不列颠皮革公司诉格罗斯案(British Tanning Company v Groth)回应了专利在授权后能否重置申请日的问题①。该案涉及授予沃姆和巴雷的专利。沃姆和巴雷的情况与卢瓦索和皮拉尔一样：他们在法国获得了专利，随后又在英国递交了专利申请。但是，他们当时并未表示希望根据1883年《专利、外观设计与商标法案》第一百零三条来主张优先权。在由沃姆和巴雷专利的受让人提起的专利侵权诉讼中，问题出现了——他们在法国获得的专利（在英国提出申请专利前就已经在英国公布）是否预先否定英国专利，进而使英国专利申请丧失新颖性。罗默(Romer)法官认为的确如此。他之所以这么认为，是因为在看他来，1883年法案中有两类专利申请：普通专利申请和第一百零三条下的"限制性"申请（即主张优先权的申请——译者注）。罗默法官还认为，由于沃姆和巴雷已经提交了普通专利申请，此后他们就不能再将普通申请变更为"限制性"申请。相应地，他们在法国的专利一经公布，就会导致在英国的专利申请无效。重要的是，沃姆和巴雷在1887年递交专利申请时，人们使用同样的表格（表格A或表格A1）来提交普通专利申请和限制性专利申请②。他们没能处置好专利日期，这"不是他们的错，只能说是他们运气不好"③。

这一不幸事件最终成就了一部私法案：1891年《沃姆和巴雷专利法案》④。该法案是三部尝试重置专利日期的法案之一⑤。准许通过这部法案的原因之一是缺少申请"限制性"专利的清晰规则。该法案的提案人指出，沃姆和巴雷私法案请求提出后⑥，一部新规范已经制定⑦，这意味着此类错误将不会重现（针对根据第一百零三条提出的专利申请，推出了新表格A2，并要求声明主张优先权）⑧。议会通过了他们的法案，重置了专利特许状日期⑨，进而也确认了专利的有效性⑩，并赋予第三方等同于在专利因未缴纳续展费而失效情形下的保护⑪。

不遵守规则——威尔逊专利案

引入新的专利申请表格解决了沃姆和巴雷碰到的难题，意味着如果类似情况发生在托

---

① (1891)8 RPC 113.
② 在以下文献中提及：British Tanning (1891)8 RPC 113 at 122, Romer J.
③ (1891)8 RPC 113 at 122, Romer J.
④ 该议案遭遇了一项反对请愿，但由于请愿人（侵权案里的被告格罗斯(Groth)）未出席听证会，因此议案被视为无反对意见；Worm and Balé's Patent Bill (HL/PO/PB/5/57/17).
⑤ 另外两个分别是：Willson's Patent Bill 1896 (House Bill: HL/PO/JO/10/9/1566) 和 Saloman's Patent Petition 1895 (150 CJ 12；7 Feb 1895).
⑥ 这里指的是 Patents (International and Colonial Arrangements) Rules 1888.
⑦ Worm and Balé's Patent Act 1891, recital (13).
⑧ Patents (International and Colonial Arrangements) Rules 1888, r 6.
⑨ Worm and Balé's Patent Act 1891, s 2.
⑩ Worm and Balé's Patent Act 1891, s 3.
⑪ Worm and Balé's Patent Act 1891, s 4；见本书第167-168页和第170-171页.

马斯·威尔逊(Thomas Willson)身上,议会也就没必要再挺身而出帮助他①。1894年2月28日,托马斯·威尔逊在美国递交了专利申请,他又在英国递交了两项专利申请:第一项是在1894年8月27日用表格A1(以专利代理人埃利斯(Ellis)的名义)递交,第二项是在1894年9月1日②用表格A(以他本人的名义)递交。这意味着,两项专利申请都没有采用新的A2表格③。这两项英国专利申请是基于同一项发明而提出,第二项专利申请的说明书更完整全面④。托马斯·威尔逊指示埃利斯递交普通申请⑤,而不是按照第一百零三条递交申请。事实上,埃利斯并没有资格依据第一百零三条递交申请,因为此类申请只能由外国人本人递交⑥。由于专利申请使用的是标准表格,专利局不可能知道申请人还有一个美国专利申请⑦,并且申请人也没有按要求声明优先权的存在(也无法声明优先权的存在)⑧。

随后,在1894年3月5日⑨,托马斯·威尔逊的专利代理人发现,法国的Couples Reudus杂志上发表了一篇文章,描述了布雷尔(Bullier)的法国专利⑩,这项专利先于威尔逊的申请,因为很明显两周后布雷尔法国专利证书的副本就到达了英国专利局——早于威尔逊递交的任何一项专利申请⑪。1895年6月⑫,专利权人发现这项专利公开后,埃利斯给专利局长写信,希望他可以将威尔逊的专利申请日提前,并依据第一百零三条主张优先权⑬。专利局长拒绝了他的请求,因为他没有(按要求)在美国专利申请提出后的7个月内声明主张优先权⑭,而且司法官员还表示,这件事没有商量余地⑮。

于是乎,威尔逊向议会提出了一项私法案请愿,请求重置专利申请日并依据美国专利申请主张优先权⑯,形式同沃姆和巴雷⑰主张优先权的形式一样。但是和那项议案不同的是,此项议案出现了反对者,他们对该私法案群起攻击。委员会以序言所请没有得到证实为由,做出了对请愿人不利的决定⑱。似乎背后的主要原因是,和沃姆和巴雷的议案不同,威尔逊在申请英国专利时,所提出的请求清晰明确,同时由于是发生在规则变更之后,威尔逊本应

---

① 当时,一部重置专利日期的法案已经由乔治·唐宁(George Downing)(基于萨洛蒙(Salomon)的专利)提出。然而,该法案并未通过议事规则合规性审查:150 CJ 13(8 Feb 1895)。唯一的信息见公告:*London Gazette*,27 Nov 1894,Issue 26574,p 6912.
② Opposed Private Bill Evidence,1896,Vol 29(HL/PO/PB/5/62/29),Evidence of Ellis,p 34.
③ 在当时,以下规范已提供A2表格:Patents Rules 1890,rr 6(1),23 and 26.
④ Opposed Private Bill Evidence,1896,Vol 29(HL/PO/PB/5/62/29),Evidence of Ellis,p 53.
⑤ Opposed Private Bill Evidence,1896,Vol 29(HL/PO/PB/5/62/29),Evidence of Ellis,pp 48-49.
⑥ *Shallenberger's Application*(1889)6 RPC 550;*Carey's Application*(1889)6 RPC 552.
⑦ Opposed Private Bill Evidence,1896,Vol 29(HL/PO/PB/5/62/29),Evidence of Ellis,p 57.
⑧ Opposed Private Bill Evidence,1896,Vol 29(HL/PO/PB/5/62/29),Evidence of Ellis,pp 85-86.
⑨ Opposed Private Bill Evidence,1896,Vol 29(HL/PO/PB/5/62/29),Evidence of Ellis,p 45.
⑩ Opposed Private Bill Evidence,1896,Vol 29(HL/PO/PB/5/62/29),Evidence of Ellis,p 58.
⑪ 见证据中的序言:Opposed Private Bill Evidence,1896,Vol 29(HL/PO/PB/5/62/29),Evidence of Ellis,pp 15-16 and evidence p 45.
⑫ Opposed Private Bill Evidence,1896,Vol 29(HL/PO/PB/5/62/29),Evidence of Ellis,pp 58-59.
⑬ Opposed Private Bill Evidence,1896,Vol 29(HL/PO/PB/5/62/29),Evidence of Ellis,pp 32-33.
⑭ Letter from Comptroller,Opposed Private Bill Evidence,1896,Vol 29(HL/PO/PB/5/62/29),pp 36-37.
⑮ 见司法官员就一次上诉的来信:Opposed Private Bill Evidence,1896,Vol 29(HL/PO/PB/5/62/29)pp 38-39.
⑯ Opposed Private Bill Evidence,1896,Vol 29(HL/PO/PB/5/62/29),Submissions,pp 73-74.
⑰ Opposed Private Bill Evidence,1896,Vol 29(HL/PO/PB/5/62/29),Submissions,p 74.
⑱ Opposed Private Bill Evidence,1896,Vol 29(HL/PO/PB/5/62/29),Chairman comments,p 132.

使用 A2 表格提出专利申请①。议会强调要严格执行优先权规则,这似乎意味着松动优先权规则不太可能。现代优先权制度就此建立②。

结论

重置专利日期的尝试是私法案(至少是在发生诉讼案件后)发现问题并通过修法快速解决问题的事例之一。之所以能如此快速解决问题,原因在于只需要创设一种新的表格,而不是颁布一部新的议会法案。新表格启用后,法院和议会迅速予以确认,这方面就没有什么未决的问题了。

---

① Opposed Private Bill Evidence,1896,Vol 29(HL/PO/PB/5/62/29),Pembroke – Stephens,pp 76 – 77.

② 只有在以 2004 年《规范改革(专利)令》(Regulatory Reform(Patents)Order 2004)(SI 2004/2357)批准 2000 年《专利法条约》(Patent Law Treaty 2000)之后,并伴随着 2004 年《专利(修正)细则》(Patents(Amendment)Rules 2004)(SI 2004/2358)的施行,才允许在申请日之后主张优先权.

第 12 章　私法案业务的终结

最后一部专利法相关的私法案于 1907 年生效。此后,再也没有专利权人寻求私法案来解决自己的特殊问题。很明显,这倒不是因为随着 1907 年《专利与外观设计法案》的颁布专利法本身已达到尽善尽美的状态。专利权人不再寻求私法案的原因有很多,比如私法案业务的普遍衰落,国际条约的重要性不断攀升,专利数量的大幅增加,等等。本书将伴随 1907 年的最后一个私法案落幕,并阐明了一项原则:私法案推动了一般法的变革。

伟大的《垄断法》本身体现了对个人利益的保护。即便是在早些时候,也曾为当时一些有声望的人确立了例外规则①。在 17 世纪的剩余时间里,私法案主要是在王室特权无法为发明人提供帮助的情况下(要么是因为没有君主,要么是因为发明人的期许非《垄断法》所能及)帮助发明人。目前,可识别的发明数量太少,专利或私法案所保护的利益又太单一,以至于难以清晰地勾勒出背后的模式。

相比之下,18 世纪的专利私法案主要用于在时间或地域上(或兼而有之)②延伸专利权人的权利。正是这些延长专利保护期限的私法案,最初助推通过了 1835 年《发明专利特许状法案》这部一般法,赋予枢密院延长专利保护期限的权力来解决相关问题。然而,正如本书已经展示的那样,与克利福德的观点不同③,1835 年《发明专利特许状法案》并非真的是对私法案扩张的回应。议会并没有被此类事务缠身。事实上,议会与这类法案相关的工作,在 19 世纪前半叶的大多数时间里少到可以忽略不计。而且,在几年前改革事务就已经提上日程④,因此也没有人呼吁这一改变。很明显,在此之前,私法案已经确立了最基础的规则。一般法在特定时间出台,最有可能的原因是,它在当时可以很容易地同其他专利法内容分离开,且本身也不存在多大争议⑤。也有可能仅仅是因为布鲁姆勋爵将延长专利保护期限的权力放入所提出的议案中,目的是给枢密院和他自己更多的工作⑥。这项权力授予后,法院——尤其是布鲁姆勋爵本人——认为,这并不仅仅是将现存的议会操作进行立法固定,而是意味着更加宏大的管辖权限⑦。

下一场"运动",用克利福德的话,是设立公司来实施专利。限制专利权人数量一开始是作为一种防止专利售卖或类似欺诈⑧的机制,后来这一机制成为了控制反竞争行为的雏

---

① 见本书第 42 页和第 46–47 页.
② 见本书第 62–63 页;或许也有的是要解决改进发明可能遭遇的反对意见问题,见本书第 58–62 页.
③ Fredrick Clifford, *A History of Private Bill Legislation* (1885) (Frank Cass 1968), Vol 1, pp 266 * – 266 * * ;摘录见第 2 页.
④ 见本书第 130–134 页.
⑤ 尽管在下议院中变得有争议,见本书第 131–132 页.
⑥ 见以下对 1844 年《枢密院司法委员会法案》的评论,据称是来自《泰晤士报》的一位主管,该主管称自己提出了这项法案,并引导它通过上议院,为的是得到一份新工作;*The Times*, 3 July 1844.
⑦ 见本书第 133 页.
⑧ 见本书第 84–88 页.

形。1825—1850年之间,依据私法案设立了大量公司,有些公司的成立是为了实施专利——目的纯粹是为了规避专利权共有人的数量限制。1844年,注册公司已经非常普遍,但人们依然不断寻求私法案①。尽管如此,早期尝试移除专利共有人数量限制的努力失败了,原因是争议过大②。最终,对专利权人数量的限制悄无声息地消失了,以至于上议院议长——与私法案相关权力最大的人——都没有注意到它已经消失③。尴尬的是,没有记录表明做出这一修正的原因。这一修正是对私法案的回应,抑或仅仅是迟来的法律改革,无从知晓。但无论原因是什么,一般法踏上了私法案长期踩踏的路径。

最后几次改革更符合克利福德的模型。迟交续展费导致很多紧张的专利权人向议会寻求补救方案。这类私法案数量随着专利授权数量的增长而急剧增长。议会采取行动,尝试通过1883年《专利、外观设计与商标法案》④来阻挡私法案的潮涌。在发现所提供的一般性救济不奏效时,议会再次出手,推出了1907年《专利与外观设计法案》⑤。法院认为早当如此,并予以配合。最终成功之后不久,失败便随之而来。重置专利日期的尝试代表了本研究中一段非常短暂的历史,它结束得很突然,成果也只是引入了一个新的表格。一旦这场简单的改革完成了,议会就开始对优先权制度采取坚定立场,并得到了法院的支持。优先权制度施行了一百多年⑥。伴随着本研究的结束,克利福德似乎是对的,一般法紧随私法案而动。

然而,更重要的或许是议会没有做出回应的地方。专利说明书,即对发明的公开,被看作是发明存在的理由。前面已经说明,私法案(还有向议会请愿者)不仅在使提交专利说明书成为一种要求、违者面临惩处方面扮演着一定角色,更重要的是,它们也都在推迟专利公开直至专利期满方面占有一席之地(只是没有那么成功)。事实上,在《垄断法》之后,第一个通过下议院⑦的专利公法案议案的目的就是限制对发明的公开。此后的20年里,下议院似乎满足于在个案中限制对发明的公开(常以虚假的理由),直到两次几乎是同时启动的将限制公开变为一般法的尝试宣告失败⑧。私法案也因此显现出社会对公开专利要求的矛盾情绪,这一矛盾情绪直到19世纪才消失。

这段历史再次表明,专利法史并不是一直在平缓地向前发展,而是一段走走停停、既有进步又有倒退的过程。专利法的革新并不总是在处理当时最迫切的问题,即便是问题得到了处理,也常常是经历了许多起步失误。私法案在这段历史中的角色不突出,但很重要。它将一些特殊问题凸显出来,最终问题得到了解决(只是很少能快速解决);同时,

---

① 遵从1844年《合股公司法案》的要求注册公司,见本书第95-97页.
② 见本书第96页.
③ 见本书第98页.
④ 见本书第169-170页.
⑤ 或者更准确地说,1907年《专利与外观设计(修正)法案》曾是合并法案之前的改革法案.
⑥ 只是因为要通过2004年《规范改革(专利)令》(SI 2004/2357)和2004年《专利(修正)细则》来执行2000年《专利法条约》,关于优先权的规则才得以放松.
⑦ Rights of Patentees Bill 1793(House of Lords Sessional Papers, Vol 1);见本书第109-110页.
⑧ Letters Patent Specification Bill 1820(1820 HC Papers 184), Vol 1, p 285; Patents Bill 1820(1820 HC Papers 181), Vol 1, p 277;见本书第112-113页.

它为专利相关的争论设定了主题。私法案还突出了专利体系的成功以及失败。它展示了一些发明人通过向议会请愿而获得了与其他人不同的专利体系。最后,随着私法案体系的发展,它的影响力越来越微弱,由私法案带来的这些变化逐渐变得稀松平常和程式化。通过私法案来摸索专利法边界的潜力最终消失了。但它曾存在过,真的存在过!

内 容 简 介

本书是关于英国专利制度发展史的著作。英国是现代知识产权制度的发源地,本书以独特视角,选取英国议会批准颁布的私法案作为研究素材,考察了专利制度在1620—1907年这段近三个世纪时间里的发展与变迁,通过翔实的一手史料,展示了现代专利法从例外规则逐步演变为一般法的历程。

本书可供法制史和知识产权方向学习研究人员阅读,也适合立法者、法官、律师等实务界人士阅读。